So sind Sie richtig versichert

Die wichtigsten privaten Versicherungen im Überblick. Mit Tipps und Checklisten sowie 35 Prämien- und Leistungstests.

Von Ernst Meierhofer,
Stefan Thurnherr und Nicola Waldmeier

Inhalt

- **Der Umgang mit der Versicherung: Diese Regeln sollten Sie beachten 8**
Beim Abschluss nichts übereilen 9
Machen Sie keine falschen Angaben 10
Hüten Sie sich vor den Tricks
der Versicherungsvertreter 13
Das sind Ihre Pflichten im Schadenfall ... 14
So kündigen Sie richtig 16

- **Bei Invalidität und Tod: So können Sie sich finanziell absichern 20**
Das Versicherungsloch bei Krankheit 20
Das Krankentaggeld bietet einen
kurzfristigen Lohnersatz 21
Prämien für ein Taggeld von 150 Franken 22
Tipps für den Abschluss eines Taggeldes .. 25
Die Invalidenrente garantiert
einen langfristigen Lohnersatz 27
Lebensversicherungen und Überschuss .. 28
Die Prämien für eine Invalidenrente 30
Die häufigsten Ursachen der Invalidität .. 31
Der Abschluss einer Invalidenrente 32
Nichtraucher erhalten günstigere Tarife .. 33
Die Todesfallrisiko-Versicherung:
Rettungsring für die Hinterbliebenen 34
Prämien für eine Todesfallrisiko-Police
mit konstantem Todesfallkapital 35
Prämien für eine Todesfallrisiko-Police
mit abnehmendem Todesfallkapital 38
Abschluss einer Todesfallrisiko-Police 39

- **Alterssparen: Mit dieser Police können Sie Ihre Ziele erreichen 42**
Sparen ist sinnvoll – aber es gibt
viele unterschiedliche Möglichkeiten 44
Die klassische Sparversicherung 44
Die Sparversicherung mit
minimalem Todesfallkapital 45
Prämien für eine gemischte
Sparversicherung gegen Jahresprämie ... 46
Prämienbefreiung bei Erwerbsunfähigkeit 47
Der Sparzwang für Leute ohne Disziplin .. 47
Frühaussteiger verlieren viel Geld 48

Die steuerlich begünstigte Säule 3a 49
Der Abschluss einer Sparversicherung ... 50
Fondspolicen im Vergleich 52
Der Abschluss einer Fondspolice 54
Die Leibrente: Lebenslange Zahlung 56
Drei wichtige Entscheide beim
Abschluss einer Leibrente 57

- **Die Privathaftpflicht-Versicherung: Wer ohne lebt, lebt gefährlich 60**
Warum diese Police im Alltag wichtig ist .. 61
Ohne Haftung gibt es kein Geld 62
Was bei Kinderschäden gilt 63
Prämien: So viel kostet die
Privathaftpflicht-Versicherung 64
Die Angebote im Leistungstest 66
Mieterschäden: Häufiger Streitpunkt 69
Versicherungen und Konkubinat 69
Zusatz «Gelegentliches Fahren fremder
Autos»: Prämien und Konditionen 71
Tipps für den Umgang mit der
Privathaftpflicht-Versicherung 73

- **Die Hausratversicherung: Schutz für Ihr persönliches Hab und Gut ... 74**
Hausratversicherung und Konkubinat ... 75
Mieter und Hausbesitzer müssen sich
unterschiedlich versichern 76
Schutz bei Feuer und Elementarschäden .. 77
Der Schutz bei Wasserschäden 78
Die drei Arten des Diebstahls 78
Für Bargeld gibt es oft keinen Ersatz 81
Grobfahrlässigkeit: «Unachtsame»
Kunden müssen mit Kürzungen rechnen .. 81
Der Versicherungsschutz bei Glasbruch .. 82
So vergütet die Hausratversicherung
Ihre Schäden 83
Prämien der Hausratversicherung 84
Die Angebote im Leistungstest 86
Prämien: So viel kostet der Zusatzbaustein
«einfacher Diebstahl auswärts» 88
Checkliste für den richtigen Umgang
mit der Hausratversicherung 89

So ist Ihr Reisegepäck auch gegen
Beschädigung und Verlust versichert 90
Die Wertsachenversicherung:
Prämien und Konditionen 91
Tabelle zur Ermittlung des Werts
Ihres Hausrats 92
Die Folgen der Unterversicherung 93

- **Die Gebäudeversicherung – der
  richtige Schutz für Eigentümer 94**
Die Bauherrenhaftpflicht-Versicherung .. 94
Für das Haus in Bau: Die Bauwesenpolice 96
Meist obligatorisch: Die Feuer- und
Elementarschaden-Versicherung 97
Prämien für die Gebäudeversicherung ... 98
Die Gebäudewasser-Versicherung 99
Der Versicherungsschutz bei Unwettern .. 100
Schutz gegen Erdbeben ist ungenügend .. 102
Sachversicherungen
für Stockwerkeigentümer 103

- **Der Rechtsschutz: So können Sie
  Ihr gutes Recht durchsetzen 104**
Der Streit um die Aussichtslosigkeit 104
Nur die Assista erlaubt die
freie Wahl des Anwalts 105
Prozessieren ist nicht immer teuer 106
Prämien: So viel kostet der Rechtsschutz 107
Verkehrsrechtsschutz: Diese Streitigkeiten
sind versichert 107
Privatrechtsschutz: Diese Streitigkeiten
sind von der Versicherung gedeckt 108
Checkliste für den Abschluss
einer Rechtsschutz-Versicherung 109

- **Gut versichert in die Ferien:
  So dürfen Sie beruhigt verreisen ... 110**
Arzt- und Spitalkosten im Ausland:
So sorgen Sie richtig vor 111
Was Sie über die Annullierungskosten-
Versicherung wissen müssen 114
Winterferien in der Schweiz:
Skisportler müssen aufpassen 116

Prämien: So viel kostet eine
Jahres-Reiseversicherung 117
Leistungstest: Die Jahres-
Reiseversicherungen auf dem Prüfstand .. 118
Wie die Personen-Assistance hilft 119
Checkliste für den richtigen Abschluss .. 120
Das Reisegepäck ist in der
Hausratpolice besser aufgehoben 121
Buchen im Reisebüro: Achten Sie
auf die Reisegarantie 122
Die Pannenhilfe für Autofahrer 123

- **Die Versicherung für Ihr Auto:
  So zahlen Sie nicht zu viel 124**
Das persönliche Risikoprofil
bestimmt die Höhe der Prämie 124
Änderungen des Risikoprofils melden! .. 126
Prämien: Autohaftpflicht-Versicherung .. 130
Bonus und Malus in der Haftpflicht 130
Der Bonus ist Verhandlungssache! 133
Wie die Autohaftpflicht-Versicherung
Schäden vergütet 133
Die Kürzung bei grober Fahrlässigkeit .. 134
So kündigen Sie die Autoversicherung .. 135
Checkliste für den Haftpflichtabschluss .. 136
Mit dem Auto ins Ausland 138
Die freiwillige Autokasko-Versicherung .. 139
Prämien: Teil- und Vollkasko 140
Wenn die Versicherung nicht zahlt 143
Bonus und Malus in der Kaskopolice ... 146
Was der Zeitwertzusatz bringt 149
Checkliste für den Kaskoabschluss 150
Der Vorteil der Parkschaden-Deckung .. 152
Prämien: Parkschaden-Versicherung 152
Die Insassen-Unfallversicherung ist
in den meisten Fällen überflüssig 154
Prämienvergleich für Roller 155

- **Anhang 158**
Lebensversicherungen und Steuern 158
Sparen fürs Alter: So viel müssen Sie
monatlich auf die Seite legen 160
Anlaufstellen und Adressen 162

Dieses K-Dossier ist eine Kooperation von K-Tipp
und VZ VermögensZentrum.

Der **K-Tipp** bringt vierzehntäglich Konsumenteninformation
und ist die meistgelesene und grösste abonnierte Zeitschrift
der Schweiz.

Das **VZ VermögensZentrum** gilt als das führende unabhängige
Unternehmen auf dem Gebiet des «Financial Consulting».
Es berät Kunden neutral und gegen Honorar bei Fragen
zu Geldanlagen, Pensionierung, Hypotheken, Steuern und
Erbschaften. Das VZ hat Niederlassungen in Basel, Bern, Zug,
Zürich und München.

© Konsumenteninfo AG, Zürich
   Alle Rechte vorbehalten

2. Auflage Mai 2002

Autoren: Ernst Meierhofer,
Stefan Thurnherr VZ, Nicola Waldmeier VZ
Mitarbeit: Philippe Mühlemann VZ, René Schuhmacher
Redaktion: Ernst Meierhofer
Layout: Martin Bazzell
Korrektorat: Romeo Vendrame

Druck: Huber & Co. AG, Frauenfeld

Bestelladressen:
K-Dossiers
Postfach 75, 8024 Zürich
dossiers@ktipp.ch
www.ktipp.ch

ISBN 3-906774-08-2

Vorwort

Entscheidungshilfe für Konsumentinnen und Konsumenten

Wer nichts hat, kann nichts verlieren – und muss daher auch nichts versichern.

Sobald aber ein gewisser Lebensstandard oder sogar Wohlstand erreicht ist, kommt bei den meisten Zeitgenossen das Bedürfnis auf, das Erreichte und damit die gegenwärtige angenehme Lebenssituation abzusichern.

Zwar kann auch die beste Versicherung kein Unglück verhindern, keinen Schadenfall abwenden.

Die richtige Police kann aber die finanziellen Folgen oder den materiellen Schaden nach einem tragischen Ereignis ausgleichen oder zumindest mildern.

Voraussetzung ist aber, dass man richtig versichert ist. Dieses K-Dossier erläutert in allen Details, worauf es dabei ankommt.

Zur Sprache kommen hier die freiwilligen privaten Versicherungen wie zum Beispiel die Risiko-Lebensversicherung oder die Privathaftpflicht-Police. Das sind jene Bereiche, in denen Konsumentinnen und Konsumenten selber aktiv werden müssen.

Nicht behandelt werden hingegen die staatlichen, obligatorischen Versicherungen wie AHV, Pensionskasse und Krankenversicherung sowie der private Vermögensaufbau fürs Alter.

Sehr vielen Schweizerinnen und Schweizern sind Versicherungen ein Gräuel. Das ist verständlich – denn die Angebote sind in ihrer Vielfalt äusserst verwirrend, und die Geschäftsbedingungen sind oft in einer Sprache gehalten, die ein Laie kaum verstehen kann.

Und in der Regel ist es sehr schwer abzuschätzen, ob das, was einem der Vertreter der Versicherung erzählt, für bare Münze zu nehmen ist oder nicht.

Dazu kommt, dass die Spielregeln des privaten Versicherungsgeschäfts in vielen Punkten sehr rückständig sind. Sie fussen auf den Normen des Bundesgesetzes über den Versicherungsvertrag (VVG) aus dem Jahre 1908 – und das enthält etliche alte Zöpfe, die alles andere als konsumentenfreundlich sind.

Trotzdem: Wer den ersten Schritt tut und sich ein bisschen in die Materie einarbeitet, wird zur Erkenntnis gelangen, dass die Grundprinzipien der einzelnen Versicherungssparten gar nicht so kompliziert sind.

Dieses K-Dossier will Ihnen dazu Mut machen. Es hilft Ihnen, Ihre Grundbedürfnisse zu ermitteln, damit Sie einen sinnvollen, auf Sie persönlich abgestimmten Versicherungsschutz einkaufen.

Nicht nur das: Mit Hilfe der Prämientabellen können Sie auch sicherstellen, dass Sie für Ihre Policen nicht zu viel zahlen.

Natürlich können sich die Prämien und Leistungen der einzelnen Gesellschaften ändern; die Angaben in den Tabellen sind also lediglich eine Momentaufnahme.

Die ausführlichen Erläuterungen zu einzelnen Punkten der Tabelle sind Ihnen jedoch auch dann noch eine Entscheidungshilfe beim Versicherungsabschluss, wenn die Gesellschaften die Tarife angepasst haben.

Fazit: Es ist sehr wohl möglich, den Versicherungsgesellschaften als mündiger und informierter Konsument gegenüberzutreten. Wer dieses Buch liest, ist dafür gut vorbereitet.

Zürich, Mai 2002
Verlag und Autoren

Umgang mit der Versicherung:

Themen in diesem Kapitel:

- Allgemeine Tipps für den Abschluss einer Versicherung
- Warum Sie bei einem Antrag nicht schummeln sollten
- So können Sie Prämien sparen
- Die faulen Tricks der Versicherungsvertreter
- Das sind Ihre Pflichten, wenn Sie einen Schaden haben
- So kündigen Sie richtig

Regel 1
Zuerst den Bedarf abklären

Wer sich richtig versichern will, sollte zu Beginn eine Risikoanalyse machen: Was kann meiner Person, meiner Familie oder meinem Hab und Gut passieren? Würde dieses Ereignis meine finanzielle Existenz bedrohen? Oder könnte ich den Schaden problemlos selber tragen?

Es gilt also, die grossen und folgenschweren Risiken von den kleinen, unbedeutenden Risiken zu trennen.

Grosse Risiken sollten Sie unbedingt versichern, bei kleineren Bagatellrisiken können Sie sich die Versicherungsprämien sparen.

Ein folgenschweres und damit grosses Risiko ist beispielsweise die Möglichkeit, dass Sie nach einer Krankheit invalid werden. Jetzt fällt der Zahltag aus – und Sie stehen vielleicht nur mit den mageren Zahlungen der Invalidenversicherung da. Gerade Familienväter und Hausbesitzer sollten das bedenken.

Ein kleines Risiko ist hingegen beispielsweise die Versicherung des Reisegepäcks. Wenn Sie keine superteuren Gegenstände in die Ferien mitnehmen, können Sie einen Verlust verkraften, ohne dass Sie deswegen in ernste Geldschwierigkeiten kommen. Das Gleiche gilt beim Glasbruch.

Mit anderen Worten: Vergessen Sie bei Versicherungsangeboten die verlockenden Werbesprüche. Prüfen Sie das Produkt einzig auf den Nutzen für Sie persönlich.

Überlegen Sie immer, ob ein allfälliger Schaden Ihr Haushaltbudget aus dem Lot

---

Kritische Versicherte lassen jährlich einen Policen-Check machen

Wer richtig versichert sein will und dafür auch nicht zu viel zahlen möchte, kann seine Policen einem zuverlässigen Berater anvertrauen, der in regelmässigen Abständen sämtliche Policen einem kritischen Check unterzieht.

Nebst anderen spezialisierten Firmen bietet auch das VZ VermögensZentrum diese Dienstleistung an.

Interessenten können ihre gesammelten Versicherungspapiere den VZ-Fachleuten anvertrauen. Die Experten analysieren dann die Unterlagen, überprüfen laufend die konkrete Versicherungssituation, schlagen Optimierungsmassnahmen vor und empfehlen allenfalls auch einen Wechsel der Versicherungsgesellschaft.

In diesem Verwaltungsmandat inbegriffen ist die Unterstützung im Schadenfall.

Die gebührenpflichtige Dienstleistung umfasst sämtliche privaten Sach- und Lebensversicherungen sowie die Krankenkasse.

Die Adressen des VZ finden Sie im Anhang auf Seite 163.

Der Weg zum Vertrag

Die wichtigsten Grundregeln

bringen würde. Je kleiner dieses finanzielle Risiko ist, desto weniger nötig ist der Versicherungsschutz.

Wenn Ihnen dann beispielsweise Ihre Kreditkartenfirma schreibt, mit der teureren Gold-Card hätten Sie auch eine Diebstahlversicherung für Einkäufe, die Sie mit der Karte bezahlt haben – dann wissen Sie: Auf diese Deckung können Sie verzichten.

Fazit: Wenn Sie Ihre Versicherungen korrekt auf Ihre Bedürfnisse ausrichten, sind Sie nie über- oder unterversichert, und Sie zahlen auch nirgends Geld für Doppeldeckungen.

Die genaue Ermittlung des Bedarfs ist insbesondere bei den Risikoversicherungen nötig, wo es wichtig ist, vor einem Abschluss eine Vorsorgeanalyse zu machen.

Regel 2
Vergleichen Sie Prämien und Deckungsumfang

Vor jedem Versicherungsabschluss sollte ein Prämienvergleich stehen. Der Konkurrenzkampf unter den Versicherungsgesellschaften hat zur Folge, dass Sie für praktisch gleichwertige Versicherungslösungen bis zur Hälfte der Prämie sparen können.

Das finden Sie aber nur heraus, wenn Sie vor dem Abschluss mehrere Offerten einholen – wobei es wenig bringt, mehr als drei Gesellschaften anzufragen.

Der Prämienvergleich bedingt, dass Sie Gleiches mit Gleichem vergleichen und dass Sie überdies den offerierten Deckungsumfang genau studieren. Das ist mühsam – aber es lohnt sich.

Nach der Lektüre des entsprechenden Kapitels in diesem K-Dossier wissen Sie, auf welche Punkte Sie speziell achten müssen.

Scheuen Sie sich nicht, beim Versicherungsvertreter oder bei der Gesellschaft nachzufragen, falls Sie etwas nicht verstehen. Schon die Klarheit der Antwort kann Ihnen den Entscheid für oder gegen eine Gesellschaft erleichtern.

Ganz wichtig: Schliessen Sie nur Versicherungen ab, die Sie verstehen. Und lesen Sie vor dem Abschluss die Vertragsbedingungen.

Regel 3
Beim Abschluss nichts übereilen

Die schlimmsten Fehler machen Leute, die überstürzt unterschreiben. Lassen Sie sich nie von einem Versicherungsvertreter unter Zeitdruck setzen – etwa mit dem Argument, schon morgen sei dieses Sonderangebot nicht mehr erhältlich.

Gerade aggressive Mitarbeiter von Strukturvertrieben wie beispielsweise WNB, ITE, First, ENGroup oder Diamerc verlassen das Haus ungern ohne Unterschrift des Kunden. Da gilt es, kühlen Kopf zu bewahren (siehe Seite 14).

Wenn Ihnen ein Versicherungsvertreter keine Bedenkzeit einräumt und dazu keine schriftlichen Unterlagen (und nicht einmal ein Visitenkärtchen) überreichen will, sollten Sie ihn sehr rasch aus der Wohnung weisen.

Versicherungskunden haben kein Rücktrittsrecht

Bedenken Sie, dass Sie bei Versicherungsverträgen in aller Regel *kein* 7-tägiges Rücktrittsrecht haben, von dem Konsumentinnen und Konsumenten sonst bei Haustürgeschäften profitieren können. Sie bleiben vielmehr an Ihre Unterschrift unter den Versicherungsantrag gebunden – es sei denn, die Versicherung räume Ihnen ein Rücktrittsrecht auf dem Antrag freiwillig und ausdrücklich ein.

Diese Bindung gilt 14 Tage. Erhalten Sie innert dieser

Frist keine Police, können Sie vom Antrag mit eingeschriebenem Brief zurücktreten.

Bei Lebens- und Risikoversicherungen beträgt diese Frist vier Wochen, falls die Gesellschaft ein ärztliches Attest verlangt.

Weitere Tipps für den Abschluss:

● Erkundigen Sie sich, ab wann der Versicherungsschutz beginnt. Das kann schon nach der Unterschrift unter den Antrag der Fall sein, spätestens aber dann, wenn Sie die Police erhalten.

● Lassen Sie sich spezielle Abmachungen schriftlich bestätigen. Verlassen Sie sich nie auf mündliche Leistungszusagen des Versicherungsvertreters.

● Prüfen Sie nach Erhalt die Police auf ihre Richtigkeit und ob sie das enthält, was Sie mit dem Vertreter besprochen haben. Und achten Sie darauf, dass man Ihnen nicht Vertragsbestimmungen unterjubelt, die für Sie ungünstig sind. Verlangen Sie sofort eine Berichtigung, falls Sie nicht einverstanden sind. In der Regel räumen die Versicherungen den Kunden dafür eine Frist von 30 Tagen ein.

● Bei Änderungen des Vertrages (zum Beispiel Anpassung der Versicherungssumme) pflegen viele Gesellschaften die Unsitte, eine neu beginnende *mehrjährige* Laufzeit in die Police zu schreiben. Lassen Sie sich das nicht gefallen!

● Unterschreiben Sie keinen Antrag, wenn Sie nicht die Versicherungsbedingungen (das Kleingedruckte) vor sich haben. Es kommt häufig vor, dass die Bedingungen nicht zusammen mit der Offerte vorgelegt werden.

● Vergessen Sie nicht: Ein brennendes Haus kann man nicht versichern. Will heissen: Wenn der Schaden schon da ist, kommen Sie mit Ihrem Versicherungswunsch garantiert zu spät.

Regel 4
Machen Sie keine falschen Angaben

Wenn Sie beim Ausfüllen des Versicherungsantrages eine falsche Angabe machen, so ist das Gesetz unerbittlich: Falls die Gesellschaft davon erfährt, darf sie den Vertrag per sofort und auch rückwirkend auflösen.

Das kann zur Folge haben, dass Sie für einen aktuellen Schaden kein Geld erhalten, und die Gesellschaft kann in einem solchen Fall sogar Geld zurückverlangen, welches sie Ihnen für einen früheren Schadenfall ausgezahlt hat.

Falschangaben lohnen sich also nicht. Bezogen auf die in diesem K-Dossier behandelten Kapitel betrifft dies vor allem die Autoversicherung (wo die Prämien entscheidend vom Profil des häufigs-

Die Gesellschaft hat nicht reagiert: Gilt die erweiterte Deckung?

Frage: Vor Jahren habe ich eine Hausratversicherung abgeschlossen. Weil in unserer Umgebung schon viele Velos gestohlen wurden, schrieb ich vor zwei Monaten meiner Versicherung, dass ich das Risiko «einfacher Diebstahl auswärts» zusätzlich versichern möchte. Die Versicherung hat bis heute auf mein Schreiben nicht reagiert.

Prompt wurde nun das abgeschlossene Fahrrad meines Sohnes gestohlen. Muss die Versicherung diesen Schaden übernehmen?

Antwort: Ja. Wenn die Versicherung Ihren Antrag auf Einbezug des Risikos «einfacher Diebstahl auswärts» hätte ablehnen wollen, so hätte sie Ihnen spätestens 14 Tage nach Ihrem Antrag Bescheid geben müssen. Keine Antwort heisst also, dass der Antrag angenommen ist.

Dies gilt aber nur dort, wo ein schon bestehender Versicherungsvertrag verlängert oder der Deckungsbereich abgeändert werden soll.

Wer hingegen einen neuen Versicherungsvertrag abschliessen oder die Versicherungssumme erhöhen will, ist in der Regel erst versichert, wenn ihm dies von der Versicherung schriftlich bestätigt wurde.

ten Fahrers abhängen) sowie die Risiko-Lebensversicherungen und das Taggeld, bei deren Abschluss die Gesellschaften in der Regel das Ausfüllen eines Gesundheitsfragebogens verlangen.

Wie gnadenlos die Gesellschaften bei unwahren Angaben vorgehen können, lässt sich beim Gesundheitsfragebogen noch verdeutlichen.

Ein Beispiel: Sie haben ein Taggeld versichert und verlangen nun Geld wegen eines Herzproblems, das Sie vom Arbeitsplatz fern hält. Wenn nun die Gesellschaft in diesem Zusammenhang erfährt, dass Sie beispielsweise ein früheres Magenproblem verschwiegen haben, gehen Sie leer aus – auch wenn Ihre Magen- und Herzprobleme medizinisch nichts miteinander zu tun haben.

Voraussetzung ist aber immer, dass Sie etwas «Erhebliches» nicht oder falsch angegeben haben (was natürlich ein schwammiger Begriff ist) und dass die Fragen im Formular klar waren. (Die anstehende Revision des Versicherungsvertragsgesetzes könnte eine Verbesserung zu Gunsten der Versicherten bringen.)

Deshalb die Tipps:

● Halten Sie sich beim Ausfüllen des Antragsformulars äusserst genau an die Wahrheit.

● Lassen Sie sich niemals vom Versicherungsagenten zu irgendwelchen Ungenauigkeiten verleiten unter dem Motto «Das ist nicht so wichtig». Der Antrag trägt Ihre Unterschrift. Dass Sie vom Versicherungsvertreter dazu verleitet wurden, unwahre oder ungenügende Angaben zu machen, können Sie im Streitfall kaum beweisen – und die Gesellschaft kann den Vertrag nachträglich auflösen.

● Machen Sie eine Kopie des Antragsformulars oder verlangen Sie nachträglich eine Kopie Ihres Antrages bei der Versicherung. Dann wissen Sie, welche Angaben Sie bei Vertragsabschluss gemacht haben.

● Es kommt leider immer wieder vor, dass Versicherungsvertreter den Antrag nachträglich noch abändern. Seien Sie auf der Hut.

Regel 5
Binden Sie sich nicht zu lange

In den Sachversicherungen (zum Beispiel Hausrat oder Auto), aber auch bei der Haftpflicht- oder Rechtsschutzversicherung versuchen die Verkäufer nach wie vor, den Kundinnen und Kunden Verträge mit langen Laufzeiten zu verkaufen.

Die Winterthur zum Beispiel behauptete gegenüber dem K-Tipp unverfroren, eine zehnjährige Laufzeit sei «marktüblich».

Der wahre Grund ist, dass die meisten Verkäufer bei langen Laufzeiten höhere Verkaufsprovisionen kassieren als bei Kurzfristverträgen.

Für die Kundschaft sind aber einjährige Verträge mit stillschweigender Erneuerung vorteilhafter. So kann man jederzeit von anderen Angeboten profitieren.

Das Argument, mit einem langjährigen Vertrag könnten Sie die Prämie über Jahre stabil halten, ist übrigens falsch. Jede Gesellschaft kann auf das Ende eines Versicherungsjahres die Prämie erhöhen – Laufzeit hin oder her.

Dazu haben die Gesellschaften in den Versicherungsbedingungen die so genannte Prämienanpassungsklausel eingebaut. Sie lautet sinngemäss immer gleich: «Ändern während der Vertragsdauer die Prämien des Tarifs, kann die Versicherung die Anpassung des Vertrags vom folgenden Versicherungsjahr an verlangen. Zu diesem Zweck hat sie dem Versicherungsnehmer die neue Prämie spätestens 25 Tage vor deren Fälligkeit bekannt zu geben.»

Eine solche Prämienanpassungsklausel findet sich in den meisten Verträgen für Sachversicherungen.

Die Prämienanpassungsklausel macht klar, dass ein langjähriger Vertrag punkto Prämie keinen Vorteil bringt – ein Grund mehr, bei Versicherungsverträgen auf kurze Laufzeiten zu pochen.

Meiden Sie also Gesellschaften, die für Kurzfristverträge Zuschläge verlangen. Oder umgekehrt: Die paar Franken, die Sie als Rabatt für einen langjährigen Vertrag erhalten, sind die lange Bindung nicht wert.

Tipp: Es gibt Gesellschaften, die auf langjährigen Verträgen bestehen, aber bereit sind, dem Kunden als Sondervereinbarung dennoch ein jährliches Kündigungsrecht einzuräumen. Machen Sie sich das zu Nutze.

Bei den Sparversicherungen sollten Sie nur dann einen langfristigen Vertrag eingehen, wenn Sie absolut sicher sind, dass Sie die Prämien bis ans Vertragsende zahlen können – sonst verlieren Sie Geld (siehe Seite 48 f.).

Regel 6

Optimieren Sie Ihre Versicherungsausgaben

Erster Schritt: Wenn Sie gewisse Risiken nicht versichern und damit einen Teil der möglichen Risiken selber tragen, sparen Sie Prämien. Das ist sinnvoll bei Bagatellrisiken, die im Schadenfall finanziell nicht allzu stark ins Gewicht fallen.

Bei existenzbedrohenden Risiken hingegen ist es nicht sinnvoll, auf einen Versicherungsschutz zu verzichten.

Um die Risiken zu bestimmen, die Sie selber tragen können, müssen Sie mögliche Schadenereignisse und die finanziellen Folgen abschätzen.

Zweite Massnahme: Selbstbehalt vereinbaren oder einen bereits bestehenden Selbstbehalt erhöhen. Bei jedem Schadenereignis müssen Sie so eine gewisse Summe selber tragen.

Der Vorteil von Selbstbehalten liegt darin, dass der Versicherungsschutz für die existenzbedrohenden Risiken gewährleistet bleibt.

Selbstbehalte führen zu einer mehr oder weniger deutlichen Reduktion der Prämie. Beträgt zum Beispiel der Selbstbehalt 500 Franken und die sich daraus ergebende Prämieneinsparung 300 Franken pro Jahr, so lohnt sich der Selbstbehalt bereits im zweiten schadenfreien Jahr.

Selbstbehalte sind also das Richtige für eher vermögende Leute, welche die Versicherung bewusst nur zur Deckung von Grossrisiken brauchen und ihre Prämien radikal senken wollen.

Übrigens: Lassen Sie sich auf keinen Fall vom Versicherungsagenten zu höheren Selbstbehalten drängen. Denn viele Verkäufer machen Ihnen die höheren Selbstbehalte nur deswegen schmackhaft, weil sie dann eine höhere Provision kassieren.

Den Entscheid *für* oder *gegen* einen höheren Selbstbehalt sollten Sie allein treffen – abgestimmt auf Ihre eigenen Präferenzen und finanziellen Möglichkeiten.

Mehr noch: Es kann durchaus vorkommen, dass Ihnen ein Verkäufer wider besseres Wissen weismachen will, es sei gar nicht möglich, die Versicherung ohne Selbstbehalt abzuschliessen. Bleiben Sie solchen Behauptungen gegenüber skeptisch.

Dritter Schritt: Wer mehrere Offerten einholt, die Angebote vergleicht und bei der günstigsten Versicherungsgesellschaft abschliesst, fährt nochmals günstiger.

Am Schluss dieses Optimierungsprozesses bleiben

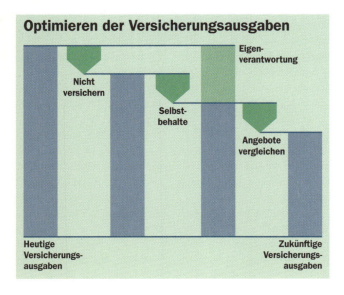

die künftigen Versicherungsausgaben – oft ist das markant weniger als ursprünglich veranschlagt.
Tipp: Wenn Sie die Prämien halbjährlich oder in noch kürzeren Intervallen zahlen, kostet Sie das mehr, als wenn Sie die ganze Jahresprämie aufs Mal zahlen.

Regel 7
Hüten Sie sich vor den Tricks der Versicherungsvertreter

Um ihren Kundinnen und Kunden ein neues Versicherungsprodukt zu verkaufen, greifen Vertreter manchmal zu eher hemdsärmeligen Methoden.

Die Helvetia-Patria zum Beispiel schrieb einer Kundin unverblümt: «Sie werden ersucht, den beiliegenden Antrag unterschrieben zurückzusenden. Sofern innert einer Woche weder Ihr Antrag noch eine schriftliche Nachricht von Ihnen eingeht, erhalten Sie eine neue Police gemäss Vorschlag.» Die Prämie der Hausratversicherung erhöhe sich damit von 190 auf 320 Franken im Jahr.

Dieses Vorgehen ist nicht zulässig. Das Stillschweigen des Kunden heisst nicht einfach «Ja».

Vielmehr gilt: Einer belastenden Vertragsänderung – zum Beispiel einer höheren Prämie oder schlechteren Bedingungen – muss der Versicherungsnehmer ausdrücklich zustimmen. Die Gesellschaft darf nicht vom stillschweigenden Einverständnis des Kunden ausgehen, wenn sie nichts von ihm hört.

Wahrheitswidrige Verkaufsargumente im Standardbrief

Ein anderes Beispiel: Die Winterthur operierte jahrelang mit einem Standardbrief, in welchem wahrheitswidrig stand, der bestehende Vertrag müsse «gemäss Tarifvorschriften» erneuert werden.

Wer viele Schäden anmeldet, fliegt raus

Gemäss Gesetz haben die Versicherungen das Recht, im Schadenfall sofort vom Vertrag zurückzutreten – unabhängig von der Laufzeit des Vertrages.

Das heisst: Zahlt die Versicherung nach einem Schadenfall eine Entschädigung an den Versicherten aus, darf sie gleichzeitig vom Vertrag zurücktreten.

Dieses Kündigungsrecht gilt für alle privaten Versicherungen, also beispielsweise für die Hausrat-, Privathaftpflicht-, Rechtsschutz-, Auto- und die Tierversicherung.

Auf dieses Recht stützen sich die Versicherungsgesellschaften, wenn sie nach einem Schadenfall den bestehenden Vertrag kündigen. In der Regel tun sie es, wenn ein Versicherter viele Schäden anmeldet. Die Gesellschaft muss dann aber die Prämie für den Rest des Versicherungsjahres zurückerstatten.

Allerdings muss diese Vertragsauflösung nicht einen endgültigen Bruch zwischen Kunde und Gesellschaft nach sich ziehen. In den meisten Fällen erfolgt eine Änderung des bestehenden Vertrags mit neuen Bedingungen: In Frage kommen in erster Linie Einführung (oder Erhöhung) des Selbstbehaltes, Auflagen zur Verminderung des Risikos, Erhöhung der Prämie oder Ausschluss des betreffenden Teilrisikos (etwa, dass Velos nicht mehr versichert sind).

Wer das nicht schlucken will, fliegt aber endgültig raus – und hat erst noch etliche Mühe, einen neuen Versicherer zu finden.

Solche internen Weisungen sind für die Versicherten aber nicht bindend.

Deshalb der wichtigste Tipp: Lassen Sie sich nicht zum Abschluss eines neuen Vertrages drängen, wenn von «Erneuern müssen» oder «nunmehr notwendiger Anpassung» die Rede ist.

Ihre bisherige Police verlängert sich nach Ablauf der vereinbarten Dauer automatisch um ein weiteres Jahr. Wenn die Versicherung den Vertrag nicht mehr weiterführen will, muss sie ihn formell kündigen und dabei die

3-monatige Kündigungsfrist einhalten.

Prüfen Sie vielmehr das neue Angebot und fragen Sie nach den Unterschieden.

Falls Sie das Gefühl haben, dass Ihnen ein neuer Vertrag wegen der Änderungen einen Vorteil bringt, können Sie ihn akzeptieren. Das gilt natürlich auch, wenn Sie Ihre Versicherung wegen veränderter Lebensumstände (Zivilstand, Familie, Haushalt) anpassen wollen.

Wenn Ihnen der neue Vertrag hingegen nichts bringt, können Sie den Vertreter wieder nach Hause schicken, und der alte Vertrag läuft weiter. Sie sind nicht verpflichtet, auf das neuste Produkt Ihrer Versicherung umzusteigen.

Falls Sie einer vorgeschlagenen Vertragserneuerung nicht zustimmen, müssen Sie grundsätzlich mit einer Kündigung rechnen.

Eine Vertragskündigung durch die Versicherung kann aber eine Chance sein: Vielleicht erhalten Sie bei einer anderen Gesellschaft ein günstigeres Angebot. Holen Sie Offerten ein!

Aufdringliche Verkäufer vor die Tür stellen!

Beachten Sie beim Umgang mit Versicherungsverkäufern die folgenden Tipps:

● Achten Sie darauf, ob der Berater schnell auf Ihre Anliegen reagiert (nicht nur beim Abschluss), ob er Ihre Fragen gut beantworten kann und ob er Ihnen verständliche Unterlagen gibt.

● Gute Berater reden nicht nur über die Vorteile, sondern auch über die Grenzen der von ihnen verkauften Produkte.

● Stellen Sie aufdringliche Verkäufer gleich wieder vor die Tür.

● Seien Sie skeptisch, wenn ehemalige Bekannte Sie aus heiterem Himmel anrufen und einen Termin wollen, ohne genau zu sagen, worum es geht. In der Regel sind das schlecht geschulte Mitarbeiter von Strukturvertrieben; sie wollen Ihnen teure Sparversicherungen verkaufen und damit einen Versicherungsschutz, den Sie vielleicht gar nicht brauchen.

● Diese «Strukkis», wie sie in Deutschland heissen, versuchen auch, Sie als Mitarbeiter zu gewinnen, und gaukeln Ihnen dabei unrealistische Verdienstmöglichkeiten vor. Es gilt: Hände weg!

● Die angestellten Agenten der Versicherungen verkaufen immer nur die Produkte ihrer eigenen Gesellschaft. Da lohnt es sich auf jeden Fall, auch bei anderen Gesellschaften anzuklopfen und Konkurrenzofferten einzuholen.

● Selbständige Broker hingegen sind im Prinzip keiner Gesellschaft verpflichtet. Dennoch haben die meisten von ihnen Verträge mit nur wenigen Gesellschaften. Verlangen Sie deshalb, dass Ihnen der Broker die eingeholten Offerten offen auf den Tisch legt.

Und verlangen Sie zusätzliche Offerten, falls Ihnen die Auswahl dürftig erscheint. Der Broker soll auch transparent machen, mit welchen Gesellschaften er einen Zusammenarbeitsvertrag hat.

● Vergessen Sie nicht, dass Versicherungsvertreter meist von den Verkaufsprovisionen leben. Die höchsten Ansätze erhalten sie beim Verkauf von (oft überflüssigen) Sparversicherungen (siehe Seite 42 ff.). Für eine Privathaftpflicht-Versicherung hingegen, die zu den wichtigsten Deckungen gehört, erhält er nur ein paar Franken.

Regel 8
Beachten Sie Ihre Pflichten im Schadenfall

Die Allgemeinen Versicherungsbedingungen (AVB) Ihrer Police enthalten ausführliche Bestimmungen darüber, was Sie in einem Schadenfall tun müssen.

Der wichtigste Grundsatz lautet: Schäden immer sofort melden.

Ein zweiter Punkt ist die Schaden*verhütungs*-Pflicht in der Sachversicherung.

Wenn klar absehbar ist, dass ein Schaden eintritt, und Sie nichts tun, um diesen voraussehbaren Schaden zu verhüten, kann die Versicherung ihre Zahlung kürzen.

Das könnte der Fall sein, wenn ein Keller schon oft unter Wasser stand, eine neue Überschwemmung klar vo-

Der Weg zum Vertrag

raussehbar war und Sie trotzdem teure Gegenstände nicht aus dem Keller in die oberen Stockwerke verlagert haben.

Die Kosten für diese präventive Verhütung von Schäden müssen die Gesellschaften nicht zahlen.

Ein dritter wichtiger Punkt ist die Schaden*minderungs*-Pflicht. Das Gesetz verpflichtet die Versicherten, «nach Eintritt des befürchteten Ereignisses tunlichst für Minderung des Schadens zu sorgen».

Beispiel: Wenn ein Sturm Ihr Dach abdeckt, sollten Sie nach Möglichkeit versuchen, das Leck mit einer Blache abzudecken, damit kein Regen ins Innere des Hauses dringt.

Solche Kosten für die Minderung des Schadens sind in der Regel bezahlt.

Das sind weitere Tipps für den Schadenfall:

- Lassen Sie sich nach einem Ereignis nie mit der mündlichen (telefonischen) Auskunft abspeisen, der Schaden sei nicht gedeckt.

Verlangen Sie vielmehr das Schadenformular und füllen Sie es aus. So zwingen Sie die Versicherung, ihre Ablehnung schriftlich zu begründen. Damit können Sie sich beispielsweise an die Ombudsstelle wenden (Adresse auf Seite 162) oder an den K-Tipp.

- Melden Sie auch Schäden an, die laut den Versicherungsbedingungen nicht gedeckt sind. Vielleicht hat ja die Gesellschaft in der Zwischenzeit ihre Praxis geändert und lässt bei Ihnen Gnade vor Recht gelten.

- Achten Sie darauf, ob Sie Ihr Geld rechtzeitig bekommen. Sie haben in der Sachversicherung einen gesetzlichen Anspruch auf eine Vergütung des Schadens innert vier Wochen. Voraussetzung ist freilich, dass die Gesellschaft alle Angaben erhält, die sie für die Überprüfung der

---

Ich habe den Ersatzantrag mit einer höheren Prämie nicht akzeptiert: Kann ich infolge Prämienerhöhung kündigen?

Frage: Wir haben eine Rechtsschutz-Versicherung. Die damals vereinbarte achtjährige Vertragsdauer ist schon lange abgelaufen; seither erneuert sich die Police an jedem 1. Juni stillschweigend um ein weiteres Jahr.

Mitte April 2002 erhielt ich einen «Ersatzantrag» zum Unterschreiben; damit sei ich wieder «rundum bestens abgesichert».

Ich wäre zwar einverstanden gewesen, wollte aber nur einen einjährigen Vertrag. Dafür hätte ich aber eine «Mehrprämie für Kurzzeit-Vertrag» von 30 Franken zahlen müssen, die Versicherung wäre also teurer geworden. Also unterschrieb ich nichts.

Ich meine nun, dass meine Police dadurch eine Prämienerhöhung erfährt, und habe deshalb die Versicherung sofort nach Erhalt des Antrages infolge Prämienerhöhung auf Ende Mai 2002 gekündigt. Kann ich das?

Antwort: Nein. Ein Ersatzantrag ist noch keine Prämienerhöhung; wenn Sie ihn nicht akzeptieren, läuft der alte Vertrag weiter.

Bei Versicherungspolicen, die sich jedes Jahr stillschweigend erneuern, ist für Kündigungen die in den Bedingungen genannte Frist einzuhalten; in der Regel sind das drei Monate auf Ende des Versicherungsjahres. Das gilt sowohl für die Versicherten als auch für die Gesellschaft.

Solange Sie keinen Erneuerungsantrag (Ersatzantrag) unterschreiben und damit akzeptieren, läuft Ihre alte Police automatisch weiter – und zwar zu den alten Bedingungen. Sie hätten also die Kündigung bereits Ende Februar abschicken müssen, um die 3-Monats-Frist einzuhalten.

Dass Sie einen Vorschlag für eine teurere (und bessere) Versicherung bekommen haben, ändert an diesem Umstand nichts. Ein verkürztes Kündigungsrecht nach Erhalt der Prämienrechnung haben Sie nur, falls die Gesellschaft den Prämientarif einseitig erhöht.

Konsequenz: Ihre Kündigung ist zwar gültig, aber erst ein Jahr später, also auf den 31. Mai 2003.

Richtigkeit des Anspruchs benötigt; von diesem Moment an beginnt die Vier-Wochen-Frist zu laufen.

- Bewahren Sie die Belege auf. Sie sind verpflichtet, die Höhe des Schadens im Rahmen des Zumutbaren zu beweisen. Am besten geht das, wenn Sie Quittungen haben. Die Versicherung muss sich aber auch mit anderen schlüssigen Hinweisen oder Tatsachen zufrieden geben.
- Nicht vergessen: Zwei Jahre nach dem Ereignis, das zum Schaden führte, verjährt Ihr Anspruch auf Leistungen der Versicherung. Bei einem Diebstahl beispielsweise ist das «Ereignis» der Tag des Vorfalls und nicht der Tag, an dem der Bestohlene den Diebstahl bemerkt (falls er ihn später bemerkt).
- Passen Sie auf, wenn Sie nach dem Schadenfall plötzlich eine neue Police mit einem Hinweis auf zusätzliche Versicherungsbedingungen erhalten. Die Gesellschaften nutzen solche Gelegenheiten gerne, um bei Kunden mit hoher Schadenfrequenz eine (heimliche) Verschlechterung der Vertragsbedingungen durchzusetzen (etwa höherer Selbstbehalt).
- Merke: Nach jedem Schadenfall darf die Sachversicherung den Vertrag kündigen (siehe Kasten S. 13). Das gleiche Recht haben aber auch Versicherte (siehe Seite 18).

Regel 9
So kündigen Sie richtig

Um einen Vertrag aufzulösen, haben Sie diese Möglichkeiten:

- Kündigung bei Ablauf: Falls Ihr Versicherungsvertrag das Ende der vereinbarten Laufzeit erreicht, können Sie in der Regel drei Monate vorher schriftlich und am besten eingeschrieben kündigen. Der Brief muss am letzten Tag vor Beginn der Kündigungsfrist bei der Versicherung eingetroffen sein, schicken Sie ihn also früh genug ab.

Sie finden den Ablauf in Ihrer Police; er muss nicht

Muss ich meine Versicherung trotz «Ablauf» noch formell kündigen?

Frage: Auf der Police meiner Hausratversicherung steht ausdrücklich, dass sie am 1. September 1997 beginnt und am 31. August 2002 abläuft. Ich war deshalb sehr erstaunt, als ich von der Versicherung Mitte Juni 2002 erneut eine Rechnung für die Prämie 2002/2003 erhielt.

Auf meine Reklamation hin teilte mir die Versicherung mit, ich hätte mindestens drei Monate vor Ablauf der Versicherungsdauer kündigen müssen. Weil ich das unterlassen habe, laufe die Versicherung jetzt für die Dauer eines Jahres weiter.

Hätte ich die Versicherung wirklich noch formell kündigen müssen, wenn doch auf der Police die klare Formulierung «Ablauf 31. August 2002» steht?

Antwort: Ja. Es ist zwar verständlich, dass Sie sich von der Formulierung auf der Police irreführen liessen. Sie haben indes zusammen mit der Police auch die Allgemeinen Versicherungsbedingungen erhalten; und dort wird unmissverständlich auf die Notwendigkeit einer Kündigung hingewiesen.

Die Formulierung «Ablauf» auf der Versicherungspolice bezieht sich lediglich auf das Ende der vereinbarten festen Vertragsdauer, in welcher eine Kündigung im Prinzip nicht möglich ist.

Nach Ablauf dieser festen Vertragsdauer wird die Versicherung – falls sie von keiner Seite gekündigt wird – von Jahr zu Jahr erneuert. Eine ordentliche Kündigung ist dann in Ihrem Beispiel immer auf den 31. August möglich.

Diese Regelung ist vom Gesetz her gestattet und absolut üblich – und sie ist auch im Sinne der Versicherten: Das Gesetz verhindert so, dass die Versicherten den «Ablauf» vergessen und plötzlich unerwartet ohne Versicherungsschutz dastehen.

Der Weg zum Vertrag

mit dem Ende eines Kalenderjahres übereinstimmen.

Bei langjährigen Verträgen kommt dieser «Ablauf» erst nach Ende der beispielsweise 5-jährigen Vertragsdauer. Sie bleiben also grundsätzlich gebunden und können nicht von günstigen Konkurrenzofferten profitieren.

Achtung: Falls Sie nicht kündigen, verlängert sich die Police trotz «Ablauf» stillschweigend um ein weiteres Jahr (siehe Kasten auf S. 16).

● Kündigung bei Prämienerhöhung: Falls die Gesellschaft die Prämie anhebt oder die Bedingungen für Sie verschlechtert, haben Sie ebenfalls ein Kündigungsrecht. Solche Änderungen muss Ihnen die Gesellschaft vor In-Kraft-Treten (meist auf Beginn eines neuen Versicherungsjahres) rechtzeitig mitteilen – zum Beispiel mit einer Frist von 25 Tagen. Sie können dann in der Regel bis zum letzten Tag vor Prämienverfall kündigen – das heisst, die Kündigung muss am letzten Tag bei der Gesellschaft eingetroffen sein.

Die Gesellschaft muss Sie auf die Erhöhung der Prämie oder auf die Änderungen in den Geschäftsbedingungen aufmerksam machen.

Diese Ausstiegsmöglichkeit gilt auch bei langjährigen Verträgen (ausser wenn die Prämienerhöhung beispielsweise auf eine Änderung Ihres persönlichen Risikoprofils oder auf eine von Ihnen gewünschte Änderung der Versicherungsdeckung zurückzuführen ist).

● Kündigung bei Wegfall des Risikos: Wenn Sie eine versicherte Sache (zum Beispiel ein Auto) verschrotten lassen oder den Hausrat wegen Wegzugs ins Ausland auflösen, dann existiert dieses Risiko nicht mehr, und Sie können sofort kündigen. Die vorausbezahlte Prämie erhalten Sie dann anteilsmässig zurück – ausser (bei etlichen Gesellschaften) im ersten Versicherungsjahr.

● Kündigung bei Handänderung: Falls Sie beispielsweise ein Haus verkaufen, geht der

---

 Ich habe meine Versicherung gekündigt. Muss mir die Gesellschaft den Erhalt der Kündigung schriftlich bestätigen?

Frage: Ich habe meine Autoversicherung termingerecht und eingeschrieben gekündigt. Doch anstelle einer schriftlichen Bestätigung, dass die Kündigung akzeptiert sei, erhielt ich fünf Wochen später wie jedes Jahr zuvor dennoch eine neue Prämienrechnung.

Jetzt bin ich natürlich verunsichert. Es wäre doch nichts als anständig, wenn die Versicherungen Kündigungen ihrer Kunden kurz bestätigen würden. Sind die Gesellschaften dazu überhaupt verpflichtet?

Antwort: Nein. Versicherte, die den Versicherungsschutz kündigen, haben rein rechtlich gesehen keinen Anspruch darauf, dass ihnen die Gesellschaft die Kündigung bestätigt. Grund: Die Kündigung eines Vertrages ist eine einseitige Willenserklärung von einer Partei; sie wird ohne weiteres dann wirksam, wenn die andere Partei sie in Empfang genommen hat.

So gesehen ist eine Kündigungsbestätigung auch gar nicht nötig; die Kündigung wird allein durch den Empfang gültig.

Das ist auch der Grund, warum es «provisorische» Kündigungen nicht gibt; gekündigt ist gekündigt.

Eine einmal abgeschickte Kündigung kann man nur dann rückgängig machen, wenn die andere Seite einverstanden ist.

Die Gesellschaft muss rein rechtlich betrachtet selbst dann nicht reagieren, wenn eine Kündigung des Versicherten gar nicht möglich ist – etwa weil sie zu spät eingetroffen oder der Vertrag noch gar nicht abgelaufen ist.

Kundenfreundliche Gesellschaften werden sich aber beim Kunden melden, falls seine Kündigung ungültig war. Es entspricht den Gepflogenheiten im Geschäftsverkehr, dass dies innerhalb von zwei bis drei Wochen geschieht.

Vertrag für die spezifischen Gebäudeversicherungen auf den neuen Besitzer über. Das Prinzip dahinter: Die Versicherung geht mit der Sache mit.

Falls der neue Besitzer den Vertrag nicht innert 14 Tagen kündigt, hat er ihn akzeptiert, und er muss Ihnen den entsprechenden Teil der vorausbezahlten Prämie überweisen. Akzeptiert der neue Besitzer hingegen Ihre Versicherung nicht, erhalten Sie die Restprämie von der Versicherung zurückerstattet.

• Kündigung nach einem Schadenfall: Nachdem die Versicherung für einen Schadenfall eine Entschädigung gezahlt hat, können beide Parteien kündigen.

Kündigt die Gesellschaft, muss sie den noch nicht verbrauchten Teil der Jahresprämie zurückzahlen (ausser – bei einigen Gesellschaften – wenn der Vertrag noch kein ganzes Jahr lang gelaufen war).

Kündigt hingegen der Versicherte, verliert er den Rest der noch nicht verbrauchten, aber für ein ganzes Jahr vorausbezahlten Prämie.

Will der Kunde nach einem Schadenfall kündigen, muss er dies gemäss Gesetz spätestens dann tun, wenn die Gesellschaft das Geld für den Schaden ausbezahlt hat. Etliche Versicherer sind aber in diesem Punkt grosszügiger und räumen in den Versicherungsbedingungen zusätzliche 14 Tage nach Auszahlung ein.

Termin verpasst: Kündigung gilt automatisch auf den nächsten Termin!

Was gilt, wenn man die Kündigung zu spät abgeschickt und dadurch den Kündigungstermin verpasst hat?

Die Kündigung bleibt wirksam und tritt automatisch auf den nächsten Termin in Kraft! Bei Versicherungen ist das in der Regel ein Jahr später.

Dies gilt unabhängig davon, was Ihnen die Gesellschaft zurückschreibt.

Mit anderen Worten: Falls Ihre Kündigung zu spät eingetroffen ist, müssen Sie ein Jahr später nicht noch einmal kündigen – auch wenn die Gesellschaft etwas anderes behauptet.

Achtung: Falls Sie die Police im Schadenfall kündigen, erlischt die Versicherungsdeckung, sobald der Brief bei der Gesellschaft eingetroffen ist.

Aber: Wenn Sie die Prämien zum Beispiel halbjährlich zahlen, kann es sein, dass Sie gemäss den Versicherungsbedingungen die noch nicht bezahlte zweite Halbjahresprämie noch schulden.

• Kündigung bei Policenübertragung: Wenn eine Gesellschaft ihre Kundschaft einer anderen Versicherungsgesellschaft «verkauft», also die Policen auf eine andere Gesellschaft überträgt, haben die Betroffenen ein Kündigungsrecht.

Die Gesellschaften müssen die Kundinnen und Kunden über diesen Wechsel informieren – aber sie sind nicht verpflichtet, die Kundschaft auf ihr Kündigungsrecht aufmerksam zu machen. Das Kündigungsrecht läuft drei Monate ab Publikation im Handelsamtsblatt.

Handelt es sich hingegen um eine Fusion, also um einen eigentlichen Zusammenschluss von zwei Versicherungsgesellschaften, haben die Versicherten nach Ansicht der obersten Aufsichtsbehörde kein Kündigungsrecht. Das war zuletzt der Fall beim Zusammenschluss von Allianz, Berner und Elvia.

Achtung: Bei den Lebensversicherungen gelten andere Kündigungsregeln (siehe die Angaben in den entsprechenden Kapiteln).

Richtig entscheiden.
Dank den Ratgebern des K-Tipp.

Krankenkasse und Unfallversicherung

Das Wichtigste im Überblick. Mit praktischen Tipps und Prämientabellen

Von Ernst Meierhofer

Richtig versichert.
So zahlen Sie nie mehr zu viel Prämien.
Fr. 25.–

Pensionskasse.
So haben Sie Ihr persönliches Alterskapital stets im Griff.
Fr. 25.–

Krankenkasse und Unfallversicherung.
So behalten Sie im Kassen-Chaos die Übersicht (inklusive gratis Prämienvergleich für 2002).
Fr. 23.–

Ihr Geld.
Wie Sie mit Geld umgehen und Ihre Ersparnisse anlegen.
Fr. 25.–

Sparen mit Fonds.
Die besten Fonds aus 26 Kategorien. Tipps zum Sparen mit Fonds.
Fr. 25.–

Bestellen Sie über Telefon 01 253 90 70, Fax 01 253 90 71, dossiers@ktipp.ch oder www.ktipp.ch

Nicht-Abonnenten des K-Tipp zahlen pro Dossier 5 Franken mehr.

Steuern sparen.
So zahlen Sie nie mehr zu viel Steuern.
Fr. 25.–

Einstieg ins Internet.
So finden Sie problemlos den Weg ins Internet.
Fr. 25.–

Die eigenen vier Wände.
So wird der Traum vom Eigenheim nicht zum Albtraum.
Fr. 25.–

Invalidität und Tod: So können

**Themen
in diesem Kapitel:**

- **Warum man bei Krankheit und Unfall unterschiedlich versichert ist**
- **Wozu die Krankentaggeld-Versicherung dient und was sie kostet**
- **Invalidenrente: Das müssen Sie beachten**
- **Die Prämien für die Invalidenrente**
- **Wie man Kinder gegen Invalidität versichern kann**
- **Die wichtigsten Details zur Todesfallrisiko-Police – mit 3 Prämientabellen**

Auch wenn am Arbeitsplatz ab und zu Freude herrscht – nur zum Spass allein arbeiten die wenigsten. Vielmehr sind die meisten von uns auf einen Lohn angewiesen – und haben ein finanzielles Problem, wenn der Zahltag ausfällt.

Das Risiko des Lohnausfalls stellt sich auf drei Ebenen und Sie können es mit drei unterschiedlichen Versicherungen auffangen (siehe auch «Stichwort Lebensversicherung» auf Seite 42):

1. Wer länger krank wird und am Arbeitsplatz *vorübergehend* für mehrere Monate ausfällt, braucht ein Taggeld als Lohnersatz. Um dieses *kurzfristige Ersatzeinkommen* müssen sich viele selber kümmern – wie man das genau macht, steht ausführlich im 1. Teil dieses Kapitels auf den Seiten 21 bis 26.

2. Wer wegen einer Krankheit invalid wird und damit *dauernd erwerbsunfähig* wird (ganz oder teilweise), braucht in der Regel eine Invalidenrente als langfristigen Lohnersatz bis zum Pensionierungsalter. Wichtige Details zur Erwerbsunfähigkeits-Versicherung stehen in Teil 2 dieses Kapitels auf Seite 27 ff.

3. Wer *stirbt*, hinterlässt unter Umständen eine Familie – und die kann in arge finanzielle Not geraten, falls der Familienversorger ausfällt. Das gilt insbesondere, wenn die Familie ein Haus mit Hypotheken hat. Dieses monetäre Risiko kann man mit einer Todesfallrisiko-Police absichern (Teil 3 dieses Kapitels auf Seite 34 ff.).

Das Versicherungsloch bei Krankheit

Arbeitsfähig	Ereignis	Nicht arbeitsfähig *(maximal 2 Jahre lang)*	Ab Invalidität *(spätestens nach 2 Jahren)*
100 % Lohn	Krankheit	Drohendes Versicherungsloch, mit Einzeltaggeld füllen (falls kein Kollektivtaggeld vorhanden)	Evtl. Invalidenrente versichern (nur knappe Renten von IV und Pensionskasse)

Zum Vergleich: Bei Unfall sind alle Angestellten sehr gut abgesichert

Arbeitsfähig	Ereignis	Nicht arbeitsfähig *(maximal 2 Jahre lang)*	Ab Invalidität *(spätestens nach 2 Jahren)*
100 % Lohn	Unfall	Kein Versicherungsloch, Unfallversicherung zahlt Taggelder (max. 80 % des letzten Lohnes, bis max. 106 800.-)	Ausreichende Rente (Rente von Unfallversicherung, IV und Pensionskasse max. 90 % des letzten Lohnes, bis max. 106 800.-)

Sie sich finanziell absichern

Taggeld, Risikoversicherung

In einem gewissen Sinne könnte man auch das *Alter* als Risiko betrachten. Genau wie bei Invalidität und Tod fällt auch bei der Pensionierung der bisherige Lohn weg – und wer dann nicht einzig mit AHV und Pensionskasse auskommen will, kann sich vorsehen.

Zur Sicherung eines Zusatzeinkommens im Alter bieten sich – nebst dem reinen Sparen mit Bankprodukten – die Sparversicherung und die Leibrente als Versicherungslösungen an. Was Sie zum Thema Sparversicherung und Leibrente wissen müssen, steht im Kapitel 3 dieses Buches auf Seite 42 ff.

Eltern sollten bedenken, dass auch Kinder *invalid* werden können. Damit ist zwar kein Lohnausfall verbunden wie bei Erwachsenen, unter Umständen aber Mehrkosten für Pflege und Betreuung. Auch gegen solche Mehrkosten kann man sich absichern; die Renten der staatlichen Versicherungen sind nämlich bescheiden (siehe Kasten auf Seite 27).

Bedenken Sie immer: Gegen die Folgen eines *Unfalls* sind die meisten Schweizerinnen und Schweizer gut bis sehr gut versichert (siehe Grafik links). Gegen Tod und Invalidität infolge *Krankheit* hingegen müssen sich viele privat zusätzlich versichern.

Kurzfristiger Lohnersatz: Das Taggeld

Ein Taggeld kommt dann zum Zug, wenn man längere Zeit krank ist oder wegen eines Unfalls nicht arbeiten kann und folglich kein Erwerbseinkommen mehr hat – aber immer noch Hoffnung auf eine Heilung besteht.

Das Taggeld fliesst aber in der Regel höchstens zwei Jahre lang. Ist die betroffene Person nach zwei Jahren immer noch erwerbsunfähig und besteht *keine* Hoffnung mehr auf Heilung, kommt spätestens jetzt eine Rente von der staatlichen Invalidenversicherung (IV).

Wer sich Gedanken um ein Taggeld macht, muss zuerst die Ursache ins Auge fassen.

Bei Krankheit: So lange erhalten Sie Lohn

Sofern der Arbeitsvertrag oder der Gesamtarbeitsvertrag keine günstigere Regelung vorsieht und keine Betriebs- oder Einzel-Krankentaggeld-Versicherung besteht, richtet sich die so genannte Lohnfortzahlung bei Krankheit und Schwangerschaft nach einer der folgenden Skalen.

Welche Skala in Ihrem Fall gilt, erfahren Sie beim Bezirksgericht des Arbeitsortes.

	Dauer des Arbeitsverhältnisses	Lohnanspruch
Basler Skala	4. bis 12. Monat	3 Wochen
	2. und 3. Jahr	2 Monate
	4. bis 10. Jahr	3 Monate
	11. bis 15. Jahr	4 Monate
	16. bis 20. Jahr	6 Monate
Berner Skala	4. bis 12. Monat	3 Wochen
	2. Jahr	1 Monat
	3. und 4. Jahr	2 Monate
	5. bis 9. Jahr	3 Monate
	10. bis 14. Jahr	4 Monate
	15. bis 19. Jahr	5 Monate
	20. bis 25. Jahr	6 Monate
Zürcher Skala	4. bis 12. Monat	3 Wochen
	2. Jahr	8 Wochen
	3. Jahr	9 Wochen
	4. Jahr	10 Wochen
	pro weiteres Jahr	plus 1 Woche

Prämienvergleich: Krankentaggeld nach VVG von 150 Franken für Angestellte

Monatsprämien für ein versichertes Taggeld von 150 Franken (4500 Franken pro Monat) nach VVG (siehe Stichwort auf Seite 24). Das Prämienbeispiel gilt für eine 37-jährige Person, wohnhaft in Bern, Leistungsdauer 720 Tage, Neuabschluss, Wartefrist 30 Tage. Ohne Unfalldeckung (mit Unfall wären die Prämien rund 10 Prozent höher).

Kranken-kasse	Monats-prämie Mann	Monats-prämie Frau	Leistungen ab wie viel % Arbeits-unfähigkeit?	Volles Taggeld ab wie viel % Arbeits-unfähigkeit?	Versicherungsart
Concordia	132.–	132.–	Ab 50 %	Ab 100 %	Summenversicherung
CSS	366.–	366.–	Ab 50 %	Ab 100 %	Schadenversicherung
Groupe Mutuel	126.–	163.50	Ab 25 %	Ab 66 %	Schadenversicherung
Helsana	148.50	102.–	Ab 25 %	Ab 100 %	Schadenversicherung
KPT	91.50	91.50	Ab 25 %	Ab 100 %	Schadenversicherung
ÖKK	141.–	141.–	Ab 25 %	Ab 100 %	Schadenversicherung
Swica	127.50	127.50	Ab 25 %	Ab 100 %	Schadenversicherung
Visana	133.50	133.50	Ab 25 %	Ab 66 %	Summenversicherung
Wincare	252.–	270.–	Ab 25 %	Ab 66 %	Summenversicherung

Bei einigen Kassen sind in den Frauenprämien automatisch auch Geburtentaggelder mitversichert, je nach Kasse zwischen 20 bis 112 Taggelder.

Berücksichtigt wurden die 11 grössten Krankenkassen mit entsprechendem Angebot. Die Krankenkassen Sanitas und Intras wollen keine Angaben liefern.

QUELLE: VZ VERMÖGENSZENTRUM, STAND APRIL 2002

Es spielt nämlich eine grosse Rolle, ob eine *Krankheit* oder ein *Unfall* zur Arbeitsunfähigkeit geführt hat:

- Wer *verunfallt*, hat versicherungstechnisch Glück. Der Grund: Die Unfallversicherung ist in der Schweiz sehr gut ausgebaut.

Falls ein Angestellter nämlich wegen der Unfallfolgen lange nicht mehr zur Arbeit erscheinen kann, muss er sich um sein Einkommen nicht sorgen: Die Unfallversicherung zahlt ihm zunächst 80 Prozent des letzten Lohnes (obere Lohnlimite: 106 800 Franken, Stand 2002). Meist reicht das, um über die Runden zu kommen.

Das gilt auch für Unfälle in der Freizeit und auch für Teilzeitler, falls sie vor dem Unfall mindestens 8 Stunden pro Woche bei *einem* Arbeitgeber beschäftigt waren.

Im Extremfall: Lohn nur 3 Wochen lang

- Bei längerer *Krankheit* ist das ganz anders: Hier fallen die Angestellten im Prinzip schon nach relativ kurzer Zeit in ein Versicherungsloch – mit null Einkommen (siehe Grafik auf Seite 20).

Der Grund: Kann eine angestellte Person wegen einer langwierigen Krankheit nicht mehr arbeiten, muss ihr der Betrieb nur noch für eine bestimmte Zeit den vollen Lohn (100 Prozent) zahlen – je nach Anstellungsdauer.

Diese so genannte Lohnfortzahlungspflicht des Arbeitgebers bei Krankheit hört im ersten Dienstjahr schon nach 3 Wochen auf. Selbst nach 10 Dienstjahren kommt ab dem 4. oder 5. Monat nichts mehr aufs Lohnkonto (je nach Gerichtspraxis, siehe Tabelle auf Seite 21).

Alle Arbeitnehmer müssen also wissen, dass es dieses Versicherungsloch bei längerer Krankheit gibt – und sich allenfalls mit einer Taggeldversicherung vorsehen.

Für Selbständigerwerbende ist ein Taggeld als Einkommensersatz ein Muss.

Für viele Angestellte hat allerdings der Betrieb freiwillig (oder vorgeschrieben durch einen Gesamtarbeitsvertrag) vorgesorgt – und zwar mit einer Kollektiv-Krankentaggeld-Versicherung.

Konsequenz: Wer über eine Kollektivlösung des Betriebs abgesichert ist, hat in der Regel ebenfalls 80 Prozent des letzten Lohnes zugut; das Versicherungsloch ist also gestopft – allerdings nur für maximal zwei Jahre seit Beginn der Arbeitsunfähigkeit (siehe Grafik auf Seite 20).

Alle übrigen Angestellten sollten den drohenden kurzfristigen Lohnausfall selber versichern – zunächst mit einem Einzel-Krankentaggeld, welches hier das Thema ist (anschliessend ist unter Umständen eine Invalidenrente nötig, siehe Seite 27 ff.).

Das Wichtigste ist demnach: Fragen Sie Ihren Arbeitgeber, wie Sie bei längerer Krankheit versichert sind.

Hat der Betrieb *kein* Kollektiv-Krankentaggeld abgeschlossen, müssen Sie selber aktiv werden.

Die Prämien sind abhängig vom Alter

Die Tabelle oben links zeigt, was es kostet, ein Einzel-Krankentaggeld von 150 Franken zu versichern.

Weil Taggelder auch für Samstag und Sonntag ausbezahlt werden, ergeben die 150 Franken pro Tag einen versicherten Monatslohn von rund 4500 Franken.

In diesem Prämienbeispiel beträgt die Wartefrist 30 Tage (siehe die Ausführungen zur Wartefrist auf Seite 26). Es handelt sich um ein VVG-Taggeld (siehe Stichwort auf Seite 24).

Für höhere oder tiefere Taggelder verändern sich die Prämien linear (es gilt ein Prämiensatz pro Franken).

Beispiel: Wenn ein Taggeld von 150 Franken (Wartefrist 30 Tage) rund 100 Franken kostet, dann kommt ein Taggeld von 200 Franken auf rund 133 Franken zu stehen.

Die Prämien sind in erster Linie abhängig vom Eintrittsalter (je älter der Antragsteller, desto höher), vom Geschlecht (Frauen zahlen bei einigen Gesellschaften wegen des Mutterschaftsrisikos mehr) sowie bei einigen Gesellschaften auch noch vom Wohnort und vom Beruf.

Details zur Taggeldversicherung

● Es gibt einerseits Taggelder nach Privatversicherungsrecht (VVG); andrerseits bieten Krankenkassen auch Taggelder nach dem Prinzip der sozialen Krankenversicherung (KVG). Die Unterschiede sind im Kasten auf Seite 24 erläutert.

Prämienmässig interessant sind langfristig nur die Einzel-Krankentaggelder nach

Stichwort: Schadenversicherung und Summenversicherung

Das Gesetz verbietet es, dass sich jemand mit einem Taggeld «überversichert» und somit bei Arbeitsunfähigkeit «überentschädigt» wird.

Das heisst: Wer mit dem versicherten Taggeld und seinen übrigen Einkünften auf eine Summe kommt, die höher ist als sein vorheriges Erwerbseinkommen oder sein Anspruch auf Arbeitslosentaggelder, muss eine Kürzung des vereinbarten Taggeldes hinnehmen.

Dabei werden auch allfällige Invalidenrenten oder andere Zahlungen von Sozialversicherungen berücksichtigt. Ein solches Überversicherungsverbot geht für KVG-Taggelder klar aus dem Gesetz hervor (siehe «Stichwort KVG und VVG» auf Seite 24).

Bei VVG-Taggeldern hingegen kommt es entscheidend auf die Bestimmung im Reglement an. Es kann also durchaus sein, dass ein abgemachtes VVG-Taggeld ohne Wenn und Aber ausbezahlt werden muss. Die Prämientabelle auf Seite 22 zeigt deshalb zwei Systeme:

● Taggelder nach dem Prinzip der *Schadenversicherung;* hier haben die Gesellschaften die erwähnte Kürzungsmöglichkeit. In der Regel muss die versicherte Person hier einen effektiven Lohnausfall nachweisen.

● Taggelder nach dem Prinzip der *Summenversicherung* – ohne Kürzungsmöglichkeit. Für den Bezug genügt es, dass ein Arzt die versicherte Person als arbeitsunfähig erklärt.

Taggeld, Risikoversicherung

dem Privatversicherungsrecht (VVG).
- Voraussetzung für die Auszahlung eines Taggeldes ist immer ein Arztzeugnis, welches die Arbeitsunfähigkeit infolge Krankheit bescheinigt. Insbesondere bei Tag-

Stichwort: KVG und VVG

Die meisten Krankenkassen bieten ein Taggeld nach den sozialen Grundsätzen des Krankenversicherungsgesetzes (KVG) an. Daneben haben viele Krankenkassen sowie die Privatversicherungsgesellschaften Taggelder nach dem Prinzip des Privatversicherungsrechts (VVG).
- KVG-Taggelder sind bei vielen Kassen nur in beschränkter Höhe abschliessbar (oft nur 10 bis 30 Franken pro Tag), jede Person muss aufgenommen werden, Gesundheitsvorbehalte (also Ausschlüsse von bestehenden Krankheiten) gelten nur 5 Jahre lang. (Bei Groupe Mutuel, Swica und Wincare sind KVG-Taggelder zwischen 200 und 600 Franken möglich.)
- Bei den VVG-Taggeldern können Sie meist bis 300 Franken pro Tag versichern, die Gesellschaften dürfen Antragsteller mit einem Gesundheitsproblem ohne Angaben von Gründen ablehnen, Gesundheitsvorbehalte gelten meistens lebenslänglich. Es gibt Versicherer, die Interessenten schon ab Alter 50 generell ablehnen.

VVG-Taggelder sind prämiengünstiger, für Ältere und gesundheitlich Angeschlagene aber nur schwer erhältlich.

Bei den Prämienangaben in der Tabelle auf Seite 22 handelt es sich um ein Taggeld nach VVG.

Tipp: Ältere Versicherte, die ihre Stelle verlieren, sollten vor dem Ausscheiden aus der Firma beim Arbeitgeber nachfragen, ob die Taggeldversicherung des Betriebes weitergeführt werden kann. Allerdings muss man dann mit deutlich höheren Prämien rechnen als während der Anstellung.

Noch ein Tipp: Viele (ältere) Versicherte haben noch ein KVG-Taggeld – welches aber ständig teurer wird. Wer dieses KVG-Taggeld beibehalten will, kann zum Prämiensparen die Wartefrist verlängern oder das Taggeld herabsetzen (meist auf jedes Monatsende, erkundigen Sie sich).

Achtung: Wer das KVG-Taggeld kündigt und nicht mehr bei bester Gesundheit ist, kann sich praktisch nicht mehr neu versichern.

Mehr über die Unterschiede zwischen den beiden Taggeldarten steht im K-Dossier «Krankenkasse und Unfallversicherung». Sie können es mit dem Talon auf Seite 19 bestellen.

geldern nach dem Prinzip der Schadenversicherung (siehe Stichwort auf Seite 23) verlangen die Anbieter aber zusätzlich den Nachweis, dass der Kranke effektiv einen Lohnausfall erleidet.

Bei Selbständigerwerbenden ist dieser Nachweis oft schwierig – etwa dann, wenn sie sich selber in der Aufbauphase einen sehr geringen «Lohn» auszahlen. Selbständigerwerbende sollten also nach dem Prinzip der Summenversicherung abschliessen, wo eine Bescheinigung vom Arzt genügt.
- Wie auf Seite 22 erwähnt, erhalten Angestellte bei einem Unfall 80 Prozent des Lohnes. 80 Prozent erhalten sie in der Regel ebenfalls bei Krankheit, falls der Betrieb ein Kollektivtaggeld abgeschlossen hat.

In diesen Fällen ist es möglich, mit einer selber organisierten Einzelversicherung das Loch bis hinauf zu 100 Prozent zu stopfen. Das ist aber eher eine Luxusvariante, weil die meisten Angestellten mit 80 Prozent des Lohnes auskommen.
- Auch Hausfrauen und Hausmänner können bei einigen Anbietern ein Taggeld von bis zu 100 Franken pro Tag versichern; sinnvoll ist dann, den Unfall ebenfalls mitzuversichern.

Ob Hausfrauen bei einer längeren Krankheit oder nach einem Unfall ein Taggeld brauchen, hängt von den persönlichen Umständen ab (etwa davon, ob man für den

Checkliste für den richtigen Abschluss eines Krankentaggeldes

- In erster Linie brauchen diejenigen Angestellten ein Einzeltaggeld bei *Krankheit*, deren Betrieb keine Kollektiv-Taggeldversicherung hat. Erkundigen Sie sich bei Ihrem Arbeitgeber. Der Lohnausfall nach einem *Unfall* ist durch die obligatorische Unfallversicherung gut abgedeckt; darum müssen sich Durchschnittsverdiener nicht kümmern.
- Ein Taggeld dient dazu, den Lohnausfall (max. zwei Jahre lang) zu versichern. Um Arzt- und Spitalkosten müssen Sie sich keine Sorgen machen, die sind über die Krankenkasse (oder die Unfallversicherung) gedeckt.
- Überlegen Sie vorab, wie viel Lohnausfall Sie versichern möchten; zu viel versichern ist unnötig. Aber: Setzen Sie das versicherte Taggeld auch nicht zu knapp an. Grund: Wenn sich Ihr Lohn später erhöht, können Sie das Taggeld nicht mehr nach oben anpassen, falls Sie dannzumal gesundheitlich nicht mehr auf der Höhe sind.
- Holen Sie mehrere Offerten ein; die Tabelle auf Seite 22 zeigt, dass die Prämienunterschiede gross sind.
- Sie müssen die Taggeldversicherung nicht bei jener Krankenkasse abschliessen, bei der Sie die Arzt- und Spitalkosten versichert haben. Auch einzelne Privatversicherungsgesellschaften haben Taggelder im Angebot, sind aber meist teurer.
- Passen Sie die Wartefrist der Lohnfortzahlungspflicht Ihres Arbeitgebers an.
- Bevorzugen Sie das System der Summenversicherung, falls Sie kein geregeltes Einkommen haben oder selbständigerwerbend sind (siehe Stichwort auf Seite 23).
- Nach dem Abschluss: Melden Sie eine Krankheit der Versicherung sofort – auch wenn Sie eine lange Wartefrist haben. Sonst verletzen Sie unter Umständen die Meldepflicht und die Gesellschaft kann Ihre Taggelder kürzen oder ganz verweigern.

Taggeld, Risikoversicherung

Haushalt und die Betreuung der Kinder auf fremde Hilfe angewiesen ist).

Haushaltführende sollten sich nach den genauen Bedingungen erkundigen. Meist gibt es für sie spezielle Angebote.

Firmenversicherung auch für Einmann-Betriebe

- Auch Selbständigerwerbende müssen sich gegen den Erwerbsausfall bei Krankheit versichern (und auch bei Unfall).

Für sie gibt es spezielle Firmenversicherungen (auch für Einmann-Betriebe), die günstiger sind als die in der Tabelle auf Seite 22 dargestellte Einzelversicherung für Angestellte. Erkundigen Sie sich. Auch für Landwirte gibt es spezielle Produkte.

- Das volle versicherte Taggeld wird bei den meisten Anbietern erst bei 100-prozentiger Arbeitsunfähigkeit ausbezahlt (siehe Tabelle auf der Seite 22).
- Ein entsprechend gekürztes Taggeld gibt es bei einigen Versicherern schon ab einer 25-prozentigen Arbeitsunfähigkeit.
- Krank ist man dann, wenn Aussicht auf Heilung besteht. Es kommt aber vor, dass nach einer Krankheit keine Heilung mehr möglich ist; dann ist die betreffende Person invalid und erhält spätestens nach zwei Jahren kein Krankentaggeld mehr.

Wer sich auch gegen die bleibenden Folgen von Krankheit, also gegen Invalidität, versichern will, braucht eine Erwerbsausfall-Versicherung (private Invalidenrente, siehe Details auf Seite 27 ff.).

- Oft werben Gesellschaften für Spitaltaggelder – also für einen Lohnersatz bei Spitalaufenthalt.

Das ist trügerisch: Wenn Sie dann krank sind und *nicht* im Spital liegen, erhalten Sie über diese unvollständige Deckung nichts. Und persönliche Auslagen im Spital (wie Telefon, TV-Miete, Coiffeur) sind selten so hoch, dass man diese mit einer Versicherung abdecken sollte.

Abschluss eines Taggeldes: Das müssen Sie wissen

Das müssen Sie in Betracht ziehen, bevor Sie ein Einzel-Krankentaggeld abschliessen:
● Erkundigen Sie sich, ob Mutterschaft mitversichert ist; das ist nicht immer der Fall – oder es kostet Sie eine Mehrprämie.

Beachten Sie aber, dass Sie ein Taggeld bei Mutterschaft nur dann erhalten, wenn Sie vor Eintreten der Mutterschaft eine gewisse Mindestversicherungsdauer (Karenzfrist) vorweisen können; die Spanne reicht von 9 Monaten bis 5 Jahre. Zudem kann die Leistungsdauer beschränkt sein. Die Regelungen sind sehr unterschiedlich und kompliziert!

Übrigens: Selbständigerwerbende Frauen erhalten bei keiner Gesellschaft ein Taggeld, das auch bei Mutterschaft ausbezahlt wird.
● In der Regel wird das vereinbarte Taggeld zwei Jahre beziehungsweise 720 Tage lang ausbezahlt. Eine Bezugsdauer von nur 360 Tagen wäre zwar rund 10 Prozent günstiger – aber mit einem gewissen Risiko verbunden, weil die staatliche Invalidenversicherung zwar theoretisch schon nach einem Jahr zahlen muss, die Abklärungen aber oft länger dauern.

Es kann also durchaus sein, dass die IV-Rente erst nach zwei Jahren kommt (dann allerdings auch noch rückwirkend für ein Jahr).
● Wartefrist heisst: Das Taggeld wird erst ausbezahlt, wenn die vereinbarte Wartefrist seit dem Eintritt der Arbeitsunfähigkeit vorbei ist.

Passen Sie die Wartefrist (auch Aufschubsfrist genannt) der Lohnfortzahlungspflicht Ihres Arbeitgebers an. Je länger die Wartefrist ist, desto billiger ist das versicherte Taggeld.

Eine Wartefrist von 30 Tagen braucht es vor allem im ersten Anstellungsjahr. Verlängern Sie die Wartefrist, wenn sich die Lohnfortzahlung des Betriebes nach mehreren Dienstjahren ebenfalls verlängert.

Sie können aber auch bewusst Prämien sparen, in dem Sie die Wartefrist von Beginn weg relativ lang ansetzen und eine allfällige Zeitspanne zwischen dem Ende der Lohnfortzahlungspflicht des Arbeitgebers und dem Beginn des Taggeldes mit Ihrem Ersparten überbrücken.
● Die meisten Anbieter haben in den Versicherungsbedingungen festgehalten, dass sie auf ihre Kündigungsmöglichkeit im Schadenfall verzichten. Schauen Sie nach.

Sollten die für Sie gültigen Bedingungen diesen Kündigungsverzicht nicht enthalten, riskieren Sie, dass Ihnen die Gesellschaft nach einer Krankheit mit Taggeldbezug (im Jargon der Versicherer nach einem Schadenfall) die Versicherung kündigt.

Stichwort: Risiko-Lebensversicherung

Eine Risiko-Lebensversicherung sichert die Risiken Tod und Invalidität ab (entweder einzeln oder in Kombination). Grundsätzlich sind zwei Arten zu unterscheiden:
● Die Todesfallrisiko-Versicherung zahlt an die Hinterbliebenen die vereinbarte Summe aus, wenn die versicherte Person stirbt.
● Die Erwerbsunfähigkeits-Versicherung (auch Invalidenrente genannt) zahlt einen Lohnersatz, wenn die versicherte Person infolge Invalidität erwerbsunfähig ist.

Davon zu unterscheiden ist die Sparversicherung oder gemischte Versicherung, welche in der Regel ebenfalls die Risiken Tod und Invalidität absichert, dies aber noch mit einem Sparprozess verbindet (siehe Seite 42 ff.).

Beide Versicherungsarten laufen oft unter dem Überbegriff «Lebensversicherung». Dieser Begriff ist aber zu unpräzis (siehe «Stichwort Lebensversicherung» auf S. 42).

Langfristiger Lohnersatz: Invalidenrente

Im ersten Teil dieses Kapitels zum Thema Taggeld wurde aufgezeigt, wie Sie den kurzfristigen Lohnausfall für die Zeit einer *vorübergehenden* Krankheit (bis zur Genesung) mit einem Krankentaggeld versichern können.

Dann ist fürs Erste gesorgt (siehe Grafik auf Seite 20).

Doch spätestens nach zwei Jahren kommt das nächste, und zwar langfristige Geldproblem. Falls die erkrankte Person nicht mehr auf Heilung hoffen darf und invalid wird – was hier immer mit erwerbsunfähig gleichzusetzen ist –, droht die nächste Versicherungslücke.

Die Krankentaggelder sind jetzt nämlich in jedem Fall erschöpft. Zwar fliessen nun die IV-Renten der staatlichen Invalidenversicherung (IV) und der Pensionskasse – es droht aber trotzdem eine empfindliche Einkommenseinbusse.

Die Lösung für dieses Problem: eine private Erwerbsausfall-Versicherung, also eine zusätzliche, selber organisierte Invalidenrente, die spätestens nach zwei Jahren (zusammen mit Rente von IV und Pensionskasse) das Krankentaggeld ablöst und so einen langfristigen Lohnersatz garantiert.

Viele Gesellschaften sprechen hier von der Erwerbsunfähigkeits-Versicherung.

Auch Kinder können invalid werden

Wenn Kinder krank werden oder verunfallen, sind die Arzt- und Spitalkosten von der Krankenkasse bezahlt.

Sollte das Kind invalid werden, fallen unter Umständen hohe Kosten für Pflege und Betreuung an. Die staatliche Invalidenversicherung (IV) zahlt zwar Eingliederungsmassnahmen (zum Beispiel spezielle Schulen) und ab Alter 18 eine Rente von derzeit 1374 Franken (Stand 2002) plus unter Umständen Ergänzungsleistungen.

Allfällige Mehrkosten (zum Beispiel für einen Umbau des Hauses) können Sie auffangen mit einer Risikoversicherung für das Kind, welche schon vor dem 18. Altersjahr bei Invalidität ein bestimmtes Kapital bar auszahlt oder eine Rente ausrichtet. Dieses Geld können die Eltern dann nach Bedarf einsetzen.

Achten Sie beim Abschluss aber unbedingt darauf, dass die Versicherung für Unfall *und* Krankheit gilt. Nur den Unfall zu versichern ist wenig sinnvoll, weil auch bei Kindern Invalidität infolge Krankheit viel häufiger ist als Invalidität infolge Unfall (wie bei Erwachsenen, siehe Grafik auf S. 31).

Leider bieten die meisten Krankenkassen nur ein Invaliditätskapital bei Unfall an. Ausnahme sind zum Beispiel Concordia und Helsana, wo auch Invalidität infolge Krankheit versichert ist: Bei der Concordia kostet ein Invaliditätskapital von 200 000 Franken eine monatliche Prämie von 14 Franken, bei der Helsana 10 Franken.

Eltern können für Kinder auch eine Erwerbsunfähigkeits-Rente abschliessen, damit das invalide Kind später nicht ausschliesslich auf die Leistungen der IV und der staatlichen Fürsorge (Ergänzungsleistungen) angewiesen ist.

Taggeld, Risikoversicherung

Unfallopfer sind besser gestellt als Kranke

Wie bei der kurzfristigen Erwerbsunfähigkeit gilt auch bei bleibender Invalidität, dass *Verunfallte* viel besser versichert sind als Personen, bei denen eine *Krankheit* Ursache der Invalidität ist.

Von Unfallversicherung, Invalidenversicherung und Pensionskasse erhalten *verunfallte* Invalide nämlich in der Regel total 90 Prozent des letzten Lohnes (siehe die Details in der Grafik auf Seite 20).

Ganz anders ist es, wenn eine *Krankheit* für den Betroffenen zum beruflichen Aus führt. Die gut ausgebauten Leistungen der Unfallversicherung fallen weg, es bleiben noch IV und Pensionskasse – und das kann zu wenig sein.

Betroffene sollten aber daran denken, dass sie neben der IV eventuell noch An-

Stichwort: Überschuss

Bei Lebensversicherungen ist stets von Überschüssen die Rede. Dabei ist zu unterscheiden:
- Bei Sparversicherungen und Leibrenten (siehe Seite 42 ff.) machen die Überschüsse zusammen mit den garantierten Leistungen das aus, was Versicherte oder Begünstigte letzten Endes von der Gesellschaft erhalten.
- Bei Risikoversicherungen (Thema dieses Kapitels) können die Überschüsse die Prämien, welche die versicherte Person zahlen muss, verringern.

Die garantierten Leistungen bzw. Prämien sind – wie der Name sagt – garantiert; daran gibt es grundsätzlich nichts zu rütteln.

Die Überschüsse hingegen sind *nicht* garantiert, sondern stellen lediglich eine Prognose dar, die für die Gesellschaft nicht verbindlich ist (und in letzter Zeit auch immer weniger eingehalten wird).

Überschüsse entstehen etwa dann, wenn die Abschluss- und Verwaltungskosten der Gesellschaft tiefer ausfallen als budgetiert oder wenn der Schadenverlauf besser ausfällt, als aufgrund der Statistik anzunehmen war. Anders ausgedrückt: Wenn die Gesellschaft z. B. für weniger Invaliditätsfälle zahlen musste, als sie erwartet hatte. Der eigentliche Gewinn der Gesellschaft hingegen geht nicht an die Versicherten, sondern an die Aktionäre.

Wählen Sie bei Risikoversicherungen für den Überschuss wenn möglich die Nettovariante (Überschussverrechnung): Die Überschüsse werden dann jeweils mit Ihrer nächsten Prämie verrechnet und nicht erst bei Ablauf als Ganzes ausbezahlt.

Etliche Gesellschaften gewähren Rauchern kleinere Überschüsse als Nichtrauchern.

Tipp: Behalten Sie nach dem Abschluss einer Lebensversicherung die Offerten auf. Sie können dann im Nachhinein überprüfen, wie sich der prognostizierte zum effektiv ausbezahlten Überschuss verhält. In der Police ist diese Prognose nämlich nicht mehr aufgeführt.

Eine Reklamation wird Ihnen zwar nichts nützen, aber Sie können damit an die Öffentlichkeit gehen. Überschusskürzungen kratzen nämlich am Image der Anbieter.

Achtung: Wenn Gesellschaften mit hohen Überschüssen locken, die in einem krassen Gegensatz zur garantierten Leistung stehen, sollten Sie sich davon nicht blenden lassen. Es könnte ein Lockvogelangebot sein!

---

spruch auf Hilflosenentschädigung oder Ergänzungsleistungen haben. Zu diesem Thema haben die AHV-Ausgleichskassen gut verständliche Merkblätter. Im Internet finden Sie sie unter der Adresse www.ahv.ch

Mit anderen Worten: Viele haben bei krankheitsbedingter Invalidität spätestens nach zwei Jahren eine Versicherungslücke, die es zu stopfen gilt – umso mehr, als Invalidität infolge Krankheit rund achtmal häufiger ist als Invalidität infolge Unfalls.

Die Grafik auf Seite 31 zeigt das: So liegen bei den Gründen für Berufsunfähigkeit zum Beispiel Psychosen, Neurosen und Nervenleiden mit 41 Prozent an der Spitze.

Unfälle hingegen sind nur in 12 Prozent der Fälle die Ursache, welche dem Opfer ein weiteres Geldverdienen unmöglich macht (oder es mehr oder weniger stark einschränkt).

Invalid wegen einer Krankheit: So sind Sie versichert

Wer nun seine eigene Situation überprüfen will, sollte sich zuerst erkundigen, wie viel Geld bei krankheitsbedingter Invalidität überhaupt noch hereinkommt:
- Bei der staatlichen Invalidenversicherung (IV) ist der Fall relativ klar. Die maximale Einzelrente liegt derzeit zwischen 1030 und 2060

Franken pro Monat (Stand 2002).

Das Maximum erhält aber nur, wer keine Beitragslücken hat und ein gewisses Durchschnittseinkommen erzielte (derzeit etwas über 74 000 Franken pro Jahr, siehe Anhang Seite 160). Bei Ehegatten kommt unter Umständen noch eine Ehepaar-Zusatzrente zwischen 309 und 618 Franken zur Auszahlung.

Wer Kinder unter 18 hat, erhält dazu noch Invaliden-Kinderrenten (zwischen 412 und 824 Franken pro Kind, gilt auch für unter 25-jährige Kinder, falls sie noch in Ausbildung sind).

Wie gross Ihr Anspruch wäre, können Sie bei der für Sie zuständigen AHV-Zweigstelle in Erfahrung bringen.

● Grosse Unterschiede gibt es bei der Pensionskasse. Hier gibt es Kassen, die nur das gesetzliche Minimum bieten, aber auch solche mit grosszügigen, überobligatorischen Lösungen. Grob geschätzt gilt: Durchschnittsverdiener erhalten von der Pensionskasse bei Invalidität zwischen 25 und 50 Prozent des letzten versicherten Lohnes (auch abhängig vom Alter).

Die effektive Höhe der Invalidenrente der Pensions-

Taggeld, Risikoversicherung

So lesen Sie die Prämientabellen in diesem Kapitel

● Die Spalte «**Bruttoprämie pro Jahr**» zeigt den Betrag, den Sie zahlen müssten, wenn die Gesellschaft keine Überschüsse gäbe. In der Praxis geben die Gesellschaften aber fast immer Überschüsse an die Versicherten ab (siehe «Stichwort Überschuss» auf S. 28).
● Die Spalten «**Nettoprämie im 1. Jahr**» und «**Nettoprämie ab 2. Jahr**» zeigen, wie viel Sie voraussichtlich effektiv bezahlen müssen; hier sind also die prognostizierten Überschüsse berücksichtigt, das heisst von der Bruttoprämie abgezogen. In der Regel bleibt die netto zu bezahlende Prämie bis zum Vertragsablauf unverändert – es sei denn, die Gesellschaft kürzt die nicht garantierten Überschüsse.

Etliche Gesellschaften geben erst ab dem zweiten Versicherungsjahr Überschüsse, weshalb die Nettoprämie hier im ersten Jahr noch etwas höher ist.
● Die Spalte «**Bruttoprämien Barwert**» zeigt die Gesamt-Bruttoprämie (ohne Überschüsse) für die ganze Vertragsdauer (mit 4 Prozent abdiskontiert). Das heisst: Es ist derjenige Betrag, den Sie theoretisch gleich zu Vertragsbeginn bereitstellen und auf ein Sparheft mit konstant 4 Prozent Zins legen müssten, um damit sämtliche künftig anfallenden Prämien zahlen zu können.

Diese Abdiskontierung ist nötig, weil beispielsweise einzelne Gesellschaften am Anfang höhere Prämienraten verlangen als am Schluss; die Prämien sind also auf der Zeitachse ungleich verteilt. Die Abdiskontierung gleicht das aus und berücksichtigt auch, dass man bei einigen Gesellschaften in den letzten Jahren der Vertragsdauer gar keine Prämie mehr zahlen muss.

Würde eine Gesellschaft die nicht garantierten Überschüsse vollständig streichen, so müsste die versicherte Person diese Bruttosumme zahlen. Die Wahrscheinlichkeit, dass Überschüsse vollständig gestrichen werden, ist eher klein. Kürzungen sind aber in letzter Zeit keine Seltenheit mehr.
● Die Spalte «**Nettoprämien Barwert**» zeigt ebenfalls das abdiskontierte Prämientotal – aber unter Berücksichtigung der prognostizierten Überschüsse und allfälliger Bonuszahlungen (siehe Stichwort auf Seite 28). Nach dieser Zahl sind die Gesellschaften in den drei Tabellen (S. 30, 35 und 38) rangiert.

Für den Kunden gilt: Je höher dieser Barwert, desto teurer ist der Versicherungsschutz.
● Die Spalte «**Prämienzahldauer**» zeigt, dass einige Gesellschaften gegen Ende der vereinbarten Vertragsdauer keine Prämien mehr verlangen (dafür in den vorangehenden Jahren entsprechend mehr). Diese unterschiedliche Prämienzahldauer ist im Barwert berücksichtigt.

Das kostet eine Erwerbsunfähigkeits-Rente für einen 35-jährigen Mann

Prämien für Nichtraucher, konstante Rente 24 000 Franken pro Jahr (inkl. Unfall) bis Alter 65, Wartefrist 2 Jahre, Prämienbefreiung nach 3 Monaten, Überschussverrechnung

Gesellschaft	Bruttoprämie pro Jahr	Nettoprämie im 1. Jahr	Nettoprämie ab 2. Jahr	Bruttoprämien Barwert	Nettoprämien Barwert	Prämienzahldauer
Providentia[2]	1381.-	1093.-	1093.-	24 836.-	**19 656.-**	28 Jahre
Rentenanstalt/ Swiss Life	1404.-	1404.-	1123.-	24 336.-	**19 749.-**	28 Jahre
National[2]	1463.-	1159.-	1159.-	25 353.-	**20 085.-**	28 Jahre
Genfer	1639.-	1188.-	1188.-	28 395.-	**20 587.-**	28 Jahre
Vaudoise	1553.-	1553.-	1189.-	26 911.-	**20 961.-**	28 Jahre
Basler	1504.-	1282.-	1282.-	26 064.-	**22 217.-**	28 Jahre
Generali[5]	1454.-	1454.-	1454.-	25 197.-	**22 686.-**	28 Jahre
Allianz	1481.-	1275.-	1275.-	26 634.-	**22 929.-**	30 Jahre
Helvetia-Patria[4]	1512.-	1497.-	1270.-	27 191.-	**23 066.-**	30 Jahre
Winterthur	1576.-	1425.-	1315.- bis 1432.-[3]	26 765.-	**23 392.-**	27 Jahre
Pax	1761.-	1401.-	1401.-	31 669.-	**25 195.-**	30 Jahre
Zürich	1560.-	1435.-	1435.-	28 055.-	**25 807.-**	30 Jahre
Zenith[4]	2055.-	2055.-	2055.-	36 955.-	**36 955.-**	30 Jahre

Einige Anbieter bieten die Erwerbsunfähigkeits-Rente nur in Kombination mit einer Todesfallrisiko-Versicherung oder einer Sparversicherung an; sie sind deshalb in der Tabelle nicht aufgeführt.
[1] Bezogen auf die Bruttoprämie und für die ganze Laufzeit.
[2] Prämie je nach Berufsgattung höher.
[3] Nettoprämie schwankt in den Folgejahren zwischen diesen beiden Werten.
[4] Prämienbefreiung erst nach 24 Monaten (nach 3 Monaten nicht möglich).
[5] Voraussichtliche Überschüsse (total 7531 Franken) werden erst bei vereinbartem Vertragsablauf ausbezahlt.

QUELLE: VZ VERMÖGENSZENTRUM, STAND APRIL 2002

kasse sollte aus Ihrem aktuellen Versicherungsausweis hervorgehen, den Sie in der Regel jährlich erhalten (sonst fragen Sie bei Ihrer Pensionskasse nach). Wer Kinder zu ernähren hat, hat von der Pensionskasse noch eine (bescheidene) Invaliden-Kinderrente zugut.

Die private Initiative kann die Vorsorgelücke füllen

Wer anschliessend die Leistungen aus IV und Pensionskasse zusammenzählt, sieht sofort, wie sich diese Summe zum jetzigen Lohn verhält. Wer damit auskommt, muss nichts machen.

Wer jedoch zu wenig hat und diese Lücke durch private Vorsorge füllen will, um den jetzigen Lebensstandard zu halten, kann dies mittels einer Erwerbsunfähigkeits-Versicherung tun.

Das betrifft Berufsanfänger, Familienväter sowie Selbständigerwerbende, aber auch Hausfrauen und Studenten (das Thema Kinder und Invalidität ist im Kasten auf Seite 27 behandelt).

Die Tabelle oben zeigt, was eine solche Invalidenrente von monatlich 2000 Franken kostet, und zwar für einen 35-jährigen Mann.

Wer sich so versichert, erhält also bei einer Invalidität von mindestens 66 Prozent eine Rente von 2000 Franken pro Monat – und zwar konstant bis zum Vertragsende, welches man mit Vorteil auf das Pensionierungsalter ansetzt (dann kommen nämlich die Altersrenten der staatlichen AHV und der Pensionskasse).

Die Wartefrist ist mit zwei Jahren angesetzt. Die Vorgabe für die Prämien in der Tabelle lautet also, dass die versi-

Prämien-garantie [1]	Zuschlag für Raucher
Ja	Nein
Nein	Nein
Nein	Ja
Nein	Nein
Nein	Nein
Nur erste 5 Jahre	Nein
Ja	Nein
Nein	Nein
Nein	Nein
Ja	Nein
Ja	Nein
Ja	Nein
Ja	Nein

So lesen Sie die Prämientabellen: siehe Kasten auf Seite 29.
Aktuelle Prämienvergleiche finden Sie im Internet unter www.vzonline.ch

cherte Person im Krankheitsfall noch zwei Jahre lang entweder durch ein Kollektiv-Krankentaggeld oder durch ein privates Krankentaggeld abgesichert ist und deshalb die Invalidenrente erst nach zwei Jahren braucht (siehe Teil 1 dieses Kapitels auf Seite 21 ff.).

Die Prämien verhalten sich linear

Wer eine kleinere Rente oder eine höhere versichern will, kann aufgrund der Tabelle ungefähr abschätzen, was das kosten würde. Die Prämien verhalten sich nämlich linear, das heisst, wer beispielsweise nur eine Rente von 1000 Franken pro Monat braucht, zahlt nur die Hälfte dessen, was die 2000-Franken-Rente in der Tabelle links kostet.

Allerdings wird die Jahresprämie höher, je älter man beim Abschluss ist.

Während zum Beispiel ein 30-jähriger Mann (für eine Rente von 2000 Franken pro Monat) bei einer Laufzeit von 35 Jahren jährlich im Schnitt rund 1300 Franken zahlt, kostet das Gleiche den 47-jährigen Mann rund 30 Prozent mehr pro Jahr.

Für Frauen kostet eine Monatsrente von 2000 Franken im Schnitt 15 bis 20 Prozent weniger als für gleichaltrige Männer.

Auszahlung hängt vom Grad der Invalidität ab

Das sind ein paar wichtige Details, die Sie zum Thema Erwerbsunfähigkeits-Rente wissen müssen:
● Invalidität ist nicht immer gleichbedeutend mit vollständiger Invalidität. Das hat einen Einfluss auf die Höhe der ausbezahlten versicherten Rente: In der Regel zahlt die Gesellschaft bis zu einem Invaliditätsgrad von 25 Prozent überhaupt keine Rente, während ab einer Invalidität von 66 2/3 Prozent die volle Versicherungsleistung zum Tragen kommt.

Dazwischen erfolgt die Auszahlung gemäss dem Grad der Erwerbsunfähigkeit. Den Grad der Invalidität legen die Gesellschaften in der Regel nach den gleichen Kriterien fest wie die staatliche IV.

Beispiel: Wenn Sie zu 40 Prozent erwerbsunfähig sind, erhalten Sie auch nur 40 Prozent der vereinbarten Rente.
● Sollte sich der Grad der Erwerbsunfähigkeit ändern, passt die Gesellschaft auch die laufende Rente an.
● Die Auszahlung der Rente erfolgt entweder monatlich oder vierteljährlich. Bei einigen Anbietern kommt das Geld vorschüssig, das heisst zu Beginn der Fälligkeitsperiode, bei den anderen am Ende (erkundigen Sie sich). Bei

Taggeld, Risikoversicherung

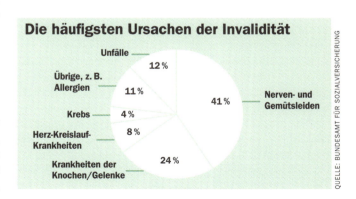

Die häufigsten Ursachen der Invalidität

- Unfälle 12 %
- Übrige, z. B. Allergien 11 %
- Krebs 4 %
- Herz-Kreislauf-Krankheiten 8 %
- Krankheiten der Knochen/Gelenke 24 %
- Nerven- und Gemütsleiden 41 %

QUELLE: BUNDESAMT FÜR SOZIALVERSICHERUNG

Checkliste für den richtigen Abschluss einer Erwerbsunfähigkeits-Versicherung (Invalidenrente)

- Prüfen Sie zuerst, wie viel Sie bei Invalidität infolge *Krankheit* von IV und Pensionskasse erhalten. Ist das bedeutend weniger als Ihr jetziger Lohn, können Sie diese Lücke mit einer Erwerbsunfähigkeits-Rente schliessen.
- Holen Sie mehrere Offerten ein. Nutzen Sie das Sparpotenzial, welches die günstigeren Versicherungen bieten. Achten Sie aber auf das Verhältnis von Brutto- zu Nettoprämie: Je grösser die Spanne zwischen Brutto- und Nettoprämie ist, desto höher ist die Wahrscheinlichkeit, dass eine attraktive Nettoprämie nur ein Lockvogel-Angebot ist.
- Bevorzugen Sie bei einer langen Versicherungsdauer (ab 10 Jahre) eine Gesellschaft, welche Prämiengarantie gibt.
- Füllen Sie den Gesundheitsfragebogen äusserst genau aus (siehe auch Seite 10f.). Bei älteren Antragstellern und hohen Versicherungssummen ist in der Regel eine Arztuntersuchung vorgeschrieben (welche die Gesellschaft zahlt). Je nach Versicherungssumme wird auch ein Aidstest verlangt.
- Auch Hausfrauen können sich mit einer Invalidenrente absichern. Für die kurzfristige Überbrückung einer Krankheit oder eines Unfalls kann ein Taggeld von Vorteil sein (siehe Seite 24f.).
- Vielleicht brauchen Sie nicht nur eine Invalidenrente, sondern auch ein Todesfallkapital, um beispielsweise Ihre Familie abzusichern. Was Sie dabei beachten müssen, steht auf Seite 34ff. Wer beide Deckungen braucht, kann diese durchaus bei zwei verschiedenen Gesellschaften abschliessen und dann jeweils die günstigste Variante auswählen (Rosinenpicken). So bleibt man flexibler als mit einem Kombiprodukt bei einem einzigen Anbieter.
- Überprüfen Sie Ihre Deckung von Zeit zu Zeit – insbesondere wenn Sie bedeutend mehr Lohn erhalten, denn mit steigendem Einkommen wird die Lohnlücke im Falle einer Invalidität immer grösser. Lohnsteigerungen (und die Inflation) könnte man zwar auch mit einer indexierten Rente auffangen; solche Renten, die jedes Jahr automatisch höher werden, sind aber auch bedeutend teurer und nur bei wenigen Gesellschaften erhältlich. Erkundigen Sie sich!
- Viele Versicherungsvertreter werden Ihnen eine so genannte gemischte Lebensversicherung verkaufen wollen, welche eine Invalidenrente mit einem Sparprozess verbindet. Da ist Skepsis angebracht (siehe S. 49ff.).
- Sie können Risikoversicherungen (also auch eine reine Invalidenrente) auch im Rahmen der steuerbegünstigten Säule 3a abschliessen und so Einkommenssteuern sparen (siehe auch Anhang auf Seite 158).
- Lesen Sie in den Versicherungsbedingungen, unter welchen Umständen Sie trotz Invalidität keine Zahlung erhalten (zum Beispiel bei Selbstmordversuch, Tabletten-, Alkohol- bzw. Drogensucht).

der nachschüssigen Auszahlung muss der Kunde also auf die erste Zahlung entsprechend lange warten.

- Wird die versicherte Person von Arzt oder IV als invalid erklärt, muss sie (nach einer Wartefrist) auch keine Prämien mehr zahlen; das ist die Prämienbefreiung bei Erwerbsunfähigkeit. In der Regel ist das nach drei Monaten der Fall.

Bei der Basler profitiert der Kunde auch dann von der Prämienbefreiung, wenn er arbeitslos ist – aber nur zwei Jahre lang und gegen Aufprämie. Zudem beträgt die Karenzfrist hier 6 Monate, im ersten halben Jahr nach Abschluss gibt es also die Prämienbefreiung infolge Arbeitslosigkeit nicht.

- Bei einem Selbstmordversuch mit anschliessender Invalidität oder einer absichtlichen Selbstverstümmelung zahlt keine Gesellschaft eine Rente. Basler und Genfer behalten sich zudem vor, die Rente auch bei Tabletten-, Alkohol- oder Drogensucht zu verweigern.

● Versicherte haben ein jährliches Kündigungsrecht. Die Erfahrung zeigt, dass sehr viele Kunden frühzeitig aussteigen – etwa dann, wenn sich ihre finanziellen Umstände wegen einer Erbschaft so geändert haben, dass eine Invalidenrente nicht mehr nötig erscheint.

● Wichtig zu wissen: Nach Vertragsende wird – im Unterschied zur gemischten Lebensversicherung (Sparversicherung) – keine Zahlung der Versicherungsgesellschaft fällig. Es handelt sich also um eine reine Risikoversicherung, im Prinzip wie bei einer Krankenkasse.

● Wie die Prämienzahlungen und Leistungen einer Invalidenrente steuerlich behandelt werden, steht im Anhang auf Seite 158.

Abschluss einer Invalidenrente: Das müssen Sie wissen

Das sind die wichtigsten Tipps für den Abschluss:

● Versichern Sie nur so viel Rente, wie Sie effektiv brauchen – abgestimmt auf Ihre persönliche Situation. Eine Versicherungssumme, mit der Sie weit über Ihren jetzigen Lohn kämen, würde Ihnen die Gesellschaft übrigens verweigern.

● Wählen Sie eine Gesellschaft, welche Prämiengarantie gibt, also die Höhe der Bruttoprämie garantiert (siehe Tabelle auf Seite 31). Dies gilt vor allem, wenn Sie an einer langen Versicherungsdauer interessiert sind.

Die anderen Gesellschaften nehmen sich das Recht heraus, nicht nur die in Aussicht gestellten Überschüsse zu kürzen, sondern auch noch die Bruttoprämien während der Vertragsdauer zu erhöhen.

Anbieter *ohne* Prämiengarantie sind dafür aber am Anfang mit der Nettoprämie meist leicht günstiger; hier kaufen Sie die Katze im Sack.

Wenn Sie allerdings sicher sind, dass Sie die Invalidenrente nur für eine beschränkte Zeit wollen, kommt auch eine günstige Gesellschaft ohne Prämiengarantie in Frage.

Taggeld, Risikoversicherung

Nichtraucher können von günstigeren Tarifen profitieren

Raucher sterben in der Regel früher oder werden eher invalid, sie sind also aus Sicht der Versicherungsmathematiker ein höheres – und damit teureres – Risiko.

Etliche Gesellschaften berücksichtigen diese Tatsache, indem sie von Rauchern höhere Tarife verlangen oder ihnen weniger Überschüsse auszahlen.

Die Prämien in den Tabellen auf den Seiten 30, 35, 36 und 38 beziehen sich auf einen versicherten Mann, der angibt, Nichtraucher zu sein. Aus den Tabellen ist ersichtlich, dass Raucher bei einigen Gesellschaften einen Zuschlag zahlen müssen.

Tipps für Nichtraucher:

● Vor dem Abschluss einer Nichtraucher-Police verlangen die Gesellschaften einen so genannten Cotinintest, welchen der Arzt im Rahmen der üblichen Gesundheitsprüfung veranlasst. Diesen Test können Sie nur bestehen, wenn Sie rund ein Jahr lang nicht geraucht haben.

● Aufgepasst: Wenn Sie eine Nichtraucher-Police haben, während der vereinbarten Versicherungsdauer aber trotzdem rauchen und dann sterben oder invalid werden, ohne den Wechsel zum Raucher der Gesellschaft gemeldet zu haben, erhalten die Begünstigten weniger Geld. Die Basler beispielsweise kürzt ihre Zahlung im Todesfall in einem solchen Fall um 50 Prozent, die Providentia gar um 80 Prozent (es sei denn, das Rauchen hatte nachweislich keinen Einfluss auf den Eintritt des Todes).

Ein pikantes Detail: Die Gesellschaften definieren den Typus des Nichtrauchers verschieden. Während bei den meisten totale Abstinenz verlangt wird, sind bei wenigen Gesellschaften Zigarren- und Pfeifenraucher noch genehm.

- Wählen Sie für den Überschuss (siehe Stichwort auf Seite 28) wenn möglich die Nettovariante (Überschussverrechnung): Die Gesellschaft verrechnet Ihnen dann die Überschüsse jeweils mit Ihrer nächsten Prämie, Ihre Prämie wird also tiefer.
- Achten Sie auf das Verhältnis von Brutto- zu Nettoprämie (siehe Kasten auf der Seite 32).
- Wenn Sie einen Versicherungsantrag unterschrieben haben, können Sie in der Regel innert 7 oder 14 Tagen nach der Unterschrift ohne weitere Verpflichtung zurücktreten. Die Details regeln die Allgemeinen Versicherungsbedingungen (AVB).

Absicherung für den Todesfall

Stirbt der Ernährer einer Familie, hat die Witwe oft ein finanzielles Problem, denn das Einkommen ist jetzt empfindlich schmäler geworden: AHV und Pensionskasse des Mannes zahlen der Witwe zusammen nie so viel aus, wie der Mann vorher verdiente.

Ist auch noch ein Haus oder eine Wohnung da, wird die Schuldenlast wegen der Hypothek vielleicht so gross, dass die Witwe das Wohneigentum verkaufen muss.

Für einen solchen Fall gibt es eine Versicherung; die Familie zahlt (zum Beispiel für die Versicherungssumme von 250 000 Franken) eine Prämie von unter 1000 Franken pro Jahr und kann dafür frei von finanziellen Ängsten in die Zukunft schauen.

Ein finanzieller Fallschirm für die Hinterbliebenen

Möglich macht dies die Todesfallrisiko-Versicherung: Sie springt als finanzieller Fallschirm für die Hinterbliebenen ein und zahlt der Witwe die vereinbarte Summe bar auf die Hand, falls ihr Mann eine solche Police abgeschlossen hatte und stirbt (egal ob wegen Krankheit oder wegen Unfalls).

Mit diesem Geld kann die Witwe beispielsweise die Hypothek reduzieren.

Die wichtigste Frage vor dem Abschluss einer Todesfallrisiko-Police lautet demnach: Ist es nötig, dass jemand von einer Versicherungsgesellschaft eine Kapitalauszahlung bekommt, wenn ich sterbe?

Bei jungen Leuten ohne Familie, Haus oder sonstige Verpflichtungen ist das meist nicht der Fall; sie müssen also das Risiko Tod nicht versichern.

Familienväter hingegen sollten eine Abdeckung des Todesfallrisikos ins Auge fassen – insbesondere wenn sie Hausbesitzer sind und hohe Hypotheken haben.

Unfall-Ausschluss: Die Prämie wird tiefer

Die Witwe erhält (nebst der AHV-Rente) auch eine Rente von der obligatorischen Unfallversicherung sowie allenfalls von der Pensionskasse, falls der Mann nach einem Unfall starb.

Die Summe aus diesen drei Versicherungen kann ungenügend sein – oder grosszügig, falls der Ehemann bei seiner Unfallversicherung überobligatorisch versichert war.

Sollten Sie also bei Ihrer Unfallversicherung grosszügig versichert sein, können Sie bei einigen Gesellschaften in der Todesfallrisiko-Police den Unfall ausschliessen und so rund 10 bis 15 Prozent der Prämie sparen.

Vergessen Sie aber nicht: Todesfälle infolge Krankheit sind bedeutend häufiger als

Todesfälle nach einem Unfall – und bei Krankheitstod zahlen die obligatorischen Versicherungen (AHV usw.) nebst den Renten kein substanzielles Todesfallkapital aus.

Die Tabellen unten sowie auf den Seiten 36 und 38 zeigen, was die Todesfallrisiko-Police kostet.

Wie man das Risiko Invalidität mit einer Erwerbsunfähigkeits-Versicherung abdeckt, steht in allen Details auf Seite 27 ff.

Die Prämien für die Todesfallrisiko-Police sind in erster Linie abhängig von der abgemachten Versicherungssumme, die im Todesfall zur Auszahlung kommt, sowie vom Alter der Person zum Zeitpunkt des Abschlusses. Eine prämienbestimmende Rolle spielen aber auch noch Laufzeit, Geschlecht, Gesundheitszustand oder der Nikotinkonsum.

Die Prämien sind nivelliert oder jährlich erneuerbar

Ein wichtiges Kriterium für den Abschluss ist die Frage, nach welchem System die

Taggeld, Risikoversicherung

Prämien für die Todesfallrisiko-Police mit konstantem Kapital (nivellierte Prämien)

Tarife für einen 35-jährigen Mann, Nichtraucher, konstantes Todesfallkapital 200 000 Franken (inkl. Unfall), Laufzeit 20 Jahre, Prämienbefreiung bei Erwerbsunfähigkeit nach 3 Monaten, Überschussverrechnung

Gesellschaft	Bruttoprämie pro Jahr	Nettoprämie im 1. Jahr	Nettoprämie ab 2. Jahr	Bruttoprämien Barwert	Nettoprämien Barwert	Prämienzahldauer	Zuschlag für Raucher
Generali	1230.-	589.-	589.-	17 385.-	**8325.-**	20 Jahre	Ja
Raiffeisen	810.-	810.-	621.-	11 448.-	**8966.-**	20 Jahre	Nein
Providentia	790.-	646.-	646.-	11 166.-	**9131.-**	20 Jahre	Ja
Pax	796.-	648.-	648.-	11 251.-	**9159.-**	20 Jahre	Ja
Winterthur	1005.-	706.-	523.- bis 705.-[4]	14 205.-	**9160.-**	20 Jahre	Nein
Allianz[1]	770.-	659.-	659.-	10 880.-	**9310.-**	20 Jahre	Ja
National[3]	901.-	671.-	671.-	12 735.-	**9484.-**	20 Jahre	Ja
Helvetia-Patria	875.-	875.-	677.-	12 374.-	**9773.-**	20 Jahre	Nein
Zürich	764.-	692.-	692.-	10 798.-	**9781.-**	20 Jahre	Ja
Zenith[1]	943.-	693.-	693.-	13 333.-	**9799.-**	20 Jahre	Nein
Basler	869.-	698.-	698.-	12 282.-	**9865.-**	20 Jahre	Nein
Postfinance[2]	1018.-	703.-	703.-	14 388.-	**9936.-**	20 Jahre	Nein
Rentenanstalt/ Swiss Life	864.-	864.-	691.-	12 209.-	**9939.-**	20 Jahre	Nein
Axa	975.-	975.-	690.-	13 786.-	**10 037.-**	20 Jahre	Nein
Genfer	986.-	962.-	715.-	13 930.-	**10 353.-**	20 Jahre	Nein
La Suisse[1]	885.-	885.-	568.- bis 817.-[4]	12 514.-	**10 514.-**	20 Jahre	Nein
Vaudoise	1014.-	798.-	792.-	14 336.-	**10 671.-**	20 Jahre	Nein
Groupe Mutuel	1026.-	1026.-	835.-	14 500.-	**11 987.-**	20 Jahre	Nein

[1] Prämienbefreiung erst nach 6 Monaten (nach 3 Monaten nicht möglich).
[2] Prämienbefreiung erst nach 12 Monaten Erwerbsunfähigkeit (nach 3 Monaten nicht möglich).
[3] Prämie je nach Berufsgattung höher.
[4] Nettoprämie schwankt in den Folgejahren zwischen diesen beiden Werten.
So lesen Sie die Prämientabellen: siehe Kasten auf Seite 29. Aktuelle Prämienvergleiche finden Sie im Internet unter www.vzonline.ch

QUELLE: VZ VERMÖGENSZENTRUM, STAND APRIL 2002

Gesellschaft die Jahresprämie für die Todesfallrisiko-Police berechnet:

- Die meisten Gesellschaften berechnen nivellierte Durchschnittsprämien. Die Tabelle auf Seite 35 zeigt die entsprechenden Angebote.

Nivellierte Durchschnittsprämie heisst: Der Kunde zahlt im Prinzip jedes Jahr gleich viel.

Dies bedeutet gleichzeitig, dass der Kunde zu Vertragsbeginn eher zu viel zahlt, denn er ist noch jung und seine statistische Sterbewahrscheinlichkeit ist noch nicht so hoch.

Umgekehrt zahlt dieser Kunde am Ende der Laufzeit angesichts des jetzt höheren Sterberisikos eher zu wenig.

Dafür sind nivellierte Prämien (bezogen auf die Bruttoprämie) in der Regel garantiert; es sind also keine Überraschungen wegen einer unerwarteten Prämienerhöhung zu befürchten.

Nivellierte Prämien haben zur Folge, dass diejenigen Kunden zu viel gezahlt haben, welche die vereinbarte Laufzeit nicht einhalten, sondern frühzeitig aus dem Vertrag aussteigen.

- Einige Gesellschaften bieten zusätzlich den «jährlich erneuerbaren» Tarif an; einige Anbieter sprechen hier von «rollenden» Prämien.

In diesem System wird die Prämie jedes Jahr neu aufgrund des effektiven Sterberisikos der jeweiligen Altersstufe des Versicherten berechnet.

Diesen Tarif gibt es bei einigen Gesellschaften lediglich für Nichtraucher.

«Jährlich erneuerbar» bedeutet, dass die Prämien hier zu Beginn der Laufzeit günstiger sind, gegen Ende aber drastisch ansteigen können.

Die Prämienbelastung ist also für die versicherte Person auf der Zeitachse ungleich verteilt – und die offerierten Tarife sind hier meist nicht garantiert.

Die Tabelle unten zeigt jährlich erneuerbare Tarife.

Prämien für die Todesfallrisiko-Police mit konstantem Kapital (jährlich erneuerbare Prämien)

Tarife für einen Mann, Abschluss der Police mit 35 Jahren, Nichtraucher, konstantes Todesfallkapital 200 000 Franken (inkl. Unfall), Laufzeit 20 Jahre, Prämienbefreiung bei Erwerbsunfähigkeit nach 3 Monaten

Gesellschaft	Jahresprämie mit ...					Zuschlag für Raucher
	Alter 35	Alter 40	Alter 45	Alter 50	Alter 54	
Allianz [1]	466.-	522.-	665.-	945.-	1304.-	Ja
Basler	417.-	438.-	584.-	834.-	1147.-	Ja
Concordia [2, 3]	392.-	392.-	737.-	737.-	1290.-	Nein
Genfer	641.-	569.-	715.-	1006.-	1355.-	Nein
Helsana [2, 4]	264.-	408.-	576.-	840.-	1296.-	Nein
National [5]	446.-	513.-	665.-	919.-	1196.-	Ja
Providentia [6]	410.-	474.-	632.-	944.-	1301.-	Ja
Vaudoise	384.-	341.-	448.-	695.-	1018.-	Ja

Die Zürich bietet diesen Tarif ebenfalls an, allerdings erst ab einer Todesfallsumme von mindestens 300 000 Franken.
Berücksichtigt sind die entsprechenden Anbieter unter den Lebensversicherern und der 5 grössten Krankenkassen.
Die Produkte von Helsana und Concordia sind auch für Interessierte erhältlich, die nicht bei diesen Kassen krankenversichert sind.

[1] Prämienbefreiung erst nach 6 Monaten Erwerbsunfähigkeit.
[2] Ohne Prämienbefreiung bei Erwerbsunfähigkeit (nicht versicherbar).
[3] Jährliche Verlängerung bis max. Alter 60 möglich. Ab Alter 56 sinkt die versicherte Todesfallsumme automatisch um 20% pro Jahr.
[4] Jährliche Verlängerung bis max. Alter 60 möglich.
[5] Je nach Beruf des Versicherten ist die Prämie um bis zu 25% höher.
[6] Jährliche Verlängerung bis max. Alter 65 möglich.

Aktuelle Prämienvergleiche finden Sie im Internet unter www.vzonline.ch

Diese Art der Prämienberechnung ist vorteilhaft für Leute, die schon beim Abschluss wissen oder vermuten, dass sie die vereinbarte Laufzeit nicht einhalten werden, sondern frühzeitig den Versicherungsschutz aufgeben wollen oder können. Oder für Leute, die zu Versicherungsbeginn möglichst wenig zahlen möchten.

Prämienmässig sind die beiden Varianten in etwa gleich teuer

Achtung: Wer eine Police mit jährlich erneuerbaren Prämien abschliesst, sollte sich in der Offerte aufzeigen lassen, wie stark die Prämie mit zunehmendem Alter voraussichtlich ansteigt und ob der Versicherungsschutz beliebig verlängerbar ist.

Bei einigen Gesellschaften muss man nämlich beim Abschluss einen Vertragsablauf festlegen. Will der Versicherte den Todesfallschutz nach vereinbartem Policenablauf verlängern, muss er wiederum eine Gesundheitsprüfung bestehen.

Ist der Versicherte dann- zumal gesundheitlich angeschlagen, besteht die Gefahr, dass die Gesellschaft eine Verlängerung ablehnt.

Beim Abschluss sollte man deshalb eine möglichst lange Vertragsdauer vereinbaren. Ohne Verlust aussteigen kann der Versicherte trotzdem jedes Jahr.

Kundenfreundlich sind in diesem Punkt die Produkte der Providentia und der beiden Krankenkassen Helsana und Concordia: Der Versicherte muss sich beim Abschluss nicht auf ein Versicherungsende festlegen und kann die Police bei der Providentia bis Alter 65 und bei den beiden Krankenkassen bis Alter 60 jedes Jahr ohne neuerlichen Gesundheitsnachweis verlängern.

Prämienmässig über die ganze Laufzeit betrachtet sind die beiden Varianten «nivelliert» und «jährlich erneuerbar» in etwa gleich teuer. Bei den jährlich erneuerbaren Tarifen spielen Überschüsse keine Rolle und es gibt keine Tarifgarantie (allerdings sind hier Erhöhungen während der Laufzeit eher unwahrscheinlich).

Todesfallkapital: Konstant oder abnehmend

Bei den Prämienangaben auf den Seiten 35 und 36 ist ein konstantes Todesfallkapital versichert.

Konstant heisst hier: Die versicherte Summe bleibt während der ganzen Vertragsdauer gleich. Ob die versicherte Person schon ein Jahr nach Unterzeichnung stirbt oder erst viel später – die zur Auszahlung gelangende Summe ist immer gleich hoch wie zu Beginn vereinbart.

Möglich ist aber auch die Variante «Abnehmendes Todesfallkapital». Bei dieser Variante verringert sich die im Todesfall zur Auszahlung gelangende Summe jährlich linear um einen gleich bleibenden Betrag, zum Beispiel bei einer Laufzeit von 20 Jahren jedes Jahr um einen Zwanzigstel.

Die Tabelle auf der Seite 38 zeigt, dass diese Versicherung mit abnehmendem Kapital bei einer Laufzeit von 20 Jahren insgesamt um rund 50 Prozent günstiger ausfällt als die Variante mit konstantem Todesfallkapital.

Eine Versicherungslösung mit abnehmendem Kapital kann dann sinnvoll sein, wenn auch das versicherte Risiko kontinuierlich abnimmt.

Dies ist beispielsweise bei einer Hypothek mit regelmässiger Amortisation der Fall oder wenn die Kinder älter werden und die Mutter wieder ins Arbeitsleben einsteigt.

Bei der Variante mit abnehmendem Kapital sind die Prämien in der Regel nivelliert; bei der Vaudoise gibt es dieses Produkt nur mit jährlich erneuerbaren (rollenden) Prämien.

Todesfallrisiko- Police: Tipps für den Abschluss

Das sind die wichtigsten Tipps für den Abschluss:
- Welche Todesfallsumme Sie abschliessen wollen – wenn überhaupt –, hängt ganz von Ihren persönlichen Umständen ab. Lassen Sie dazu eine Vorsorgeanalyse von einer neutralen Stelle oder

Taggeld, Risikoversicherung

von einem Versicherungsberater machen. Dann wird auch geprüft, wie viel Geld beispielsweise die Witwe von AHV, Pensionskasse und Unfallversicherung bekäme.

Denken Sie immer daran, dass das *Unfall*risiko bedeutend kleiner ist als die Wahrscheinlichkeit, wegen einer *Krankheit* zu sterben.

- Auch Frauen können eine Todesfallrisiko-Police kaufen – beispielsweise Mütter, damit der Vater bei ihrem vorzeitigen Tod eine Haushalthilfe anstellen kann. Im Vergleich zu den Männern zahlen Frauen 20 bis 30 Prozent weniger Prämien.
- Eine Todesfallrisiko-Police kann auch sinnvoll sein, um einen Kredit oder eine Hypothek abzusichern. Viele Banken setzen bei der Vergabe einer Hypothek für ein Haus sogar zwingend voraus, dass der Kreditnehmer eine solche Versicherung abgeschlossen hat.
- Selbständigerwerbende können mit dieser Versicherung den Fortbestand ihres Unternehmens sicherstellen, indem sie beispielsweise den Geschäftspartner begünstigen.
- In der Branche wird die Todesfallrisiko-Versicherung oft Liebhaberin-Versicherung genannt. Der Grund: In der Regel kann der Versicherungsnehmer frei festlegen, wer im Todesfall die versicherte Summe erhalten soll. Es muss nicht unbedingt die Ehefrau sein. (Voraussetzung ist aber, dass die Police in der

Prämien für die Todesfallrisiko-Versicherung (abnehmendes Kapital)

Tarife für einen 35-jährigen Mann, Nichtraucher, Todesfallkapital anfänglich 200 000 Franken (inkl. Unfall), linear abnehmend, Laufzeit 20 Jahre, Prämienbefreiung bei Erwerbsunfähigkeit nach 3 Monaten, Überschussverrechnung

Gesellschaft	Brutto- prämie pro Jahr	Netto- prämie im 1. Jahr	Netto- prämie ab 2. Jahr	Brutto- prämien Barwert	Netto- prämien Barwert	Prämien- zahldauer	Zuschlag für Raucher
Providentia	427.–	355.–	355.–	5400.–	**4497.–**	17 Jahre	Ja
Pax	478.–	400.–	400.–	5527.–	**4625.–**	15 Jahre	Ja
Zenith [1]	559.–	409.–	409.–	6465.–	**4732.–**	15 Jahre	Nein
Allianz [1]	482.–	412.–	412.–	5575.–	**4761.–**	15 Jahre	Ja
Generali	730.–	415.–	415.–	8438.–	**4799.–**	15 Jahre	Ja
Rentenanstalt/ Swiss Life	516.–	516.–	413.–	5965.–	**4876.–**	15 Jahre	Nein
National [2]	590.–	441.–	441.–	6822.–	**5099.–**	15 Jahre	Ja
Winterthur	557.–	421.–	423.– bis 450.– [3]	6750.–	**5249.–**	16 Jahre	Nein
Raiffeisen	561.–	561.–	450.–	6487.–	**5314.–**	15 Jahre	Nein
Basler	554.–	445.–	445.–	6714.–	**5393.–**	16 Jahre	Nein
Axa	586.–	586.–	456.–	6770.–	**5398.–**	15 Jahre	Nein
Zürich	536.–	485.–	485.–	6198.–	**5608.–**	15 Jahre	Ja
Genfer	653.–	641.–	474.–	7553.–	**5648.–**	15 Jahre	Nein
Helvetia-Patria	804.–	604.–	483.–	9299.–	**5706.–**	15 Jahre	Nein
La Suisse [1]	562.–	562.–	497.–	6502.–	**5791.–**	15 Jahre	Nein
Groupe Mutuel	613.–	613.–	510.–	8666.–	**7314.–**	15 Jahre	Nein

[1] Prämienbefreiung erst nach 6 Monaten (nach 3 Monaten nicht möglich).
[2] Prämie je nach Berufsgattung höher.
[3] Nettoprämie schwankt in den Folgejahren zwischen diesen beiden Werten.
So lesen Sie die Prämientabellen: siehe Kasten auf Seite 29.
Aktuelle Prämienvergleiche finden Sie im Internet unter www.vzonline.ch

freien Vorsorge und nicht im Rahmen der steuerbegünstigten Säule 3a abgeschlossen wurde.)

● Achten Sie auf die Prämienbefreiung bei Erwerbsunfähigkeit. Sie bedeutet: Wird die versicherte Person invalid, muss sie die Prämien für die Todesfallrisiko-Police nicht mehr zahlen und bleibt dennoch versichert.

Als Vorgabe für die Prämienberechnung in den Tabellen mussten die angefragten Gesellschaften die Prämienbefreiung nach drei Monaten ansetzen. Bei einigen Gesellschaften beginnt die Prämienbefreiung aber zwingend erst später zu laufen. Es gibt auch Angebote ohne Prämienbefreiung.

● Bei den meisten Anbietern erhalten die Versicherten nicht garantierte Überschüsse (siehe Stichwort auf Seite 28). Wählen Sie für den Überschuss wenn möglich die Nettovariante: Die Gesellschaft verrechnet dann die Überschüsse jeweils mit der nächsten Prämie (so genannte Überschussverrechnung).

● Ein Ausstieg aus dem Vertrag ist nach dem ersten Versicherungsjahr jederzeit möglich. Sie zahlen dann einfach die Jahresprämie nicht mehr ein. Bei nivellierten Prämien (siehe Seite 35 f.) haben Sie dann allerdings gemessen an der verkürzten Laufzeit zu viel bezahlt.

● Bedenken Sie, dass Sie am Schluss der Vertragsdauer keine Auszahlung erhalten – gleich wie bei der Erwerbsun-

Checkliste für den Abschluss einer Todesfallrisiko-Versicherung

● Fragen Sie, wie sich die Prämienhöhe im Verlauf der Vertragszeit ändert. Sie können bei einigen Anbietern wählen, ob Sie nivellierte Prämien wünschen oder rollende Prämien, die jedes Jahr gemäss Sterbewahrscheinlichkeit steigen (siehe Erläuterungen auf Seite 35 ff.). Bevorzugen Sie grundsätzlich jährlich erneuerbare (rollende) Prämien, damit Sie jederzeit ohne Verlust aussteigen können.

● Holen Sie mehrere Offerten ein. Für die Wahl der Gesellschaft können Sie sich in erster Linie an den Prämien-Barwerten in den Tabellen orientieren. Diese Barwerte sind in den Offerten nicht angegeben und für Laien schwer zu berechnen. Achten Sie auf das Verhältnis von Brutto- zu Nettoprämie, damit Sie nicht auf Lockvogel-Angebote hereinfallen (siehe Checkliste auf Seite 32).

● Mehrere Offerten einzuholen ist auch deshalb von Vorteil, weil Sie so vielleicht auf Spezialangebote stossen, die Ihrem Risikoprofil gut entsprechen und damit günstiger sind. So gewährt beispielsweise die Providentia ab einer Versicherungssumme von 300 000 Franken einen Rabatt, falls Gewicht und Blutdruckwerte des Antragstellers in einer gewissen Norm liegen. Möglich ist auch, dass gewisse risikoreiche Berufe bei einer Gesellschaft mehr zahlen, bei der anderen hingegen nicht.

● Fragen Sie, ob und ab welchem Zeitpunkt die Prämienbefreiung bei Erwerbsunfähigkeit gilt.

● Schliessen Sie den Unfall aus, falls Ihre Unfallversicherung besser ausgebaut ist als vom Gesetz vorgeschrieben.

● Erhöhen Sie die benötigte Todesfallsumme um den mutmasslichen Steuerbetrag, den der Empfänger oder die Empfängerin bei der Auszahlung zahlen muss (siehe Seite 40).

● Sie können die Todesfallrisiko-Police auch mit einer Erwerbsunfähigkeits-Rente kombinieren (siehe Seite 27 ff.). In der Regel empfiehlt es sich aber, die beiden Policen zu trennen. So kann man für die zwei Versicherungen diejenigen Gesellschaften wählen, die das beste Angebot haben.

● Halten Sie sich beim Ausfüllen des Gesundheitsfragebogens peinlich genau an die Wahrheit (siehe Seite 10 f.). Bei älteren Antragstellern und hohen Versicherungssummen ist in der Regel eine Arztuntersuchung vorgeschrieben (welche die Gesellschaft zahlt). Je nach Versicherungssumme wird auch ein Aidstest verlangt.

● Sie können Risikoversicherungen (also auch eine reine Todesfallrisiko-Versicherung) auch im Rahmen der steuerbegünstigten Säule 3a abschliessen und so Einkommenssteuern sparen (siehe auch Anhang auf Seite 158).

Taggeld, Risikoversicherung

fähigkeits-Rente (siehe Seite 33). Dies im Unterschied zur gemischten Versicherung (Sparversicherung, siehe Seite 42 ff.).

● Ein Trost für Fans von Risiko-Sportarten: Alle in den Tabellen aufgeführten Gesellschaften verzichten in ihren Bedingungen ausdrücklich auf das ihnen zustehende Recht, bei Grobfahrlässigkeit die Leistung zu kürzen. Dafür können sie aber von Sportsfreunden (z. B. Taucher oder Bergsteiger) höhere Prämien verlangen oder entsprechende Schadenfälle von der Deckung ausschliessen.

● Viele Krankenkassen-Versicherte haben aus Tradition noch ein Unfallkapital versichert, und zwar über eine freiwillige Zusatzversicherung (bei der Helsana zum Beispiel heisst der entsprechende Zusatz UTI). Beachten Sie aber: Solche Zusatzdeckungen zahlen nur bei Tod infolge Unfalls, aber nicht beim Tod nach einer Krankheit.

● Ist eine Person auf einer Reise gestorben, sollten die Hinterbliebenen prüfen, ob der Verstorbene eine Reiseversicherung hatte, die bei Unfall- bzw. Flugunfall-Tod zahlt (siehe Tabelle auf der Seite 119). Unter Umständen haben die Hinterbliebenen auch Geld zugut, wenn der Verstorbene die Reise mit der Kreditkarte gezahlt hat.

● Beachten Sie, dass der Empfänger die ausbezahlte Todesfallsumme einmalig versteuern muss, auch wenn die Begünstigte zum Beispiel die Ehefrau ist. Je nach Wohnort und Höhe der Summe frisst die Steuer zwischen 5 und 20 Prozent des ausbezahlten Betrages weg.

Beispiel: Für ein Todesfallkapital von 200 000 Franken muss ein Begünstigter mit Wohnort Zug etwa 10 000 Franken, in Delémont JU hingegen 28 000 Franken Steuern abliefern.

Klären Sie also beim Abschluss ab, wie viel in etwa die voraussichtlichen Steuern betragen und kalkulieren Sie diese Summe bei der Höhe der Todesfallsumme mit ein.

● Meiden Sie Lockvogel-Angebote, bei denen die Spanne zwischen Brutto- und Nettoprämie allzu gross ausfällt (wie zum Beispiel das Angebot der Generali in der Tabelle auf Seite 35).

VZ-Infothek

«Tips zur Pensionierung: Der Pensionierungsratgeber»

Die «Tips zur Pensionierung» beantworten alle wichtigen Fragen zu Einkommen, Vermögen, Versicherungen, Vorsorge, Immobilien, Erbrecht und Steuern im Zusammenhang mit der Pensionierung. Welche Überlegungen müssen Sie anstellen? Welche Entscheidungen müssen Sie treffen? Mit vielen Tipps, Grafiken und Checklisten schafft dieses Buch die Grundlage für ein persönliches Pensionierungskonzept.
2. überarbeitete Auflage, Preis: 58 Fr. (304 Seiten, Leinen mit Schutzumschlag)

«GeldTip: Der persönliche Finanzberater»

Machen Sie mehr aus Ihrem Geld! Der «GeldTip» zeigt Ihnen, wie Sie in den Bereichen Geldanlagen und Vermögen, persönliche Vorsorge, Immobilien und Hypotheken, Versicherungen und Steuern Ihr Vermögen optimieren können. Eine Menge Grafiken und Checklisten helfen, komplizierte Sachverhalte einfach und verständlich darzustellen.
3. überarbeitete Auflage, Preis: 58 Fr. (436 Seiten, Leinen mit Schutzumschlag)

«SteuerTipp: Der persönliche Steuerplaner»

Der «SteuerTipp» zeigt Privatpersonen anhand von Fallbeispielen Besteuerungsgrundsätze, Optimierungsspielräume und kantonale Unterschiede für die wichtigsten Steuersituationen auf. Einfache Grafiken veranschaulichen die Zusammenhänge. Checklisten helfen, die aufgezeigten Steueroptimierungsmöglichkeiten auf die eigene, persönliche Situation zu übertragen.
3. überarbeitete Auflage, Preis: 58 Fr. (308 Seiten, Leinen mit Schutzumschlag)

VZ-Ratgeber «Erben und Schenken»

Die potenziellen Erblasser und zukünftigen Erben haben ein grosses Informationsbedürfnis zum Thema «Erben und Schenken». Das hat die Repräsentativumfrage der Wirtschaftszeitschrift BILANZ und des VZ ergeben. Mit dem VZ/Bilanz-Buch wird diese Lücke geschlossen. Im gewohnten VZ-Stil werden Sachverhalte verständlich aufgezeigt und konkrete Tipps gegeben.
4. überarbeitete Auflage, Preis: 39 Fr. (144 Seiten, Paperback)

«Anlagestrategien für Leute ab 50»

Ab 50 stellen sich viele die Frage, wann sie ans Aufhören denken können und welche finanziellen Mittel ihnen zur Verfügung stehen werden. Wie sieht meine finanzielle Ruhestandsplanung aus? Wie kann ich das Vermögen möglichst Gewinn bringend anlegen? Welche Risiken kann ich eingehen, mit wie viel Rendite kann ich rechnen? Antworten geben Ihnen viele Grafiken, Tabellen und Checklisten.
Preis: 48 Fr. (280 Seiten, Hardcover)

 Bestellen Sie die Bücher unter Telefon 01-207 27 27. Oder einfach und bequem im Internet: www.vermoegenszentrum.ch

Alterssparen: Mit dieser Police

**Themen
in diesem Kapitel:**

- **Sparen ist sinnvoll – aber es gibt viele Anlageformen**
- **Die Vorteile der Sparversicherung: Prämienbefreiung und Sparzwang**
- **Nachteil der Sparversicherung: Frühaussteiger verlieren viel Geld**
- **Prämienvergleich: Sparversicherung gegen Jahresprämie**
- **Prämienvergleich: So viel bringt die Fondspolice**
- **Die private Leibrente: Lebenslängliche Zahlung ist garantiert**
- **Abschluss der Leibrente: Diese Entscheide müssen Sie treffen**

Kombiprodukt: Die Sparversicherung

In diesem Buch sind Versicherungen das Thema – und damit auch die Schicksalsschläge des Lebens, die uns an Hab und Gut sowie an Leib und Leben treffen können.

Diese Unglücksfälle lassen sich zwar mit einer Versicherung nicht verhindern; mit der richtigen Police kann man sich aber gegen die finanziellen Folgen absichern.

Wenn nun in diesem Kapitel vom Sparen die Rede ist, so hat das zwar primär nichts mit Versicherungen zu tun – aber es gibt einen Typ von Versicherungen, welcher die finanzielle Absicherung der Risiken Tod und Invalidität mit einem Sparprozess verbindet und gleichzeitig das Erreichen des Sparziels bei Invalidität garantiert.

Dieses Kombiprodukt ist die klassische Sparversicherung – oft auch gemischte Versicherung oder kapitalbildende Lebensversicherung genannt (siehe Stichwort auf Seite 44).

Wer für eine solche Versicherung unterschreibt, verpflichtet sich, jahre- oder gar jahrzehntelang die vereinbarte Prämie zu zahlen.

Eine solche Kombination von Risikodeckung und Sparprozess kann sinnvoll sein. Sie hat aber nicht nur Vor-, sondern auch gewichtige Nachteile.

Deshalb vorweg die sechs wichtigsten Punkte, die Sie zum Thema Sparversicherung wissen müssen:

1. Sparen fürs Alter oder mit einem klar umschriebenen Ziel ist empfehlenswert – aber es gibt neben der Sparversicherung noch etliche andere Möglichkeiten, die punkto Rendite teilweise bedeutend attraktiver sind.

2. Eine Sparversicherung kann sinnvoll sein, wenn Sie eine Risikodeckung brauchen. Ob Sie sich gegen die Risiken Tod und Invalidität absichern sollten, können Sie im Kapitel 2 dieses Buches auf Seite 20 ff. in allen Details nachlesen.

3. Die Sparversicherung hat den Vorteil der Prämienbe-

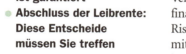

Stichwort: Lebensversicherung

Den Begriff «Lebensversicherung» finden Sie in diesem K-Dossier nirgends. Es handelt sich nämlich um einen Sammelbegriff für etliche Versicherungstypen – und dieser Sammelbegriff ist in dieser allgemeinen Form nicht brauchbar.

Die Rede ist vielmehr von Risikoversicherungen (siehe Stichwort auf Seite 26) und von der Sparversicherung, welche die Risikoabsicherung mit einem Sparprozess kombiniert. Im Zusammenhang mit der Sparversicherung ist auch oft von der Fondspolice die Rede (Seite 54 f.).

Auch Einmaleinlagen (siehe Seite 47) und Leibrenten fallen unter den Oberbegriff «Lebensversicherung».

können Sie Ihre Ziele erreichen

Sparversicherung, Leibrente

freiung bei Erwerbsunfähigkeit. Das bedeutet: Falls Sie infolge Invalidität eine Verdiensteinbusse erleiden und die Prämien nicht mehr zahlen können, zahlt die Versicherung für Sie weiter – und das definierte Sparziel ist garantiert, wird also dennoch erreicht.

4. Eine Sparversicherung kann sinnvoll sein, wenn Sie sich selber einen Sparzwang auferlegen wollen. Der Vertrag verpflichtet Sie, jahrelang regelmässig die vereinbarte Prämie zu zahlen. Für viele kann diese langfristige Verpflichtung ein Segen sein.

5. Sie sollten aber eine Sparversicherung nur abschliessen, wenn Sie absolut sicher sind, dass Sie bis ans Ende der vereinbarten Vertragsdauer durchhalten und Jahr für Jahr Ihre Prämie zahlen können.

Die gemischte Versicherung hat nämlich einen gravierenden Nachteil: Wer frühzeitig aus einem solchen meist langjährigen Vertrag aussteigt, verliert in den ersten Jahren die ganze oder einen grossen Teil der einbezahlten Prämiensumme – und das können Tausende von Franken sein. Auch ein späterer Ausstieg ist meist mit Verlust verbunden. In keiner anderen Versicherungsart wirken sich Fehler so gravierend für den Versicherten aus.

Sparen für ein definiertes Ziel: Wie viel pro Monat?

Mit welchem monatlichen Sparbetrag erreicht man ein bestimmtes Sparziel? Wie viel muss man jeden Monat auf die hohe Kante legen, damit man im AHV-Alter seinen jetzigen Lebensstandard einigermassen halten kann?

Diese Rechnung können Sie für sich selber mit einer relativ einfachen Faustregel machen. Die Details für die Berechnung finden Sie im Anhang auf Seite 160.

6. Die Sparversicherung ist ein Tummelfeld für unseriöse Policenverkäufer, weil hier für den Verkäufer die höchsten Provisionen locken. Suchen Sie unbedingt kompetente Beratung und meiden Sie Feierabendverkäufer.

7. In sehr vielen Fällen ist es besser, die beiden Prozesse sparen und sich versichern zu trennen: sparen bei der Bank, sich gegen die Risiken Tod und Invalidität versichern bei einer Versicherungsgesellschaft.

8. Die Sparversicherung ist ein Vehikel, um Steuern zu sparen. Steuern sparen kann man aber auch anders.

Rendite unterschiedlicher Anlageformen

Anlageform	Renditeerwartung (Jahresdurchschnitt, nach Gebühren)
Privatkonto	0,5 %
Sparkonto	1 bis 2 %
Festgeld in Fr. (Laufzeit 12 Monate)	1,5 %
Einmaleinlagen (Laufzeit 5 Jahre)	2 bis 3,5 %
Flexible Sparversicherung 3a	2,5 bis 3 %
Staats-Obligationen in Fr. [1]	2,5 bis 3,5 %
Unternehmens-Obligationen in Fr. [2]	3 bis 4 %
Staats-Obligationen in US$ [1]	3,5 bis 5 %
Aktienfonds Industrieländer [3]	8 bis 10 %
Aktienfonds Emerging Markets [3]	10 bis 12 %
Aktienfonds Zukunftsbranchen [3]	10 bis 12 %

[1] Abhängig von der Laufzeit, ohne Berücksichtigung von Währungseffekten.
[2] Je nach Bonität.
[3] Prognosen, abgeleitet aus langfristigen Vergangenheitsrenditen.

QUELLE: VZ VERMÖGENSZENTRUM, STAND APRIL 2002

Stichwort:
Klassische gemischte Sparversicherung

Die klassische gemischte Lebensversicherung ist eine Sparversicherung mit Risikoschutz. Der grössere Teil der fest abgemachten Prämie geht in den Spartopf und ergibt – falls der Kunde regelmässig einzahlt – das Erlebensfallkapital, welches dann ausbezahlt wird, wenn der Versicherungsnehmer den Ablauf des Vertrages «erlebt».

Das Erlebensfallkapital setzt sich einerseits zusammen aus einem garantierten Teil, welcher auf einer festen Verzinsung mit derzeit 2,5 Prozent beruht (Stand April 2002). Es wird aber nur der Sparteil verzinst! Dazu kommen bei der Auszahlung des Erlebensfallkapitals nicht garantierte Überschüsse (siehe Stichwort auf Seite 28).

Stirbt der Versicherungsnehmer vor Ablauf der Vertragsdauer, erhalten die Begünstigten (in der Regel die Erben) das Todesfallkapital ausbezahlt, welches in der Regel gleich hoch ist wie das garantierte Erlebensfallkapital. In den Verträgen ist das die «Versicherungssumme zahlbar im Todesfall oder Erlebensfall». 10 bis 25 Prozent der einbezahlten Prämie gehen zur Deckung dieses Versicherungsrisikos (und der Kosten) drauf.

In diesem Sinne ist die Sparversicherung auch eine Todesfallrisiko-Versicherung.

Für den auf der Seite rechts erwähnten Mann, der 30 Jahre lang jährlich 5933 Franken einzahlen will, heisst das: Sollte er schon ein Jahr nach Vertragsabschluss sterben, erhalten die Begünstigten ein garantiertes Todesfallkapital zwischen 189 000 und 202 000 Franken – je nach Gesellschaft.

Nebst einem Todesfallrisiko-Schutz kann man in eine gemischte Lebensversicherung auch eine Erwerbsunfähigkeits-Rente einbauen. Sie sichert ein vereinbartes Ersatzeinkommen bei Invalidität – wie in Kapitel 2 auf Seite 27 ff. beschrieben.

In der Regel mitversichert ist bei der klassischen gemischten Lebensversicherung die Prämienbefreiung bei Erwerbsunfähigkeit: Wird der Versicherungsnehmer invalid, zahlt die Gesellschaft die Prämien, das Sparziel wird also dennoch erreicht.

Zur Deckung dieser Risiken zwackt die Gesellschaft einen Teil der einbezahlten Prämie ab. Es geht also nicht die gesamte einbezahlte Prämie in den Sparteil.

Dazu kommen noch happige Abzüge für die Kosten. Der K-Tipp hat das in Nummer 15/01 an einem Beispiel der Zürich vorgerechnet. Von einer jährlichen Einzahlung von 8860 Franken zog die Zürich jedes Jahr 664 Franken für «Abschlusskosten» ab, 261 Franken für «Inkassokosten», 500 Franken für «Verwaltungskosten» und 300 Franken für den «Gewinnbeteiligungszuschlag». Die Zürich sagt dazu, diese Kosten seien «realitätsnah» kalkuliert.

Verwandte der klassischen Sparversicherung sind die Sparversicherung mit minimalem Todesfallkapital sowie die Fondspolice.

Alle drei Arten kann man auch gebunden im Rahmen der steuerbegünstigten Säule 3a abschliessen (siehe Stichwort auf Seite 49).

In der Regel erfolgt die Einzahlung mittels jährlich zu zahlenden Prämien.

Sparen ist sinnvoll – aber es gibt viele Möglichkeiten

Es ist unbestritten: Geld auf die hohe Kante zu legen ist immer eine gute Sache. Zu diesem Zweck gibt es eine Fülle von Möglichkeiten – angefangen vom Lohn- oder Privatkonto mit der magersten Rendite bis hin zu den Aktienfonds, bei denen Sie aufgrund des langjährigen Durchschnitts in der Vergangenheit – und trotz den zwischenzeitlichen Kurseinbrüchen – von einer künftigen jährlichen Rendite von 8 bis 10 Prozent ausgehen können.

Gerade im Vergleich mit Aktien oder Aktienfonds ist aber die klassische Sparversicherung (Stichwort oben) ein

Sparinstrument, welches eine hohe Sicherheit bietet.

Die hohe Sicherheit ergibt sich aus dem Umstand, dass in den letzten Jahrzehnten nie eine Versicherungsgesellschaft Pleite ging und dass die Gesellschaften die versprochene garantierte Verzinsung des Sparkapitals bis heute immer einhalten konnten.

Bei den nicht garantierten Überschüssen hingegen (siehe Stichwort auf Seite 28) ist für den Versicherungsnehmer unklar, wie viel er dereinst bekommen wird. Fachleute sprechen hier von einem intransparenten Renditeausweis.

Auch die Kosten sind bei der Sparversicherung für die Kundschaft nicht nachvollziehbar.

Beispiel: Ein Mann zahlt 30 Jahre lang jährlich 5933 Franken (Maximalbetrag in der Säule 3a) für eine klassische Sparversicherung ein; das sind insgesamt 177 990 Franken.

Dafür garantieren ihm die Gesellschaften derzeit (Stand April 2002) nach Ablauf der 30 Jahre eine Summe zwischen 189 000 und 202 000 Franken – je nach Gesellschaft (im Rahmen der Säule 3a, siehe Stichwort S. 49).

Das entspricht einer garantierten jährlichen Rendite zwischen 0,4 und 0,8 Prozent (bezogen auf die gesamte einbezahlte Prämiensumme).

Dazu kommen aber noch nicht garantierte Überschüsse (siehe Stichwort auf S. 28).

Zusammen mit den Überschüssen versprechen die Gesellschaften derzeit bei der gleichen einbezahlten Summe zwischen 242 000 und 310 000 Franken.

Das entspricht einer nicht garantierten jährlichen Rendite zwischen 1,9 und 3,4 Prozent (nach Steuern, Stand April 2002).

Bei den Banken ist das Sparziel nicht garantiert

Fazit: Die klassische Sparversicherung mit einer sicheren Rendite (Kapitalschutz) ist keine schlechte Geldanlage. Klassische gemischte Versicherungen mit Jahresprämien bewegten sich in der Vergangenheit punkto Rendite meist im Bereich um steuerfreie 3,5 Prozent pro Jahr (Nettorendite nach Abzug der Kosten für den Versicherungsschutz). Diese garantierte Rendite kann sich zwar sehen lassen, aber an der Börse waren – ebenfalls in der Vergangenheit – langfristig betrachtet bedeutend höhere Gewinne zu erzielen.

Wie die Renditeerwartung der unterschiedlichen Anlageformen ist, ersehen Sie aus der Tabelle auf Seite 43.

Allerdings hat die Sparversicherung den Vorteil der Prämienbefreiung bei Erwerbsunfähigkeit (siehe Details auf Seite 47). Und: Bei den Banken kann man das Erreichen des Sparziels in der Regel nicht versichern.

Wer keine Risikodeckung braucht, zahlt unnötig Geld

Wie schon gesagt: Die Sparversicherung ist dann ein sinnvolles Instrument, wenn Kundinnen und Kunden den

Stichwort: Sparversicherung mit minimalem Todesfallkapital

Die klassische Sparversicherung mit fester Jahresprämie ist unflexibel: Sie versichert ein Todesfallkapital zwingend auch dann, wenn der Versicherungsnehmer diesen Risikoschutz im Grunde gar nicht braucht.

Auf diesen für viele störenden Umstand haben die Gesellschaften mit Produkten reagiert, welche bei Tod – je nach Kundenwunsch – nur ein geringes Todesfallkapital auszahlen. Bei diesen Produkten steht praktisch nur noch das Sparziel zur Debatte (reiner Erlebensfalltarif). Die Jahresprämie ist aber meist immer noch fix.

Wer so abschliesst, betreibt fast nur noch das reine Sparen, hat aber immer noch den Vorteil des selbst auferlegten Sparzwangs sowie der Prämienbefreiung bei Erwerbsunfähigkeit. Das Sparziel ist also nach wie vor garantiert (falls die Kundin oder der Kunde nicht vorher aussteigt).

Prämienvergleich: Gemischte Sparversicherung gegen Jahresprämie (im Rahmen der Säule 3a)

Prämienbeispiel für eine gemischte Sparversicherung (siehe Stichwort Seite 44). Details zur Tabelle: Laufzeit 30 Jahre für einen 35-jährigen Mann, jährliche Prämie von 5933 Franken (Maximalbetrag in der Säule 3a), Prämienbefreiung bei Erwerbsunfähigkeit nach 3 Monaten, abgeschlossen im Rahmen der steuerbegünstigten Säule 3a (siehe Stichwort auf Seite 49). Die Gesellschaften sind nach der jährlichen Rendite inkl. Überschüsse rangiert.
Beachten Sie bitte: Die Rangliste der Gesellschaften kann sich von Monat zu Monat verändern. Einen monatlich aktualisierten Vergleich können Sie im Internet unter www.vzonline.ch abrufen.

Gesellschaft	Todesfall-kapital garantiert	Erlebensfall-kapital garantiert [1]	Jährliche Rendite garantiert	Erlebensfall-kapital inkl. Überschüsse [2]	Jährliche Rendite inkl. Überschüsse [2]
Basler	195 653.-	195 653.-	0,60 %	309 264.-	3,36 %
Helvetia-Patria	194 556.-	194 556.-	0,57 %	306 310.-	3,30 %
Genfer	193 919.-	193 919.-	0,55 %	304 492.-	3,27 %
Axa	195 693.-	195 693.-	0,60 %	302 195.-	3,22 %
Zenith [3]	194 507.-	194 507.-	0,57 %	296 904.-	3,12 %
Groupe Mutuel	200 880.-	200 880.-	0,77 %	295 500.-	3,09 %
National [5]	198 760.-	198 760.-	0,70 %	291 332.-	3,01 %
Zürich	193 889.-	193 889.-	0,55 %	288 817.-	2,96 %
Postfinance [4]	189 980.-	189 980.-	0,42 %	288 119.-	2,95 %
Winterthur	188 893.-	188 893.-	0,38 %	280 938.-	2,80 %
Rentenanstalt/Swiss Life	193 750.-	193 750.-	0,54 %	276 610.-	2,71 %
Allianz [3]	188 814.-	188 814.-	0,38 %	273 674.-	2,65 %
Pax	193 202.-	193 202.-	0,52 %	268 871.-	2,54 %
La Suisse [3]	201 755.-	201 755.-	0,80 %	266 166.-	2,48 %
Vaudoise	194 493.-	194 493.-	0,57 %	265 572.-	2,47 %
Credit Suisse Life	191 416.-	191 416.-	0,47 %	261 323.-	2,37 %
Providentia	196 018.-	196 018.-	0,62 %	248 943.-	2,08 %
Generali	196 266.-	196 266.-	0,62 %	242 409.-	1,92 %

[1] Auszahlung bei Vertragsablauf.
[2] Siehe «Stichwort Überschuss» auf Seite 28.
[3] Prämienbefreiung erst nach 6 Monaten Erwerbsunfähigkeit (nach 3 Monaten nicht möglich).
[4] Prämienbefreiung erst nach 12 Monaten Erwerbsunfähigkeit (nach 3 Monaten nicht möglich).
[5] Konditionen gelten für Nichtraucher, Raucher haben schlechtere Konditionen.

QUELLE: VZ VERMÖGENSZENTRUM, STAND APRIL 2002

gezielten Aufbau eines Sparkapitals mit einer gewollten Abdeckung der Risiken Tod (und allenfalls Invalidität) kombinieren wollen.

Umgekehrt heisst das: Falls Sie eine Sparversicherung haben, aber eigentlich keine Absicherung des Todesfalls und auch kein Ersatzeinkommen bei Invalidität brauchen, zahlen Sie Geld für eine unnötige Versicherungsdeckung.

Dieses hinausgeworfene Prämiengeld verringert das später ausbezahlte Sparkapital (Erlebensfallkapital).

Besonders junge Leute ohne Unterstützungspflichten brauchen aber meist keine Todesfall-Risikoversicherung (siehe Details auf Seite 34 ff.).

Denn in der Regel hinterlassen junge Leute im Todesfall keine Angehörigen, die dringend auf dieses Geld angewiesen sind. Auch das Fachblatt der Branche, die «Schweizer Versicherung», schreibt klipp und klar, gemischte Lebensversicherungen mit Todesfallkapital seien für junge, ungebundene Leute «völlig fehl am Platz».

Trotzdem verkaufen etliche Gesellschaften und Berater auch Jungen weiterhin skrupellos genau diese meist unnötige Versicherungsdeckung.

Ein Lichtblick: Seit einiger Zeit gibt es auch Sparversicherungen mit nur minimalem Todesfallkapital (siehe Stichwort auf Seite 45). Allerdings hat auch diese Versicherungsart – gleich wie die konventionelle kapitalbildende Sparversicherung – den grossen Nachteil, dass sie punkto Einzahlungen wenig flexibel ist und eine vorzeitige Auflösung den Kunden teuer zu stehen kommt.

Die Prämienbefreiung bei Erwerbsunfähigkeit

Die Sparversicherung mit Jahresprämien hat einen attraktiven Vorteil: die Prämienbefreiung bei Erwerbsunfähigkeit, die in den Verträgen meist inbegriffen ist.

Prämienbefreiung bedeutet: Sollte die versicherte Person wegen Krankheit oder Unfall erwerbsunfähig werden und nichts mehr verdienen können, muss sie für die Sparversicherung (nach einer gewissen Wartefrist, in der Regel drei Monate) auch kei-

Stichwort: Einmaleinlage

In einem gewissen Sinne gehört auch die Einmaleinlage zu den Sparversicherungen. Bei dieser Form zahlt der Kunde die Prämie nicht jährlich, sondern zur Gänze im Voraus ein.

Ein Beispiel: Wenn ein 50-jähriger Mann heute (Stand April 2002) 100 000 Franken in eine Einmaleinlage mit einer 10-jährigen Laufzeit einzahlt, stellen ihm die Gesellschaften ein voraussichtliches Erlebensfallkapital (Auszahlung bei Vertragsablauf) zwischen 126 000 und 148 000 Franken in Aussicht (je nach Gesellschaft, inklusive Überschüsse).

Der Versicherungsteil der Einmaleinlage besteht darin, dass die Erben ein garantiertes Todesfallkapital erhalten, falls der Versicherte vor Vertragsablauf stirbt. Im obigen Beispiel wären das je nach Gesellschaft zwischen 113 500 und 117 500 Franken.

Die Höhe des Todesfallkapitals entspricht gleichzeitig dem, was der Prämienzahler nach Ablauf der Versicherung garantiert ausbezahlt erhalten würde (falls die Gesellschaft ihre Überschüsse komplett streichen würde).

Die Einmaleinlage kann auch eine sinnvolle Alternative zu Anlagen in Obligationen sein. Aktuelle Vergleiche der Offerten für Einmalprämien finden Sie auf www.vzonline.ch

ne Prämien mehr zahlen. Die versprochene Geldsumme (Erlebensfallkapital) erhält die versicherte Person aber bei Vertragsablauf trotzdem.

Das Sparziel ist also garantiert, ebenso die Auszahlung der Todesfallsumme bei vorzeitigem Tod (vor Erreichen des Vertragsendes).

Allerdings muss man sich diesen Vorteil teuer erkaufen, denn die Kosten (z.B. für Verwaltung und Provision des Policenverkäufers), welche die Gesellschaft von den Prämien abzwackt, gehen meist in die Tausende von Franken (siehe Kasten auf Seite 44).

Tipp: Wenn schon eine Sparversicherung, dann nur *mit* Prämienbefreiung bei Er-

werbsunfähigkeit. Sonst ist die Sparversicherung fragwürdig, weil das Sparziel bei Invalidität ja nicht garantiert ist.

Der Sparzwang: Vorteil für Sparer ohne Disziplin

Nebst dem Vorteil der Prämienbefreiung bei Erwerbsunfähigkeit hat die Sparversicherung das Plus des Sparzwangs. Wer sich selber nicht genügend Spardisziplin zumutet, kann sich diese Verpflichtung quasi selber per Unterschrift auferlegen.

Wer sich diesem vertraglichen Sparzwang unterziehen will, aber *keinen* Todesfallschutz braucht, wählt mit Vorteil eine Sparversicherung, die nur ein geringes garantiertes Todesfallkapital kennt (siehe Stichwort auf Seite 45).

Wer hingegen genügend Spardisziplin hat, braucht unter diesem Gesichtspunkt keine Sparversicherung.

Apropos Sparzwang: Einer solchen Verpflichtung kann man sich auch unterziehen, indem man die Bank beauftragt, jeden Monat eine bestimmte Summe vom Lohn aufs Sparkonto zu transferieren (Dauerauftrag).

Wer vorzeitig aus dem Vertrag aussteigt, verliert viel Geld

Die gemischten Versicherungen haben meist eine sehr lange Vertragsdauer. Deshalb sollte man solche Verträge nur unterschreiben, wenn man 1. die Risikodeckung für die ganze Vertragsdauer überhaupt braucht und wenn man 2. absolut sicher ist, dass man den Vertrag bis zum Schluss oder zumindest für einen Drittel der Laufzeit erfüllen kann.

Wer vorher aussteigt, erhält einen enttäuschenden Rückkaufswert (siehe Stichwort

Stichwort: Rückkaufswert

Kündigt die versicherte Person eine Sparversicherung vor dem vereinbarten Vertragsablauf, erhält sie den Rückkaufswert ausbezahlt. Der entspricht aber gerade in den ersten Jahren keineswegs der Höhe der einbezahlten Prämien.

Denn von den einbezahlten Prämien zieht die Gesellschaft in der Regel erst mal die Provision ab, die an den Versicherungsverkäufer ging – gleich ob er angestellt ist oder als freier Makler vermittelte. Die Höhe dieses Abzugs kann bis zum Betrag der ersten Jahres-prämie reichen, also mehrere tausend Franken betragen.

Auch die bis anhin aufgelaufenen internen Verwaltungskosten gehen weg, dazu noch die Kosten für den bereits geleisteten Versicherungsschutz; die Begünstigten hätten ja viel Geld bekommen, wenn der Versicherte vor diesem Zeitpunkt gestorben wäre. Dieser Prämienteil ist sozusagen aufgebraucht.

Viele Gesellschaften gewähren erst nach drei Jahren überhaupt einen Rückkaufswert; wer vorher aussteigt, erhält hier also gar nichts zurück. Kundenfreundliche Versicherungen weisen allerdings schon nach einem Jahr einen Rückkaufswert aus.

Die gängigste Alternative zu einem Rückkauf ist die Sistierung (auch Prämienfreistellung genannt). Konkret: Die Versicherung läuft mit reduziertem Risikoschutz und kleinerem Sparteil weiter, aber der Versicherungsnehmer muss keine Prämien mehr bezahlen.

Doch auch die Sistierung ist für den Kunden ein schlechtes Geschäft, weil viele Gesellschaften die Sistierung (auch Umwandlung genannt) zunächst wie einen Rückkauf behandeln – was für den Kunden ebenfalls einen Geldverlust bedeutet, weil entsprechend weniger Geld in die sistierte (umgewandelte) Police geht.

Möglich ist auch die Belehnung der Police. Die Gesellschaft gewährt dem Kunden ein Darlehen – aber ebenfalls nur in der Höhe des Rückkaufswerts.

Tipp: Es kommt immer wieder vor, dass Versicherte mit einer Sparversicherung eine Jahresprämie nicht zahlen können – oder nicht dürfen, wenn die Police im Rahmen der Säule 3a läuft und die versicherte Person vorübergehend kein Einkommen erzielt. Bitten Sie in solchen Fällen die Gesellschaft, die Police trotzdem weiterlaufen zu lassen. Der Versicherungsschutz bleibt dann gewährleistet, aber das Erlebensfallkapital verringert sich entsprechend.

Diese Lösung ist aber nur möglich, wenn Sie die Prämie 1 oder höchstens 2 Jahre lang nicht zahlen können.

auf Seite 28) und verliert damit viel Geld.

Es gibt Verträge, die sogar voraussetzen, dass die versicherte Person mindestens drei Jahre lang einbezahlt hat; wer solche Verträge vorher kündigt, erhält gar nichts zurück. So verlieren insbesondere junge Leute immer wieder Tausende von Franken. Das sei «legaler Diebstahl», klagte einer der Betroffenen im K-Tipp.

Wer die Prämien nicht mehr zahlen kann oder will, kann die Police auch prämienfrei stellen; doch auch das ist ein schlechtes Geschäft (siehe «Stichwort Rückkaufswert» links).

Das Prinzip ist klar: Solche Sparversicherungen sind auf *Vertragstreue* ausgelegt, nicht auf vorzeitigen Ausstieg.

Nehmen Sie sich vor Feierabendverkäufern in Acht!

Seit einigen Jahren ziehen ganze Heerscharen von oft schlecht oder ungenügend ausgebildeten Versicherungsverkäufern durchs Land; sie sind Vertriebsorganisationen wie WNB, ITE, First, EN-Group oder Diamerc angeschlossen.

Diese Vertreter haben in erster Linie ihre Provision im Kopf, und sie haben deshalb alles Interesse, ihren Opfern gemischte Versicherungen zu verkaufen; dafür erhalten die Verkäufer von den Gesellschaften die höchsten Provisionen.

Stichwort: Säule 3a

Die Säule 3a ist eine Sparform, die steuerlich begünstigt ist: Wer in die Säule 3a einzahlen darf, kann den einbezahlten Betrag in der Steuererklärung vom Einkommen abziehen.

In die 3. Säule können Sparfreudige nicht à discrétion einzahlen: Selbständigerwerbende dürfen maximal 20 Prozent ihres Erwerbseinkommens einzahlen (aber maximal 29 664 Franken, Stand 2002). Für Angestellte mit Pensionskasse liegt der maximale Einzahlungsbetrag bei 5933 Franken (Stand 2002).

Die Limite von 5933 Franken gilt auch für Teilzeitler, falls sie einer Pensionskasse angeschlossen sind. Teilzeitler ohne Pensionskasse können bis 20 Prozent ihres Erwerbseinkommens in die 3. Säule einzahlen.

Nicht-Erwerbstätige (zum Beispiel Hausfrauen) dürfen nicht in die 3. Säule einzahlen.

Die Spargelder in der 3. Säule sind gebunden und können im Prinzip frühestens 5 Jahre vor Erreichen des AHV-Alters bezogen werden. Eine vorzeitige Barauszahlung ist aber möglich für den Erwerb von Wohneigentum (oder wenn die versicherte Person auswandert, eine ganze Rente der IV bezieht oder sich selbständig macht).

Auch Sparversicherungen lassen sich im Rahmen der steuerbegünstigten Säule 3a (also gebunden) abschliessen. Und auch dann kann die versicherte Person die Prämien in der Steuererklärung abziehen.

Kündigt die versicherte Person eine gebundene Police vorzeitig und erhält sie einen Rückkaufswert, so kann sie dieses Geld nicht bar beziehen, sondern muss es auf ein 3a-Konto bei einer Bank transferieren lassen (oder allenfalls für Wohneigentum einsetzen).

Bei gemischten Versicherungen, die nicht im Rahmen der Säule 3a laufen, können Versicherungsnehmer auch Konkubinats- oder gleichgeschlechtliche Lebenspartner ohne weiteres begünstigen (im Rahmen der Säule 3a nur unter gewissen Voraussetzungen).

Punkto Rendite (was den effektiven Sparanteil anbelangt) halten sich das konventionelle 3a-Sparen mit der Bank und die 3a-Sparversicherung in etwa die Waage. Nur ist die Säule 3a bei der Bank in der Regel wesentlich kostengünstiger.

Wer die 3a-Einzahlungslimite (siehe oben) bei seiner Bankenlösung schon ausgeschöpft hat, kann mit einer Sparversicherung in der freien, nicht gebundenen Vorsorge (Säule 3b) von einem weiteren Steuervorteil profitieren, weil die Erträge hier meist steuerfrei sind (siehe Anhang auf der Seite 158).

Sparversicherung, Leibrente

In der Regel ist das Angebot dieser Verkäufer beschränkt auf Policen von sehr wenigen Gesellschaften.

Würde ein Verkäufer hingegen getrenntes Vorgehen empfehlen (Sparen bei der Bank, reine Risikoversicherung bei einer Versicherung), so wäre das zwar für viele Kundinnen und Kunden der bessere Weg, aber die Provision des Verkäufers würde weitgehend ausbleiben.

Viele Fälle aus der Beratungspraxis des K-Tipp zeigen, wo die Probleme liegen, wenn solche Verkäufer auf unbedarfte Laien losgehen:

● Oft nehmen es die Verkäufer mit der Wahrheit nicht sehr genau. So beklagen sich viele Kunden, man habe sie nicht auf die empfindlichen Rückkaufsverluste bei vorzeitiger Kündigung hingewiesen. Im Gegenteil: Viele Kunden bekommen zu hören, ein früher Ausstieg und die Auszahlung der einbezahlten Prämien seien problemlos möglich – was aber schlicht falsch ist.

● Die Verkäufer melden sich meist telefonisch: Bei diesem ersten Kontakt reden sie nicht von Versicherungen, sondern von tollen Sparmöglichkeiten. Oder sie verschaffen sich unter einem Vorwand Zugang zum potenziellen Kunden.

Checkliste für den richtigen Umgang mit der Sparversicherung

● Eine konventionelle gemischte Versicherung ist für Leute sinnvoll, die ganz sicher sowohl eine Risikodeckung während der ganzen Vertragsdauer brauchen (Tod oder Erwerbsausfall oder beides) und sich gleichzeitig einem Sparzwang unterziehen wollen, indem sie sich verpflichten, jahrelang die Prämie zu zahlen.

● Es gibt keine Verpflichtung, eine Sparversicherung bis zum ordentlichen Pensionierungsalter bzw. bis 5 Jahre davor laufen zu lassen (ausser wenn sie über die Säule 3a läuft). Es ist beispielsweise auch eine zehnjährige Vertragsdauer möglich – abhängig von Ihrem Sparziel. Die für die Steuerbefreiung in der Säule 3b minimale Vertragsdauer beträgt 5 Jahre, für Fondspolicen 10 Jahre.

● Schliessen Sie eine Sparversicherung – wenn überhaupt – nur *mit* Prämienbefreiung bei Erwerbsunfähigkeit ab.

● Wenn Sie eigenverantwortlich handeln können, brauchen Sie den Sparzwang der Sparversicherung nicht. Sie können dann sparen via Bank und die beiden Risiken Tod und Invalidität – falls nötig – separat und eigenständig versichern. So bleiben Sie flexibel.

● Wer vorzeitig aus einem langfristigen Lebensversicherungs-Vertrag aussteigt, verliert viel oder sogar das gesamte eingezahlte Geld. Unterschreiben Sie also nur, wenn Sie absolut sicher sind, dass Sie die Prämien bis zum Vertragsende zahlen wollen und können.

● Insbesondere junge Leute sollten keine langfristigen Verträge mit Einzahlungszwang eingehen.

● Fragen Sie vor dem Abschluss nach dem Rückkaufswert.

● Kündigen Sie nie eine bestehende Sparversicherung, um eine andere abzuschliessen. Meist ist der Verlust grösser als der Zugewinn durch ein vermeintlich besseres Angebot.

● Lassen Sie sich nicht von hohen Überschussprognosen blenden. Sie sind allein noch kein verlässliches Kriterium für die Wahl zwischen verschiedenen Offerten. In den letzten Jahren haben die Gesellschaften die Überschüsse bedenkenlos gekürzt, wenn ihnen schlechte Zahlen von den Geld- oder Kapitalmärkten dazu Anlass gaben.

● Hüten Sie sich vor Feierabendverkäufern von Strukturvertrieben (zum Beispiel WNB, First oder ITE), die sich unter einem Vorwand in Ihr Haus schleichen. Geben Sie nie Adressen von Verwandten oder Bekannten an solche Verkäufer weiter.

- In der Regel gehen solche Verkäufer zuerst auf ihre Verwandten und Bekannten los.
- Oft wollen diese Verkäufer keine Unterlagen und nicht einmal ein Visitenkärtchen überreichen, falls der Kunde Bedenkzeit wünscht. Vielmehr drängen sie auf sofortigen Abschluss.
- Solche Makler verlangen von ihren Kunden oft Adressen von deren Freunden und Bekannten. So kommen sie schneeballartig an neue Opfer.
- Wenn es sich um Mitarbeiter von so genannten Strukturvertrieben handelt, so sind sie darauf angewiesen, dass sie ständig neue Mitarbeiter rekrutieren können. So steigt der Anwerber in der Hierarchie nach oben – und verdient mehr.

Für den Kunden heisst das: Wer einmal für eine Police unterschrieben hat, wird gleich zum Mitmachen animiert – mit meist übertriebenen Verdienstversprechen.

- Es gibt immer wieder Fälle, in denen Makler den Kunden sogar zum Ausstieg aus einer bereits bestehenden Sparversicherung raten – was immer mit Geldverlust verbunden ist.

Sparen bei der Bank, sich versichern bei der Versicherung

Fürs klassische Sparen sind im Prinzip die Banken zuständig. Nur sie offerieren die ganze Palette von Anlagemöglichkeiten – vom sicheren Sparheft bis hin zur oft rentablen, aber auch riskanten Börsenlösung mit Aktien oder Anlagefonds (siehe das Stichwort auf Seite 53).

Die Versicherungsgesellschaften sind hingegen die Profis für den Versicherungsschutz, hier insbesondere für das Todesfallrisiko oder das Ersatzeinkommen bei Invalidität.

Das Grundprinzip lautet deshalb: Wenden Sie sich an die Bank, wenn es ums Sparen geht. Und vertrauen Sie Ihr Anliegen einer Versicherung an, wenn Sie einen To-

✳ Stichwort: Indirekte Amortisation

Hausbesitzer mit einer 2. Hypothek (die man in der Regel innert 20 Jahren abzahlen, also amortisieren muss) können eine Sparversicherung sinnvoll zur indirekten Amortisation einsetzen.

Konkret: Der Hausbesitzer zahlt die Prämien normal an die Versicherung, die Police ist aber an die Bank verpfändet. Bei Vertragsablauf kassiert die Bank die Erlebensfallsumme – und die 2. Hypothek ist auf einen Schlag amortisiert.

Diese indirekte Amortisation hat gegenüber der direkten Amortisation – also den direkten Zahlungen an die Bank zur Tilgung der Schuld – etliche Vorteile:

- Bei der indirekten Amortisation nimmt die Hypothekarschuld nicht ab, sondern bleibt in der vollen Höhe bestehen. Die Zinsen für diese 2. Hypothek muss der Hausbesitzer weiterhin zahlen – er kann sie aber auch weiterhin in der Steuererklärung vom Einkommen abziehen und so Steuern sparen (man spart dank der Hypothek Steuern und amortisiert doch). Bei der direkten Amortisation hingegen verringern sich Kapitalschuld, Schuldzinsen und Steuervorteil.
- Zusätzlich kann der Hausbesitzer die indirekte Amortisation mit den Vorteilen der gebundenen Vorsorge kombinieren (siehe «Stichwort Säule 3a» auf Seite 49), was den Steuerspareffekt noch vergrössert.
- Dazu hat der Hausbesitzer mit einer Sparversicherung als Instrument zur indirekten Amortisation auch ein Todesfallkapital versichert, welches die Banken von vielen Hypothekarschuldnern zwingend verlangen.

Allerdings gilt auch hier die Einschränkung: Wer indirekt mit der Sparversicherung amortisiert, bindet sich für eine gewisse Zeit fest. Indirekt amortisieren kann man auch mit getrenntem, flexiblem Vorgehen: Sparen bei der Bank, sich versichern bei der Versicherung.

Sparversicherung, Leibrente

Fondspolicen im Vergleich

Beispiel für eine Fondspolice mit jährlicher Prämienzahlung (6000 Franken). Die Tabelle zeigt, dass nur 3 Gesellschaften ein Erlebensfallkapital (Barauszahlung bei Vertragsablauf) garantieren. Das voraussichtliche Erlebensfallkapital (und damit die Rendite) hängt bei den anderen Gesellschaften einzig vom Gang der Börsen bzw. vom Geschick des Fondsmanagements ab. In der Tabelle ist es prognostiziert unter der Voraussetzung, dass die Fonds, in denen der Sparteil der Police angelegt ist, durchschnittlich 7 Prozent pro Jahr an Wert zulegen.

Weitere Details zur Tabelle: Laufzeit 20 Jahre für einen 35-jährigen Mann, Prämienbefreiung bei Erwerbsunfähigkeit nach 3 Monaten, abgeschlossen im Rahmen der Säule 3b.

Die Rangierung der Gesellschaften ergibt sich aus der effektiven Jahresrendite bei einer angenommenen jährlichen Fondsperformance von 7 Prozent.

Diese Zahl zeigt indirekt auch, wie hoch die Kosten sind, welche die Gesellschaft von den Prämien abzwackt: Je weniger Kosten, desto höher die effektive Rendite.

Gesellschaft	Garantiertes Mindest-Todesfallkapital	Garantiertes Erlebensfallkapital	Voraussichtliches Erlebensfallkapital bei Fondsrendite von 7 % pro Jahr	Effektive jährliche Rendite bei angenommener Fondsrendite von 7 % pro Jahr
Profitline [2]	161 076.-	-	257 620.-	6,82 %
La Suisse [2]	144 897.-	-	230 185.-	5,86 %
Allianz [2]	125 325.-	-	229 240.-	5,83 %
Pax [1]	126 998.-	-	224 697.-	5,65 %
Rentenanstalt/Swiss Life	126 802.-	-	222 378.-	5,56 %
Winterthur [1, 2]	125 054.-	-	222 028.-	5,55 %
Axa	115 640.-	-	221 432.-	5,53 %
Basler	126 961.-	-	221 091.-	5,51 %
Skandia	127 760.-	-	218 809.-	5,43 %
Genfer [2]	119 760.-	-	217 080.-	5,36 %
Helvetia-Patria	120 000.-	-	216 955.-	5,35 %
Zenith [2]	129 200.-	129 200.-	216 160.-	5,32 %
Credit Suisse Life [1]	127 856.-	-	215 571.-	5,30 %
Zürich [1, 2]	121 007.-	-	212 672.-	5,18 %
Generali [1]	125 401.-	125 401.-	207 606.-	4,97 %
Groupe Mutuel	119 158.-	119 158.-	199 358.-	4,62 %

Postfinance und Providentia konnten keine Offerten bei einer voraussichtlichen Fondsrendite von 7 % ausstellen. Die Kantonalbanken haben auf die Anfrage nicht geantwortet.
[1] Ausgabekommissionen für die Fonds in den Kundenofferten gewöhnlich noch nicht enthalten; sie wurden deshalb vom VZ einberechnet.

[2] Prämienbefreiung mit einer Wartefrist von 3 Monaten gemäss Testvorgabe nicht möglich. Daher wurden die Offerten von Allianz und Zenith mit einer Wartefrist von 6 Monaten, von Genfer und Zürich mit einer solchen von 12 Monaten, von Winterthur mit 24 Monaten gerechnet. Profitline und La Suisse bieten für Fondspolicen die Prämienbefreiung gar nicht an.

desfallschutz oder eine private Invalidenrente brauchen (siehe Kapitel 2 auf S. 27 ff.).

Sparen und Versicherungsschutz mittels Sparversicherung zu kombinieren ist nur selten sinnvoll. Eine solche Kombination von Sparen und Risikodeckung hat zwar einen leichten Steuervorteil, verhindert aber die nötige Flexibilität.

Wer beispielsweise erbt, braucht einen bestehenden Todesfallschutz vielleicht von einem Tag auf den andern nicht mehr oder nur noch reduziert.

Hauskäufer sind mit der Sparversicherung schlecht bedient

Besonders gefährlich ist es, ein kurz- oder mittelfristiges Sparziel mit einer Sparversicherung erreichen zu wollen, also beispielsweise den Erwerb von Wohneigentum.

Viele Versicherungsverkäufer preisen nämlich Sparversicherungen mit dem falschen Argument an, beim Kauf eines Hauses liessen sich die einbezahlten Prämien problemlos beziehen.

Das ist falsch. Wer das Geld bar beziehen will, muss einen empfindlichen Rückkaufsverlust tragen (siehe das Stichwort auf Seite 48).

Zwar lassen sich solche Policen auch als Sicherheit hinterlegen – doch rechnet die Bank als Eigenmittel auch nur den tieferen Rückkaufswert an.

Demnach ist der Versicherungssparer beim Hauskauf in der Regel schlechter gestellt als der Sparer, der seinen Spargroschen der Bank anvertraute und im Bedarfsfall sein ganzes eingezahltes Geld plus Zinsen für den Kauf von Wohneigentum einsetzen kann.

Aber: Wer das reine Sparen über eine Bankenlösung betreibt, hat keine Garantie, dass er das Sparziel effektiv erreicht. Bei der Sparversicherung hingegen ist das Sparziel bei Invalidität garantiert, weil hier die Prämienbefreiung bei Erwerbsunfähigkeit zum Zug kommt.

Ledige Frauen: Hände weg von der Sparversicherung

Ein wichtiges Argument der Verkäufer von gemischten Versicherungen ist der Steuerspareffekt.

Erwerbstätige können nämlich Sparversicherungen ebenfalls gebunden im Rahmen der steuerbegünstigten Säule 3a abschliessen (siehe Stichwort auf Seite 49); dann darf die versicherte und erwerbstätige Person die Prämie in der Steuererklärung vom Einkommen abziehen.

Aber eben – nur falls sie erwerbstätig ist.

Genau das ist das Problem bei vielen Frauen, die in jungen Jahren als ledige und erwerbstätige Person eine gebundene 3a-Sparversicherung abschliessen, dann aber heiraten, Kinder bekommen und (zumindest für eine gewisse Zeit) nicht mehr erwerbstätig sind.

Jetzt dürfen diese Frauen gar nichts mehr in die 3. Säule einzahlen (weil sie ja nicht mehr erwerbstätig sind) und sehen sich deshalb gezwungen, die Police stillzulegen oder zu kündigen – was mit einem Geldverlust verbunden ist.

Gebundene Sparversicherungen im Rahmen der Säule 3a sind also für junge Frauen sinnlos, weil viele von ih-

Fortsetzung auf Seite 55

Stichwort: Anlagefonds

(Anlage-)Fonds sind Sammelbecken von Geldern von vielen Anlegern. Der einzelne Anleger kauft in der Regel ganze Fondsanteile. Die Fondsleitung bündelt dieses Geld und investiert es in ausgewählte Wertpapiere an der Börse oder in Immobilien. Das Risiko des Einzelnen ist damit kleiner.

Der Anleger kann jederzeit neue Fondsanteile dazukaufen oder die Anteile verkaufen – immer zum jeweils aktuellen Preis.

Dieser Preis errechnet sich aus dem aktuellen Wert des Fondsvermögens geteilt durch die Anzahl Fondsanteile.

Fondsanleger gehen also ein Börsenrisiko ein. Sausen die Börsenkurse in den Keller, verlieren die Fondsanleger Geld. Das grösste Risiko (jedoch auch die grössten Renditechancen) beinhalten Anlagefonds, die nur Aktien im Portefeuille haben.

Alles Wichtige zum Thema Anlagefonds finden Sie im K-Dossier «Sparen mit Fonds». Sie können es mit dem Talon auf Seite 19 bestellen.

Sparversicherung, Leibrente

Checkliste für den richtigen Abschluss einer Fondspolice

- Fondspolicen eignen sich im Vergleich zur Sparversicherung für Sparer mit langem Anlagehorizont (ab rund 10 Jahren), die von der Börsenentwicklung profitieren möchten. Die Renditeaussichten sind – langfristig betrachtet – vor allem bei Anlagefonds mit hohem Aktienanteil besser. Allerdings ist dann auch das Verlustrisiko grösser.
- Wer auf Nummer sicher gehen möchte, kann eine Fondspolice mit Kapitalgarantie wählen (z. B. von Generali, Groupe Mutuel oder Zenith). Auch wenn die Börse floppt, erhält man hier bei Ablauf mindestens das garantierte Erlebensfallkapital. Eine solche Kapitalgarantie kostet jedoch und drückt damit auf die Rendite.
- Wie viel Geld Sie nach Ablauf der Police tatsächlich erhalten, hängt massgeblich von der Entwicklung der gewählten Anlagefonds ab. Verlangen Sie vor dem Abschluss von der Gesellschaft einen schriftlichen Nachweis, der Ihnen aufzeigt, wie sich die von Ihnen in Betracht gezogenen Fonds in der Vergangenheit entwickelt haben.
- Wählen Sie eine Gesellschaft mit kostengünstigen Policen.
- Die Angebote von Profitline und La Suisse sind weniger sinnvoll, weil sie keine Prämienbefreiung bei Erwerbsunfähigkeit beinhalten.
- Achten Sie auf kundenfreundliche Bedingungen (z. B. Anzahl Fonds zur Auswahl, Höhe der Minimalprämie, Bedingungen für Fondswechsel während der Laufzeit, Kostentransparenz).
- Wählen Sie die Anlagefonds nach Ihrer persönlichen Risikobereitschaft und Renditeerwartung aus.
- Bei jeder Einzahlung belasten die Gesellschaften so genannte Ausgabeaufschläge (bis 3 Prozent, je nach Gesellschaft und Fonds). Nur Skandia und Basler verlangen generell keine Ausgabeaufschläge. Nicht alle Versicherer berücksichtigen aber diese Kosten in ihren Offerten (z. B. Credit Suisse Life, Generali, Pax, Winterthur und Zürich). Verlangen Sie eine Berechnung *inklusive* dieser versteckten Gebühren. Nur so lassen sich die Angebote wirklich miteinander vergleichen.
- Auch beim Verkauf der Fondsanteile fallen in der Regel Gebühren an. Fragen Sie nach der Höhe dieser Gebühren und ob diese in der Offerte berücksichtigt sind.
- Erkundigen Sie sich nach den Switchmodalitäten, also nach den Bedingungen für den Fall, dass Sie während der Laufzeit Ihr Geld in andere Fonds transferieren möchten. Fragen Sie insbesondere nach Bearbeitungsgebühren, Fondsrücknahme-Kosten und erneuter Belastung von Ausgabeaufschlägen.
- Fondspolicen sind immer mit einem Risikoschutz (Todesfallkapital, Prämienbefreiung) verbunden. Wer nur Fonds zum Sparen kaufen will und keinen Versicherungsschutz braucht, erkundigt sich besser nach reinen Fonds-Sparplänen bei der Bank.
- Auch bei der Fondspolice gilt: Prüfen Sie ein getrenntes Vorgehen, das heisst sparen bei der Bank (z. B. mittels Fonds-Sparplan), Risikoversicherung bei der Versicherung. Eine ausführliche Bewertung der verschiedenen Fonds-Sparpläne finden Sie im K-Dossier «Sparen mit Fonds» (Bestelltalon S. 19).
- Wer vorzeitig aus einer Sparversicherung aussteigt, verliert häufig viel Geld (siehe Seite 48). Das gilt auch bei der Fondspolice.
- Beachten Sie in diesem Zusammenhang auch die Checkliste zur Sparversicherung auf Seite 50.
- Überprüfen Sie nach dem Abschluss periodisch die Performance der gewählten Fonds (z.B. alle 3 Jahre) und switchen Sie, falls sich die Fonds schlechter entwickeln als der Marktdurchschnitt.
- 2 bis 3 Jahre vor Ablauf der Police sollten Sie Ihre Schäfchen ins Trockene bringen und von Aktien- in Geldmarktfonds wechseln.

Fortsetzung von Seite 53

nen dereinst vom versprochenen Steuerspareffekt gar nicht mehr profitieren können.

Deshalb noch einmal der Tipp: Wer mit der Säule 3a nur sparen will, sollte zur Bank gehen. Dort gibt es keine Einzahlungspflicht.

Übrigens: Sie können auch reine Risikoversicherungen (ohne Sparteil) im Rahmen der Säule 3a und damit steuerbegünstigt abschliessen.

Wie die Prämienzahlungen und Leistungen einer Sparversicherung steuerlich behandelt werden, steht in der Übersichtstabelle im Anhang auf Seite 158.

Die Fondspolice: Sparen nach den Launen der Börse

Seit einigen Jahren gibt es so genannte Fondspolicen. Sie wurden im Zuge der guten Stimmung an den Börsen sehr beliebt.

Wie die klassische Sparversicherung kennt auch die Fondspolice ein garantiertes Todesfallkapital bei Tod vor Vertragsablauf.

Sehr viele Gesellschaften kennen aber kein garantiertes Erlebensfallkapital, also keinen garantierten Betrag für die Barauszahlung bei Ablauf des Vertrages.

Der Grund liegt darin, dass der Sparteil nicht fest verzinst wird, sondern in Anlagefonds geht und damit an die Börse. Das verspricht bei guter Börsenlaune – je nach gewählter Strategie – höhere Erträge (Erlebensfallkapital) als mit der festen Verzinsung; floppen jedoch die Börsen, erhält der Kunde bei Vertragsende ein kleineres Erlebensfallkapital als mit einer klassischen Sparversicherung.

Die Rendite hängt hier also entscheidend vom künftigen Gang der Börsen und von der Wahl der richtigen Fonds ab.

Bei der Wahl dieser Fonds haben die Kundinnen und Kunden das letzte Wort – wobei aber die zur Verfügung stehende Auswahl in den jeweiligen Fondspolicen in der Regel sehr klein ist.

Das in einer Fondspolice erwähnte Todesfallkapital ist garantiert. Und die Prämienbefreiung bei Erwerbsunfähigkeit ist bei der Fondspolice in der Regel ebenfalls mitversichert.

Die Tabelle zur Fondspolice auf Seite 52 zeigt ein paar wichtige Einzelheiten. Beachten Sie dazu auch die Checkliste für den richtigen Abschluss einer Fondspolice (links).

Erträge und Gewinne sind meist steuerfrei

Wie bei normalen Sparversicherungen sind Erträge und Gewinne aus den Fondsanteilen ebenfalls steuerfrei (siehe Übersicht im Anhang auf Seite 158). Bedingung ist aber eine minimale Laufzeit von 10 Jahren. Im Unterschied zum reinen Sparen mit Fondsanlagen ohne Versicherungsschutz sind bei der Fondspolice sogar die Zinserträge aus Obligationenfonds steuerfrei.

Aus steuerlicher Sicht lohnen sich also Fondspolicen im Vergleich mit reinen Bank-Fondssparplänen vor allem dann, wenn der Obligationenanteil in der Fondspolice mindestens 50 Prozent beträgt (Faustregel).

Fondspolicen können Sie auch in der steuerbegünstigten Säule 3a oder als Einmaleinlage (siehe Stichwort auf Seite 47) abschliessen.

Vergessen Sie aber nicht: Auch die Banken bieten im Rahmen der Säule 3a fondsgebundene Lösungen an – das so genannte Wertschriftensparen. Auch hier wird das Geld des 3.-Säule-Sparers via Fonds an den Börsen investiert.

Und die entsprechenden Produkte der Banken sind zudem meist wesentlich kostengünstiger, weil unter anderem die hohen Provisionen der Policen-Verkäufer wegfallen.

Lebenslang garantiert: Die Leibrente

Wer an die Zeit nach der Pensionierung denkt, stellt sich unweigerlich die Frage: Werde ich dereinst noch genug Einkommen haben, um meinen Lebensstandard einigermassen halten zu können?

Die Antwort hängt vom Bedarf ab. Es ist daher wichtig, dass Sie ein Budget aufstellen; darin listen Sie Ihre künftigen Ausgaben für die Zeit nach der Pensionierung auf.

Diesen Ausgaben stellen Sie in einem zweiten Schritt Ihre künftigen Einnahmen entgegen. Das ist einmal die AHV, bei vielen auch die Rente der Pensionskasse; dazu ist oft noch Erspartes vorhanden, das man allenfalls langsam aufbrauchen kann.

Fünf Strategien für die Zeit nach der Pensionierung

Um dieses allfällige Ersparte geht es hier – genauer um die Frage, wie man die Ersparnisse sinnvoll zur Sicherstellung oder Ergänzung des Einkommens im Alter einsetzen kann (falls man das überhaupt nötig hat).

Grundsätzlich gibt es dazu fünf Möglichkeiten (beziehungsweise eine Kombination davon):

1. Sie können Immobilien kaufen und von den Mieterträgen zehren. Sie dürfen so mit Nettoeinnahmen (nach Steuern) zwischen 2 und 4 Prozent des Objektwertes rechnen.

2. Sie können Obligationen kaufen und die Zinsen kassieren (derzeit 2,5 bis 4 Prozent pro Jahr).

3. Sie können Aktien kaufen und die Dividenden kassieren. Aktien unterliegen hohen Wertschwankungen und schütten Dividenden von 1 bis 2 Prozent pro Jahr aus.

Bei diesen ersten drei Möglichkeiten bleibt Ihr Kapital (die Substanz) im Prinzip erhalten. Sie müssen aber in der Lage sein, Ihr Geld aktiv zu bewirtschaften, oder Sie benötigen dazu professionelle Hilfe.

4. Die vierte Möglichkeit ist der bewusste Substanzverbrauch: Sie nehmen sich vor, Ihr Erspartes über eine gewisse Zeit aufzubrauchen.

Wenn Sie das beispielsweise in einem Zeitraum von zehn Jahren tun, resultiert daraus ein Einkommen von jährlich 11 bis 13 Prozent des Anfangskapitals. Dieses Vorgehen (oft auch Kapitalentnahmeplan genannt) gibt Ihnen die maximale Flexibilität – aber wenn das Kapital aufgebraucht ist, stehen Sie mit leeren Händen da.

Die Leibrente: Eine bequeme und sichere Lösung

5. Die fünfte Möglichkeit – und gleichzeitig das Thema dieses Kapitels – ist die private Leibrente: Sie vertrauen Ihr Erspartes einer Lebensversicherungsgesellschaft an, und die Gesellschaft garantiert Ihnen dafür im Gegenzug eine Rente in der abgemachten Höhe – und zwar lebenslang.

Bei der Leibrente wird die Substanz ebenfalls aufgebraucht. Die Rentenzahlun-

So viel Geld bringt die Leibrente im Alter – und zwar lebenslang

Geschlecht	Einzahlung	Summe	Rente ab	Rückgewähr	Jahresrente [1]	Rente pro Monat
Mann	Alter 65	300 000.–	Sofort	Ja	16 400.– bis 18 700.–	1366.– bis 1558.–
Mann	Alter 75	300 000.–	Sofort	Ja	20 500.– bis 23 000.–	1708.– bis 1916.–
Ehepaar	Alter 65/62	300 000.–	Sofort	Ja	14 600.– bis 16 900.–[2]	1216.– bis 1408.–
Mann	Alter 65	300 000.–	Alter 70	Ja	21 000.– bis 25 000.–	1750.– bis 2083.–
Mann	Alter 65	300 000.–	Sofort	Nein	18 800.– bis 21 400.–	1566.– bis 1783.–

QUELLE: VZ VERMÖGENSZENTRUM, STAND APRIL 2002

[1] Je nach Gesellschaft. Erwartete Jahresrente inklusive Überschüsse, jährliche Auszahlung.
[2] Hundertprozentiger Übergang, siehe Erläuterungen zur Ehepaarrente auf Seite 59.

gen machen im Schnitt 5 bis 7 Prozent des Anfangskapitals aus.

Die Leibrente ist eine Variante für Leute, die sich nicht aktiv um ihr Vermögen kümmern können oder wollen.

Wie Leibrenten versteuert werden, steht im Anhang in der Übersichtstabelle auf Seite 158.

Vor dem Abschluss: Drei wichtige Entscheide treffen!

Beim Abschluss einer Leibrente müssen Sie drei wichtige Entscheide treffen. Alle drei Entscheide haben teils bedeutende Auswirkungen auf die Höhe der ausbezahlten Rente:

1. Soll die Rentenzahlung sofort beginnen oder erst später?
2. Soll die Rente mit oder ohne Rückgewähr abgeschlossen sein?
3. Soll man eine Einzelrente abschliessen oder eine (Ehepaar-)Rente auf zwei Leben?

Sofortiger oder aufgeschobener Rentenbeginn

In den meisten Fällen schliessen die Interessierten eine Leibrente mit sofortigem Beginn ab: Man zahlt beispielsweise mit Alter 65 die ganze Summe ein und erhält ab sofort eine Rente von der Versicherungsgesellschaft.

Wie viel das ungefähr sein kann, ersehen Sie aus der Tabelle links.

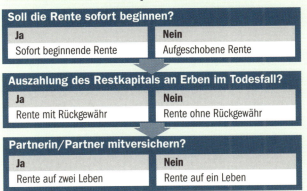

Verschiedene Arten privater Leibrenten

Soll die Rente sofort beginnen?	
Ja	**Nein**
Sofort beginnende Rente	Aufgeschobene Rente

Auszahlung des Restkapitals an Erben im Todesfall?	
Ja	**Nein**
Rente mit Rückgewähr	Rente ohne Rückgewähr

Partnerin/Partner mitversichern?	
Ja	**Nein**
Rente auf zwei Leben	Rente auf ein Leben

Sie können aber eine Leibrenten-Versicherung auch über Jahre mit regelmässigen Beiträgen vorfinanzieren.

Und: Interessenten können auch eine aufgeschobene Rente abschliessen, also beispielsweise mit 60 einzahlen und abmachen, dass die Rente erst ab 65 fliessen soll.

Das erhöht die ausbezahlte Summe deutlich (siehe Tabel-

Fortsetzung auf Seite 59

 Stichwort: Leibrente

Die Leibrente (auch Leibrenten-Versicherung genannt) ist eine Versicherungslösung, keine Geldanlage. Sie vertrauen eine bestimmte Summe einer Versicherungsgesellschaft an, und diese garantiert Ihnen im Gegenzug ein lebenslängliches Einkommen (Rente) – auch wenn Sie 100 Jahre alt werden und das von Ihnen einbezahlte Kapital längst aufgebraucht ist.

Die Verantwortung für Ihr Erspartes ist also delegiert, Sie können ruhig schlafen.

Ausser der Garantie der lebenslänglichen Zahlung enthält die Leibrente keinen Versicherungsschutz. Der Gesundheitszustand spielt daher für den Abschluss im Prinzip keine Rolle.

Seit 2001 sind Leibrenten nur noch zu 40 Prozent als Einkommen steuerbar (siehe Anhang auf Seite 158).

Dafür muss der Rückkaufswert einer Leibrente seit Anfang 2002 in einigen Kantonen (nicht aber im Bund) auch als Vermögen versteuert werden (gilt für die Kantone AI, AR, GE, GR, LU, NW, SG, SH, TG, TI und VD) – aber nur, falls die Leibrente *mit* Rückgewähr abgeschlossen wurde.

Checkliste für den richtigen Abschluss einer privaten Leibrente

- Die Leibrente ist vor allem für Leute geeignet, die Erspartes so einsetzen wollen, dass sie im Alter eine lebenslänglich garantierte Rente haben – und zwar so, dass sie sich um ihr Geld nicht kümmern müssen.
- Holen Sie verschiedene Offerten ein. Aus der Tabelle auf Seite 56 sehen Sie, dass Sie mit der richtigen Wahl der Gesellschaft lebenslang mehr erhalten als bei einer anderen Gesellschaft.
- Je später Sie die Rente kaufen und je später Sie den Zeitpunkt für den ersten Rentenbezug ansetzen, desto höher fällt die Leibrente aus. Sie können also nach der Pensionierung Ihr Erspartes selber verwalten (falls Sie sich das zutrauen) und die Leibrente erst dann kaufen, wenn Sie spüren, dass Ihre geistige Fitness nachlässt.
- Offerten für Leibrenten enthalten zwei Zahlen: eine garantierte Jahresrente und eine Jahresrente inklusive Überschuss, der vom Geschäftsgang der Gesellschaft abhängig ist. Die Rente inkl. Überschüsse ist jeweils um rund 25 bis 30 Prozent höher, aber der Überschuss ist nicht garantiert. Lassen Sie sich nicht von hohen Überschüssen blenden. Achten Sie beim Abschluss im Gegenteil vor allem auf die Höhe der garantierten Rente, wenn Sie auf dieses Einkommen unbedingt angewiesen sind und Sie den Gürtel im Falle von Überschusskürzungen erheblich enger schnallen müssten. Bis vor wenigen Jahren waren solche Kürzungen bei den Gesellschaften weitgehend verpönt; heute ist das klar nicht mehr der Fall.
- Bei einigen Gesellschaften können Sie die Leibrente mit konstanter, fallender oder steigender Rentenhöhe wählen – je nach Ihrem Bedürfnis.
- Policenverkäufer empfehlen immer wieder, sich das Pensionskassenkapital bar auszahlen zu lassen und damit eine Leibrente abzuschliessen. Vorteile bringt diese Variante aber höchstens für die Erben, denn ihnen bleibt mit einer Leibrente mit Rückgewähr mehr Geld, als wenn das Kapital in der Pensionskasse geblieben wäre.

Weil aber das bezogene Pensionskassengeld bei Auszahlung einmalig zu versteuern und der Umwandlungssatz bei Leibrenten deutlich tiefer ist als bei der Pensionskasse (gesetzlich derzeit 7,2 %), erhalten Sie unter dem Strich mit der Leibrenten-Variante viel weniger Rente – obwohl Leibrenten seit 2001 lediglich zu 40 Prozent als Einkommen steuerbar sind, die Pensionskassenrente hingegen zu 100 Prozent.

Lassen Sie sich also von den Argumenten der Policenverkäufer nicht blenden – für sie steht eine hohe Abschlussprovision auf dem Spiel. Am besten lassen Sie sich vor dem Bezug des Pensionskassengeldes von einer neutralen Stelle beraten.

- Leibrenten-Versicherungen gibt es auch in Fremdwährungen; je nach Zinssituation resultieren daraus bedeutend attraktivere Renten. Die Rente wird aber ebenfalls in der Fremdwährung ausgezahlt – und damit ergibt sich auf lange Sicht ein grosses Fremdwährungsrisiko. Einkommensorientierte Anleger sollten eine Leibrente in derjenigen Währung abschliessen, in welcher ihre Lebenshaltungskosten anfallen.
- Sollten Sie ernsthafte gesundheitliche Probleme haben, erhalten Sie bei der Providentia eine höhere Rente, weil Ihre Lebenserwartung kürzer ist als der Durchschnitt.
- Die Generali bietet auch eine fondsgebundene Leibrenten-Versicherung an. Das verspricht zwar eine höhere Rendite; sie kann aber auch kleiner als prognostiziert ausfallen, falls die Börsenkurse absacken.
- Die Leibrente ist nur eine der vielen Möglichkeiten, das Ersparte im Alter sinnvoll zu bewirtschaften und einzusetzen. Prüfen Sie auch Alternativen. Alles Wissenswerte dazu finden Sie im VZ-Buch «Anlagestrategien für Leute ab 50». Die Bestellmöglichkeiten für dieses Buch finden Sie auf Seite 41.

Fortsetzung von Seite 57

le auf Seite 56), ist jedoch dann nachteilig, wenn Sie sich bis zum Beginn der Rentenzahlungen anders entscheiden und die Police vorher wieder auflösen wollen. Der Fiskus behandelt die vorzeitige Auflösung wie den Rückkauf einer sofort beginnenden Leibrente – und das wird steuerlich sehr teuer.

Wie hoch die Leibrente ausfällt, hängt natürlich in erster Linie von der Summe des einbezahlten Betrages ab – aber auch von der statistischen Lebenserwartung der Schweizerinnen und Schweizer: Die Gesellschaft rechnet ungefähr aus, wie lange sie dem Bezüger die Rente noch zahlen muss.

Konkret hat das folgende Konsequenzen:

- Je später die Rente zur Auszahlung kommt, desto höher fällt sie aus. Wer also erst mit 75 Jahren einzahlt und ab diesem Zeitpunkt sofort eine Rente bezieht, erhält deutlich mehr als eine Person, die das Gleiche mit 65 macht. Der Unterschied macht bei einer einbezahlten Summe von 300 000 Franken rund 4000 Franken pro Jahr aus (siehe Tabelle auf Seite 56).
- Weil Frauen statistisch länger leben – die Gesellschaft die Rentenzahlungen also für mehr Jahre garantieren muss –, erhalten sie eine kleinere Rente als Männer.
- Bei Ehepaarrenten ist die Kombination des Alters von Mann und Frau die Berechnungsgrundlage.

Leibrente mit oder ohne Rückgewähr

Rückgewähr bedeutet: Stirbt die versicherte Person, so geht das Restkapital – falls es noch nicht gänzlich aufgebraucht ist – an die begünstigten Erben. Das ist der Fall, wenn Sie die Leibrente «mit Rückgewähr» abschliessen.

Als Anhaltspunkt gilt dabei: Schliesst eine 65-jährige Person eine sofort beginnende Leibrente ab, so ist der Topf bei der Versicherung ungefähr mit Alter 80 bis 85 leer. Danach gibt es keine Rückgewähr mehr.

Schliessen Sie hingegen «ohne Rückgewähr» ab, so fällt die Rente zwar höher aus (siehe Tabelle auf Seite 56), aber das vollständige Restkapital verfällt bei Ihrem Tod an die Versicherungsgesellschaft – selbst wenn Sie schon ein Jahr nach Vertragsabschluss sterben.

Dies gilt in der Regel auch dann, wenn Sie eine aufgeschobene Leibrente gekauft haben und noch während der Aufschubszeit sterben.

Eine Leibrente ohne Rückgewähr ist also vor allem für Leute empfehlenswert, die keine Erben berücksichtigen müssen oder wollen.

Einzelrente oder Ehepaarrente

Lebenspartner haben die Möglichkeit, eine Leibrente «auf zwei Leben» abzuschliessen. Das können Ehepaare sein, aber auch unverheiratete Lebenspartner; es gibt keine Einschränkung.

In einem solchen Fall zahlt die Versicherung die vereinbarte Rente so lange, bis auch die zweite Person gestorben ist.

Die zwei Versicherten können auch die Vereinbarung treffen, dass die Rente an die hinterbliebene Person kleiner wird; die vorher ausbezahlte gemeinsame Rente wird dadurch höher. (Die Zahlen in der Tabelle zur Ehepaarrente gehen von einem 100-prozentigen Übergang aus, das heisst, die Rente bleibt nach dem Tod des einen Partners gleich hoch.)

Privathaftpflicht-Versicherung:

**Themen
in diesem Kapitel:**

- **Warum es auch im Alltag wichtig ist, eine Privathaftpflicht-Versicherung zu haben**
- **Die Prämien für Mieter und Hauseigentümer**
- **Die Versicherung zahlt nur, wenn eine Haftung vorliegt**
- **Die Besonderheiten der Grunddeckung**
- **Der Zusatz für das gelegentliche Benützen fremder Autos**
- **Was Mieter über die Abrechnung von Mieterschäden wissen müssen**

Die Privathaftpflicht-Versicherung ist freiwillig – aber ein absolutes Muss. Mit einer solchen Police können Sie unter Umständen Millionenforderungen zu Prämien zwischen 80 und 200 Franken abdecken.

Der Grund: Wer einer anderen Person einen Schaden zufügt oder Eigentum von Dritten beschädigt, muss dafür mit seinem gesamten Einkommen und Vermögen geradestehen.

Und «Schaden» ist ein weiter Begriff: Wer beispielsweise einen Familienvater auf der Skipiste umfährt und so schwer verletzt, dass er im Rollstuhl landet, muss nicht nur die Arzt- und Spitalkosten ersetzen, sondern auch den ganzen künftigen Lohnausfall des Familienernährers übernehmen sowie dem Opfer unter Umständen auch ein Schmerzensgeld zahlen.

Solche Forderungen können in die Millionen gehen.

Zum Glück gibt es die Privathaftpflicht-Versicherung: Sie übernimmt Ansprüche von Dritten, denen die versicherte Person als Privatperson einen Körper- oder Sachschaden zugefügt hat – und zwar bis zur vereinbarten Garantiesumme, meist zwischen 2 und 5 Millionen Franken.

Ohne die Privathaftpflicht-Versicherung zu leben ist also nur etwas für Gutbetuchte – zumal diese Versicherung auch unberechtigte Ansprüche der Geschädigten abwehrt, in solchen Fällen also auch als Rechtsschutz-Versicherung fungiert.

Der Familienvater, der wegen eines Skipistenunfalls im Rollstuhl landet, ist ein extre-

So zahlt die Privathaftpflicht-Versicherung für Mieterschäden

Beim Auszug aus der Mietwohnung müssen Mieterinnen und Mieter Erneuerungen nur so weit bezahlen, als die zu ersetzende Sache nicht durch Alterung bereits entwertet ist.

Ist beispielsweise nach dem Auszug eine zehnjährige Tapete zu ersetzen, weil Kinder sie bemalt haben, so ist die Tapete nach der im Mietrecht geltenden Lebensdauertabelle ohnehin ersatzungsbedürftig – die Erneuerung muss folglich der Vermieter übernehmen.

Zog die Familie hingegen vor fünf Jahren in eine neu tapezierte Wohnung und müssen die Tapeten beim Auszug ersetzt werden, so wird die Familie zu 50 Prozent (= die Hälfte von zehn Jahren) ersatzpflichtig; hier springt die Privathaftpflicht-Versicherung ein.

Diese Deckung für Mieterschäden gilt aber nicht für die normale Abnützung: Sie ist ohnehin mit dem Mietzins abgegolten, also entsteht aus normaler Abnützung für den Mieter auch keine Ersatzpflicht. Dazu gehören Bildschatten an den Tapeten, korrekt gefüllte Dübellöcher, leichte Laufspuren im Teppich oder kleine Gebrauchskratzer im Parkett.

Wer ohne lebt, lebt gefährlich

mes Beispiel. Die folgende Aufzählung zeigt aber, dass die Privathaftpflicht-Police auch im banalen Alltag nötig sein kann. In all den nachfolgend aufgezählten Fällen übernimmt die Versicherung den Schaden:

- Sie sind Familienoberhaupt und Ihre Kinder schlagen beim Fussballspielen eine Scheibe beim Nachbarhaus ein.
- Sie sind Tierhalter und passen schlecht auf Ihren Hund auf, worauf er einen Passanten beisst.
- Sie sind Mieter; wegen Ihrer Unachtsamkeit fällt eine Parfümflasche ins Lavabo der Mietwohnung und hinterlässt einen Riss im Lavabo.
- Sie sind Einfamilienhaus-Besitzer und vom Dach Ihres selbst bewohnten Hauses fällt ein Ziegelstein herunter und verletzt den Pöstler (diese Deckung gilt auch für Eigner von Häusern mit höchstens drei Wohnungen, aber nicht für Stockwerkeigentümer).
- Sie sind als Fussgänger in Eile und rempeln eine Person so an, dass sie sich verletzt.
- Sie sind Velofahrer und verletzen einen Fussgänger schwer. Dafür ist zwar primär der Versicherungsschutz der Velovignette zuständig, aber die Privathaftpflicht-Versicherung zahlt bei einem sehr teuren Schaden denjenigen Betrag, der die Garantiesumme der Velohaftpflicht übersteigt (siehe Kasten S. 62).
- Sie sind am Einkaufen und stossen im Laden ein Gestell mit teuren Glaswaren um.
- Sie haben einen Gegenstand vorübergehend zum Gebrauch übernommen und beschädigen ihn. Diese so genannten Obhutsschäden (z. B. am ausgeliehenen Fotoapparat) sind meist versichert, allerdings sind z. B. Laptops und Natels oft ausgenommen. Ebenso ausgenommen ist bei vielen Anbietern der Versicherungsschutz für gemietete Gegenstände (z. B. Fernseher mit Jahres-Mietvertrag).
- Sie sind Hauseigentümer und lassen Ihr Haus renovieren. Dabei fällt ein Gerüstteil auf die Strasse und beschädigt ein Auto. Dafür können Sie als Bauherr verantwortlich gemacht werden.
- Falls Sie gelegentlich (aber nicht regelmässig!) ein fremdes Auto benützen und einen

> **? Müssen wir als Mieter für die kaputte Fensterscheibe zahlen?**
>
> **Frage:** Wir sind Mieter einer Parterrewohnung gleich neben einer Spielwiese; unsere Junioren spielen dort öfter Fussball mit anderen Kindern. Jüngst kam ein verirrter Ball geflogen und zerstörte unser Stubenfenster. Der Übeltäter liess sich aber nicht ausmachen.
>
> Wir haben die Rechnung für die Reparatur der Scheibe unserer Haftpflichtversicherung weitergeleitet. Die will aber den Fall nicht übernehmen, und auch unsere Hausverwaltung weigert sich, für den Schaden aufzukommen.
>
> Müssen wir die Fensterreparatur selber zahlen?
>
> **Antwort:** Nein. Die Haftpflichtversicherung deckt in der Regel nur Schäden, welche der Versicherungsnehmer oder Mitglieder seiner Familie verursacht haben. Im konkreten Fall wären also der – leider unbekannte – Schütze des verirrten Balles respektive seine Eltern haftpflichtig.
>
> Weil aber der Täter nicht zu eruieren ist, muss der Vermieter für den Schaden aufkommen. Er ist ja Eigentümer der Fenster seiner vermieteten Wohnungen; und das Risiko von Verlust oder Beschädigung einer Sache trägt jeweils der Eigentümer (siehe auch Seite 76).
>
> Hausbesitzer können sich gegen solche Schäden versichern.

Privathaftpflicht

! Nie ohne Velovignette!

Velofahrer sind gesetzlich verpflichtet, das Fahrrad mit einer Vignette zu versehen – auch schulpflichtige Kinder. Klebt an einem Velo eine Vignette, so ist der Fahrer versichert für Schäden, die er Dritten zufügt; es handelt sich also um eine Haftpflichtversicherung.

Fehlt die gekaufte Vignette am Velo, etwa weil sie gestohlen wurde oder weil sie im Portemonnaie steckt, gilt der Schutz nicht. Der angerichtete Schaden bleibt also am Velofahrer hängen.

Das gilt auch, wenn der Fahrer sein Velo beispielsweise nur auf einem öffentlich zugänglichen Firmengelände oder nur auf einem Campingplatz benutzt.

Mehr noch: Eine allfällig vorhandene Privathaftpflicht-Versicherung würde den Schaden auch nicht zahlen (dafür aber der Nationale Garantiefonds, der allerdings den Verursacher im Sinne eines Rückgriffs zur Kasse bittet).

Die Privathaftpflicht-Versicherung des Velofahrers zahlt nur Schäden, welche die Deckungslimite der Vignette (meistens eine Million) übersteigen.

Für Kinder im Vorschulalter gilt die Vignettenpflicht nicht.

Unfall bauen, so erleidet der Halter in der Regel einen Bonusverlust bei seiner Autoversicherung. Diesen Bonusverlust (bei einigen Anbietern beschränkt auf den Bonus der Autohaftpflicht) zahlt in der Regel die Grunddeckung der Privathaftpflicht-Versicherung des Ausleihers.

Einige Gesellschaften zahlen auch den Selbstbehalt des Autobesitzers.

Aber Achtung: Für den angerichteten Blechschaden am ausgeliehenen Auto braucht der Ausleiher meist eine Zusatzdeckung. Diese Zusatzdeckung ist insbesondere dann zu empfehlen, wenn der Besitzer des Fahrzeuges keine Vollkaskoversicherung hat, die den Schaden in einem solchen Fall übernehmen würde (mehr Details dazu siehe Seite 71 f.).

Ohne Haftung gibt es kein Geld

Grundsätzlich zahlt die Privathaftpflicht-Versicherung nur, wenn die versicherte Person haftpflichtig ist. Und das ist laut Gesetz meist nur dann der Fall, wenn diese Person den Schaden durch Nachlässigkeit oder Unaufmerksamkeit verursacht hat.

Das musste zum Beispiel jene Reiterin erfahren, die ein Pferd auslieh und damit ausritt. Das Tier knickte plötzlich ein und verletzte sich – doch ihre Privathaftpflicht-Versicherung musste die Tierarztkosten nicht übernehmen, weil die Reiterin keinen Reitfehler beging und sie somit kein Verschulden traf.

Mit der Begründung «Kein Verschulden» können die Gesellschaften also immer abwinken, wenn der Schadenverursacher nichts falsch gemacht hat und ihm daher kein Vorwurf zu machen ist.

Das gilt auch bei Schäden, die durch Kleinkinder (Seite 63) oder durch Hunde verursacht wurden (Seite 68).

Das gleiche Prinzip («Kein Geld ohne Haftung des Schadenverursachers») kommt auch beim Sport zum Zug. Dass beispielsweise ein Fussballspieler einem anderen aus Versehen die Brille kaputtschlägt, kommt häufig vor. Auch hier muss die Versicherung nicht zahlen, denn Zusammenstösse sind beim Fussball – und auch in anderen Sportarten – kaum zu vermeiden und deshalb auch niemandem anzulasten.

Deshalb gelten hier largere Regeln. Wer bei einem solchen Spiel mitmacht, nimmt ein gewisses Risiko in Kauf und muss allfällige Schäden meist selber tragen. Eine Haftpflicht besteht nur bei groben Fouls (wobei die Gesellschaft bei der Kostenübernahme vielleicht einen Abzug wegen Grobfahrlässigkeit macht).

Tipp: Es gibt Gesellschaften, die auch bei Sachschäden bei Spiel und Sport ohne eigentliche Haftung freiwillig bis 2000 Franken zahlen. Erkundigen Sie sich bei Ihrem Versicherer oder lesen Sie die Geschäftsbedingungen.

Wann zahlt die Privathaftpflicht-Versicherung für Kinderschäden?

Frage: Kürzlich waren wir mit unserem 3-jährigen Sohn bei Bekannten zu Besuch. Während wir im Wohnzimmer plauderten, rannte unser Sohn völlig unerwartet im gleichen Raum in eine teure Bodenvase, die zersplitterte; auch der Parkettboden wurde in Mitleidenschaft gezogen. Es entstand ein Sachschaden von 1200 Franken. Zahlt das meine Privathaftpflicht-Versicherung?

Antwort: Ja – allerdings freiwillig. Generell gilt: Die Privathaftpflicht-Versicherung der Eltern muss dann für den Schaden einstehen, wenn das Kind *urteilsfähig* war oder wenn die Eltern den Sprössling *ungenügend beaufsichtigt* haben.

Zunächst zur Urteilsfähigkeit: Hier stellt sich die Frage, ob das Kind absehen konnte, dass sein Herumrennen einen solchen Schaden anrichten würde. Bei einem Dreijährigen ist das wohl nicht der Fall, er war demnach nicht urteilsfähig. Die Versicherung stellt also bei der Beurteilung der Urteilsfähigkeit auf das Alter der Kinder und die jeweilige Handlung ab. Je nachdem sind Kinder früher oder später urteilsfähig.

Falls das Kind tatsächlich urteilsfähig war, wird es selber schadenersatzpflichtig. Haben seine Eltern eine Privathaftpflicht-Versicherung (in die Kinder im gleichen Haushalt stets eingeschlossen sind), wird sie zahlen.

War das Kind *nicht* urteilsfähig, muss die Privathaftpflicht-Versicherung den Schaden grundsätzlich nur dann zahlen, wenn die Eltern ihre Beaufsichtigungspflicht verletzt haben (wenn sie es beispielsweise zuliessen, dass ein Kind mit einer brennenden Kerze spielte). In diesem Fall sind die Eltern haftbar und die Versicherung muss einspringen.

Im schlimmsten Fall bedeutet das: Verursacht ein *nicht* urteilsfähiges, aber *korrekt beaufsichtigtes* Kind einen Schaden, kann niemandem ein Vorwurf gemacht werden; es haftet – juristisch gesehen – niemand. Der Schaden bleibt am Geschädigten hängen.

Im konkreten Fall des Dreijährigen handelt es sich um ein nicht urteilsfähiges Kind, welches die Eltern korrekt (das heisst im Rahmen des zumutbaren Möglichen) beaufsichtigt haben; also haftet niemand.

Tipp für Eltern mit Kleinkindern: Alle in der Tabelle auf Seite 66 aufgeführten Privathaftpflicht-Versicherungen haben für das Kleinkinderrisiko eine Sonderlösung getroffen. Sie verpflichten sich in der Police freiwillig, Schäden zu übernehmen, die durch Urteils-*un*fähige verursacht wurden.

Aus der Tabelle auf Seite 67 geht allerdings auch hervor, dass die Deckungssumme bei solchen Schäden bei etlichen Gesellschaften beschränkt ist.

Privathaftpflicht

So können Sie unter Umständen sicherstellen, dass Ihr Spielgegner entschädigt wird.

Grobfahrlässigkeit: Die Versicherung darf ihre Leistung kürzen

Wie die Hausrat- kann auch die Privathaftpflicht-Versicherung ihre Zahlungen kürzen, falls die versicherte Person ihre Sorgfaltspflicht grob verletzt hat (siehe auch S. 81).

Das könnte beispielsweise der Fall sein, wenn Sie Wasser in die Badewanne einlaufen lassen und dann in den Garten zum Jäten gehen; einen solchen Mieterschaden wird die Versicherung eventuell nur mit Abzug zahlen.

Das Gleiche gilt, wenn Sie Ihre Kinder in einem Antiquitätenladen voller teurer Vasen frei herumtoben lassen beziehungsweise wenn Sie die Kinder nicht klipp und klar auf die Gefährlichkeit ihres Tuns hinweisen. Ebenso wenig versichert sind vorsätzliche Handlungen, z. B. wenn der 15-jährige Sohn nachts auf Spraytour geht.

Fortsetzung auf Seite 65

Prämienvergleich:
So viel kostet die Privathaftpflicht-Versicherung

Einzelperson Mieter

Gesellschaft	Jahresprämie	Leistungen
Generali	133.–	😊
Helvetia-Patria	155.–	😊
Winterthur	101.– bis 162.– [4]	😊
Mobiliar	164.–	😊
Züritel	84.–	🙂
Visana [1]	96.– [6]	🙂
Coop Vers.	109.–	🙂
Alpina	116.–	🙂
Basler	119.–	🙂
Vaudoise	137.–	🙂
National	139.–	🙂
Allianz [5]	152.–	🙂
CSS	90.– [2]	☹
Zürich	120.–	☹
Axa [1]	139.–	☹

Familie Mieter

Gesellschaft	Jahresprämie	Leistungen
Züritel	116.–	😊
Mobiliar	241.–	😊
Visana [1]	126.– [6]	🙂
Coop Vers.	146.–	🙂
Alpina	158.–	🙂
Vaudoise	169.–	🙂
Generali	169.–	🙂
Basler	171.–	🙂
National	191.–	🙂
Allianz [5]	194.–	🙂
Helvetia-Patria	199.–	🙂
Winterthur	146.– bis 220.– [4]	🙂
CSS	131.– [2]	☹
Axa [1]	169.–	☹
Zürich	170.–	☹

Einzelperson Hauseigentümer

Gesellschaft	Jahresprämie	Leistungen
Helvetia-Patria [3]	97.–	😊
Generali	113.–	😊
Winterthur	101.– bis 162.– [4]	😊
Züritel	81.–	🙂
Coop Vers.	99.–	🙂
Zürich	100.–	🙂
Basler	109.–	🙂
Alpina	116.–	🙂
Axa [1]	119.–	🙂
Mobiliar	133.–	🙂
Vaudoise	137.–	🙂
National	139.–	🙂
Visana [1]	69.– [6]	☹
CSS	90.– [2]	☹
Allianz [5]	98.–	☹

Familie Hauseigentümer

Gesellschaft	Jahresprämie	Leistungen
Züritel	107.–	😊
Coop Vers.	134.–	😊
Zürich	140.–	😊
Alpina	158.–	🙂
Mobiliar	186.–	🙂
Basler	133.–	🙂
Helvetia-Patria [3]	138.–	🙂
Generali	144.–	🙂
Axa [1]	149.–	🙂
Vaudoise	169.–	🙂
National	191.–	🙂
Winterthur	146.– bis 220.– [4]	🙂
Visana [1]	99.–	☹
CSS	131.– [2]	☹
Allianz [5]	131.–	☹

Versicherungssumme 5 Mio. Fr., minimaler Selbstbehalt, Prämien pro Jahr inkl. 5 % Stempelsteuer, ohne Rabatte.
😊 = überdurchschnittlich
🙂 = durchschnittlich
☹ = unterdurchschnittlich

[1] Versicherungssumme bei Axa 6 Mio. Fr., bei Visana 3 Mio. Fr. (5 Mio. Fr. nicht möglich).
[2] Nicht-CSS-Versicherte zahlen 20 % Zuschlag.
[3] Prämie für Stockwerkeigentümer: Einzelperson 77.–, Familie 118.–, Erläuterung auf Seite 100 f.
[4] Prämie abhängig von Alter und Schadenverlauf beim vorherigen Versicherer.
[5] Midi-Deckung.
[6] Nicht-Visana-Versicherte zahlen 10 % Zuschlag. Berücksichtigt sind die 11 grössten Gesellschaften sowie 4 bekanntere, günstigere Gesellschaften. Die La Suisse wollte am Test nicht teilnehmen, da sie Mitte 2002 ein neues Produkt einführt. Die Prämienangaben gelten für den erstmaligen Versicherungsabschluss oder wenn Sie den Versicherer wechseln. Nach einigen schadenfreien Jahren gibt es bei einigen Anbietern Schadenfreiheitsrabatte zwischen 5 und 20 Prozent. Zur Unterscheidung zwischen Mieter- und Hauseigentümerprämien: siehe Seite 69 f.

Fortsetzung von Seite 63

Ein anderes Beispiel: Die Winterthur kürzte ihre Leistung bei Schäden durch Tiere mit der Begründung, die Versicherte habe zwei weibliche Hunde gehalten, die jedes Mal an der Eingangstüre zur Wohnung kratzten, wenn der Rüde des Wohnungsnachbarn im Treppenhaus war. Die Frau habe also diese Schäden in Kauf genommen.

Zusammenfassend lässt sich sagen: Viele Schäden, bei denen der versicherten Person keine Schuld nachzuweisen ist, zahlt die Privathaftpflicht-Versicherung in der Regel nicht. Und bei Schäden, die man bewusst in Kauf genommen hat, kann sie die Zahlung kürzen – oder ebenfalls ganz verweigern.

Bei *grober* Fahrlässigkeit kann die Versicherung die Schadenzahlung kürzen. Bei *leichter* Fahrlässigkeit hingegen – und das ist die Mehrheit der Fälle – muss die Privathaftpflicht-Versicherung den Schaden übernehmen.

Schäden durch Abnützung sind nicht versichert

Beachten Sie: Abnützungsschäden sind nie versichert (zum Beispiel übermässige Rauchspuren von Kettenrauchern in einer Mietwohnung).

Das Gleiche gilt für Schäden infolge allmählicher Einwirkung, zum Beispiel durch die Witterung. Ebenfalls nicht versichert sind Rauchschäden, die auf ein mangelhaft bedientes Cheminée zurückzuführen sind.

Ebenfalls nicht versichert ist die übermässige Beanspruchung, wenn also ein Mieter beispielsweise den Stubenteppich regelmässig mit Gartenstiefeln begeht oder in einer 4-Zimmer-Wohnung die 10-köpfige Verwandtschaft einquartiert.

Voraussetzung ist vielmehr ein plötzliches Fehlverhalten der versicherten Person.

Ebenfalls nicht versichert sind Schäden, die Sie im Rahmen Ihrer beruflichen Tätigkeit oder bei gewissen gefährlichen Hobbys verursachen (siehe Details auf Seite 68 f. oder in der Checkliste auf Seite 73).

Wer im gleichen Haushalt wohnt, geht leer aus

Die Privathaftpflicht-Versicherung gibt es für Einzelpersonen sowie für Familien beziehungsweise Mehrpersonenhaushalte (siehe die Prämientabellen links).

Warum viele Gesellschaften von Mietern und Hauseigentümern verschieden hohe Prämien verlangen, steht auf Seite 69 f.

Bei Familien und Mehrpersonenhaushalten sind ein paar Besonderheiten zu beachten:

● Schäden von Personen, die mit einer versicherten Person im gleichen Haushalt leben, sind nicht versichert. Es ist also nicht möglich, der Versicherung einen Schaden zu melden, den die versicherte Person einer anderen zufügt, die im gleichen Haushalt wohnt. Das gilt auch für Konkubinatspaare.

● Unmündige Kinder unter 18 Jahren sind ebenfalls in der Familienpolice versichert. Die Versicherung zahlt also im Grundsatz für Schäden, die Kinder anrichten – allenfalls mit Einschränkungen, die im Kasten auf Seite 63 beschrieben und aus der Tabelle auf Seite 67 ersichtlich sind.

● Ob und wie lange erwachsene Kinder über 18 Jahre in der Familienpolice gedeckt sind, hängt vom genauen Wortlaut der Versicherungsbedingungen ab. Erkundigen Sie sich. Es kann zum Beispiel sein, dass volljährige Kinder – selbst wenn sie auswärts wohnen oder als Wochenendauf-

Privathaftpflicht

Die Haftpflichtversicherung ersetzt lediglich den Zeitwert

Anders als die Hausratversicherung (siehe Seite 83) ersetzt die Privathaftpflicht-Versicherung bei Sachschäden immer nur den geringeren aktuellen Wert zum Zeitpunkt des Schadenereignisses, also den so genannten Zeitwert unter Berücksichtigung der Amortisation (Wertverminderung).

enthalter regelmässig nach Hause kommen – noch eingeschlossen sind, falls sie ledig sind und nicht erwerbstätig. Das würde dann beispielsweise auf Studenten zutreffen – in der Regel aber nur bis Alter 25. Bei einigen Gesellschaften sind Kinder nicht mehr versichert, sobald sie erwerbstätig geworden oder ausgezogen sind.

• Konkubinatspaare sollten sich als Mehrpersonenhaushalt versichern. Das ist bedeutend billiger als zwei Einzelpolicen. Dafür kommen aber nur Gesellschaften in Frage, die das Konkubinat – auch von gleichgeschlechtlichen Paaren – als der Ehe gleichwertig betrachten.

Das ist nicht bei allen Gesellschaften der Fall. Erkundigen Sie sich und lassen Sie sich die schriftliche Bestätigung geben, dass Sie als Konkubinatspaar nicht schlechter gestellt sind als Ehepaare. Unter Umständen braucht es einen namentlichen Eintrag in der Police (siehe auch Seiten 69 und 75).

• Bei getrennt lebenden oder geschiedenen Eltern genügt es, wenn derjenige Elternteil, der das Sorgerecht hat, eine Familienpolice hat. So ist das Kind auch dann versichert, wenn es beispielsweise übers Wochenende beim anderen Elternteil weilt. (Der andere Elternteil sollte aber eine Einzelpolice haben.)

Probleme könnte es geben, wenn geschiedene Eltern die gemeinsame Sorge beantragt haben. Erkundigen Sie sich in einem solchen Fall bei Ihrer Gesellschaft; es könnte sein, dass Ihr Versicherer bei dieser Konstellation verlangt, dass beide Elternteile eine Familienpolice haben.

Deckungsumfang ergibt sich einzig aus dem Vertrag

Der genaue Deckungsumfang der freiwilligen Privathaftpflicht-Versicherung ist nicht gesetzlich vorgeschrieben, sondern ergibt sich einzig und allein aus den jeweiligen Versicherungsbedingungen – und die unterscheiden sich in etlichen Punkten von Gesellschaft zu Gesellschaft.

Die Tabelle unten zeigt ein paar Details aus den aktuellen Versicherungsbedingungen, auf die Sie – je nach Ihrer persönlichen Situation – besonders achten sollten.

Achtung: Alle Angaben betreffen nur die aktuell gültigen Versicherungsbedingun-

Privathaftpflicht-Versicherung:

Gesellschaft	Selbstbehalt in Franken bei Mieterschäden	Selbstbehalt in Franken bei Obhutsschäden
Allianz	0.–	200.–
Alpina	300.– (pro Auszug) [1]	100.–
Axa [2]		0.– [9]
Basler	200.– (pro Auszug)	200.–
Coop Versicherung	300.– (pro Auszug) [10]	200.–
CSS	100.– (pro Raum)	200.–
Generali	0.–	0.–
Helvetia-Patria	0.–	0.–
Mobiliar	0.–	0.–
National	100.– (pro Raum)	200.–
Vaudoise	100.– (pro Raum)	100.– [8]
Visana [2]	0.–	200.–
Winterthur	0.–	0.–
Zürich	[4, 6]	Je nach Schaden [5, 6]
Züritel	200.– (pro Auszug)	200.–

Angaben in Franken. Achtung: Die Angaben gelten nur bezogen auf die aktuell gültigen Versicherungsbedingungen (Stand März 2002).
[1] Für Schäden während der Mietdauer 100.– pro Ereignis.
[2] Versicherungssumme bei Axa 6 Mio., bei Visana 3 Mio., bei allen übrigen Gesellschaften 5 Mio.
[3] Nur falls Versicherter Arbeiten selber ausführt/Pläne erstellt hat/ Bauleitung ausführt.

gen (Stand März 2002), die für Neuabschlüsse gelten. Für viele Versicherte gelten aber noch ältere Bedingungen, die in Einzelpunkten etwas anderes besagen können.

Je nach Gesellschaft kommen unterschiedliche Selbstbehalte zur Anwendung. Das betrifft insbesondere die häufigen Mieterschäden (siehe Ausführungen auf Seite 70) sowie die Obhutsschäden (Definition auf Seite 61). Das heisst: Dieser spezielle Selbstbehalt ist obligatorisch – auch wenn vorne in der Versicherungspolice ausdrücklich erwähnt ist, die Versicherung sei ohne Selbstbehalt abgeschlossen.

Bei den übrigen Schäden verlangen die meisten Gesellschaften keinen obligatorischen Selbstbehalt.

Die Prämienangaben in den Tabellen auf Seite 64 sind auf der Basis des jeweils kleinstmöglichen Selbstbehaltes berechnet.

Wer will, kann mit höheren freiwilligen Selbstbehalten Prämien sparen. Angesichts des generell tiefen Prämienniveaus lohnt sich das aber kaum.

Lassen Sie sich also keinen höheren Selbstbehalt aufschwatzen – auch wenn die Versicherungsvertreter darauf drängen und bei der ersten Offerte von sich aus nicht immer die Variante mit dem geringsten Selbstbehalt offerieren.

Privathaftpflicht

So unterscheiden sich die Grunddeckungen

Selbstbehalt für übrige Sachschäden	Kürzung bei Grobfahrlässigkeit?	Kostenübernahme bei Schäden durch Urteilsunfähige	Nebenberufliche Tätigkeit versichert?	Bauherrenhaftpflicht eingeschlossen bis zu Totalbausumme von ... Fr.
100.–	Ja	200 000.–	Nur mit Zusatz	Nur mit Zusatz
100.–	Nein [7]	5 Mio.	Nur mit Zusatz	100 000.–
0.–	Ja	250 000.–	Nur mit Zusatz	100 000.–
200.–	Ja	100 000.–	Ja	100 000.–
0.–	Ja	5 Mio.	Bis max. 12 000.– Brutto-Jahresgehalt	100 000.–
0.–	Ja	100 000.–	Nein	Nein
0.–	Ja [11]	100 000.–	Nur bei unentgeltlicher Tätigkeit	100 000.–
0.–	Ja	100 000.–	Ja	100 000.–
0.–	Ja	5 Mio.	Nur mit Zusatz	100 000.–
0.–	Ja	5 Mio.	Ja	Teilweise [3]
0.–	Nein [7]	5 Mio.	Bis max. 20 000.– Umsatz pro Jahr	20 000.–
0.–	Ja	200 000.–	Nur mit Zusatz	Nein
0.–	Ja	100 000.–	Nur bei unentgeltlicher Tätigkeit	100 000.–
Je nach Schaden [5, 6]	Ja	5 Mio.	Bis max. 6000.– Brutto-Jahresgehalt	100 000.–
0.–	Ja	5 Mio.	Bis max. 6000.– Brutto-Jahresgehalt	100 000.–

[4] 10 % des Schadens, mind. 200.–, max. 2000.– (im Normalfall pro Raum).
[5] Bei Schäden unter 2000.– Selbstbehalt 200.–; bei Schäden über 2000.– kein Selbstbehalt.
[6] Die Selbstbehalte reduzieren sich nach 3 schadenfreien Jahren um die Hälfte, nach 6 Jahren entfallen sie ganz.
[7] Ausser bei Schäden infolge Alkohols und Drogen.
[8] Selbstbehalt 500.– für Natels, Videokameras und tragbare Computer.
[9] 20 % des Schadens, mind. 200.–, max. 2000.– (pro Auszug).
[10] Für Schäden während der Mietdauer 0.–.
[11] Gegen Mehrprämie ausschliessbar.

QUELLE: VZ VERMÖGENSZENTRUM, STAND MÄRZ 2002

Muss ich für meinen Hund eine separate Haftpflichtversicherung abschliessen?

Frage: In der Zeitung liest man immer wieder von Hunden, die Menschen anfallen oder sonstige Schäden anrichten. Weil ich selber auch einen grossen Hund habe, macht mir das Sorgen.

Ich frage mich deshalb, wie ich meinen Hund richtig versichern soll. Kann ich für ihn eine Haftpflichtversicherung abschliessen?

Antwort: Nein. Eine separate Haftpflichtversicherung für Hunde gibt es nicht. Sie sollten aber unbedingt eine Privathaftpflicht-Versicherung für sich selber abschliessen. Dann sind Sie – nebst vielem anderen – in der Regel auch als Hundehalter versichert.

Wer ein Haustier hält, haftet nämlich grundsätzlich für Schäden, die das Tier verursacht. Die Kosten, die daraus entstehen, übernimmt die Privathaftpflicht-Versicherung des Halters.

Das können zum Beispiel Arztrechnungen sein, falls Ihr Hund jemanden beissen sollte, im schlimmsten Fall sogar ein Lohnausfall, falls das Opfer längere Zeit ins Spital muss.

Zwar ist denkbar, dass Sie für einen Tierschaden nicht haften – dann nämlich, wenn Sie gemäss Gesetz nachweisen, dass Sie «alle nach den Umständen gebotene Sorgfalt in der Verwahrung und Beaufsichtigung angewendet» haben. In der Praxis sind solche Fälle aber eher selten.

Viel wahrscheinlicher ist, dass Ihnen eine kleine Nachlässigkeit passiert und Sie dann haftpflichtig werden. Das kann zum Beispiel der Fall sein, wenn Sie Ihren Hund aus Versehen frei in der Gegend herumlaufen lassen. Dann ist eine Privathaftpflicht-Police sehr nützlich.

Allerdings: Sollte Ihnen die Versicherung nachweisen können, dass Sie Ihre Aufsichtspflicht grob fahrlässig verletzt haben, könnte es für Sie kritisch werden. Das ist etwa dann der Fall, wenn Sie einen Rottweiler frei herumlaufen lassen, von dem Sie genau wissen, dass er sehr aggressiv ist.

In einem solchen Fall wird die Gesellschaft – besonders bei sehr hohen Schadensummen – den Schaden nicht vollständig zahlen, sondern eine Kürzung vornehmen. Die geschädigte Person erhält also von der Versicherung nur einen Teil der Kosten ersetzt, für den Rest muss sich das Opfer direkt an den Tierhalter wenden.

Ein weiterer Spezialfall: Betritt jemand einen Garten, vor dem gut sichtbar das Schild «Warnung vor dem Hunde» hängt, und macht er nähere Bekanntschaft mit den Hundezähnen, so trifft diese Person zumindest ein Mitverschulden – und sie muss einen Teil des entstandenen Schadens selber berappen. Den Rest übernimmt die Privathaftpflicht-Versicherung des Hundehalters.

Wie bei der Hausratversicherung (Seite 81) können die Gesellschaften auch bei der Privathaftpflicht-Versicherung die Zahlung kürzen, falls der Kunde grob fahrlässig gehandelt oder gesetzliche Vorschriften missachtet hat. Die Tabelle (S. 67) zeigt, dass Vaudoise und Alpina darauf verzichten und dass die Generali den Ausschluss dieser Kürzungsmöglichkeit gegen Mehrprämie anbietet.

Berufliche Tätigkeit ist nicht versichert

Die Thematik der Kostenübernahme bei den Schäden durch urteils*un*fähige Kinder ist auf Seite 63 behandelt.

Im Grundsatz sind Schäden aus beruflicher Tätigkeit durch die Privathaftpflicht-Versicherung nicht gedeckt.

Einige Gesellschaften versichern aber die nebenberufliche Tätigkeit, also beispielsweise dann, wenn der Fachmann nach Feierabend einem Kollegen einen Freundschaftsdienst erweist. Lesen Sie aber das Kleingedruckte: Es kann sein, dass diese nebenberufliche Tätigkeit nicht versichert ist, falls der Kollege dafür ein Entgelt zahlt.

Bei einigen Gesellschaften ist es möglich, nebenberufliche Tätigkeiten (zum Beispiel Bergführer oder Hauswart) mitzuversichern.

Um berufliche Haftungen abzusichern, brauchen Selbständige aber in jedem Fall eine gesonderte Berufs- bzw. Betriebshaftpflicht-Versicherung.

Für Hausbesitzer ist die Bauherrenhaftpflicht wichtig. In etlichen Grunddeckungen der Privathaftpflicht-Versicherung sind kleinere Umbauten und Renovationen mit einem Volumen von meist 100 000 Franken versichert. Wichtiger Tipp: Bei grösseren Bauvorhaben sollten Sie unbedingt eine separate Bauherrenhaftpflicht-Versicherung abschliessen (siehe Seite 94 ff.).

Das VZ-Leistungsurteil bei den Prämienangaben auf Seite 64 würdigt nur die Leistungen (für Neuabschlüsse) und nicht das Preis-Leistungs-Verhältnis. Das Gesamturteil bewertet die meisten Teilbereiche, die in diesem Kapitel speziell erwähnt sind.

Hauseigentümer erhalten nicht überall einen Rabatt

Für Mieterinnen und Mieter ist die Privathaftpflicht-Versicherung wichtig; sie springt ein, wenn Mieter Einrichtungsgegenstände beschädigen, die dem Hausbesitzer gehören (zum Beispiel Fensterscheiben, siehe mehr dazu auf Seite 76).

Wie bedeutend diese Mieterschäden wie zerrissene Tapeten oder beschädigte Lavabos sind, zeigt die interne Statistik der Versicherer: Mieterschäden machen rund einen Drittel der gesamten Schadenaufwendungen aus.

❓ Wir ziehen zusammen. Und die Versicherungen?

Frage: Mein Freund und ich beziehen demnächst eine gemeinsame Wohnung. Wer soll nun seine Versicherungen kündigen – mein Freund oder ich? Und machen die Gesellschaften einen Unterschied zwischen Konkubinat und Ehe?

Antwort: Dieses Problem stellt sich recht häufig. In vielen Fällen ist es so, dass beide Partner eine bereits bestehende Hausrat- und Privathaftpflicht-Versicherung mitbringen und allenfalls auch je eine Rechtsschutz-Versicherung. Die Verträge einfach zu kündigen ist aber problematisch, weil sie meist mit einer langen Laufzeit «belastet» sind.

Ehepartner sollten keine Probleme haben, eine gemeinsame Mehrpersonenhaushalt-Police (Familienpolice) zu bekommen: In der Regel können sie die jüngere Police des einen Partners kündigen und die ältere des anderen Partners beibehalten. Sollte ein Paar das Umgekehrte wollen, sind Verhandlungen nötig.

Dabei ist entscheidend: Lassen Sie sich als Ehepaar nicht mit der Schutzbehauptung abspeisen, bei langfristigen Verträgen gebe es keine Ausstiegsmöglichkeit! Gemäss Branchenusanz ist es bei Heirat ohne weiteres möglich, die Policen zusammenzulegen – was immer mit der vorzeitigen Kündigung der einen von beiden Policen verbunden ist. Die betroffenen Gesellschaften regeln dies informell untereinander.

Schwieriger wird es beim Konkubinat. Dort werden Betroffene von vielen Gesellschaften erst mal die schroff abweisende Antwort erhalten, das Konkubinat sei kein Grund, wegen Zusammenwohnens einzelne Policen zu kündigen.

Wer sich damit nicht abfinden will, sollte erst mal an die Kulanz appellieren und wenn das nichts nützt Druck machen – am besten bei der Generaldirektion mit Kopie an den K-Tipp. (Mehr zum Thema steht auf Seite 75.)

Im Zusammenhang mit den Mieterschäden stellt sich die Frage, ob die Privathaftpflicht-Versicherung für Haus- und Wohnungseigentümer günstiger ist, weil Bewohner der eigenen Immobilie nie gegenüber einem fremden Besitzer haftpflichtig werden. Aus den Prämientabellen auf

Privathaftpflicht

S. 64 geht hervor, dass nicht alle Gesellschaften diese Unterscheidung machen und für die Privathaftpflicht-Versicherung von Hausbesitzern – korrekterweise – weniger als von Mietern verlangen.

Bei etlichen Anbietern ist die Prämie im Gegenteil immer noch gleich hoch, obwohl Hauseigentümer keinen Vermieter schädigen können und folglich für die Versicherung ein markant kleineres Risiko sind als Mieter.

Und wie sind Hauseigentümer versichert, die einen Rabatt erhalten und nun für ein paar Wochen eine Ferienwohnung mieten?

In der Regel zahlt die Privathaftpflicht-Versicherung, wenn solche Hauseigentümer in einer gemieteten Ferienwohnung einen Schaden anrichten. Erkundigen Sie sich aber vorsichtshalber: Es könnte sein, dass Sie in diesem Fall einen separaten Baustein brauchen.

Ein Selbstbehalt «pro Raum» ist ungünstig für Familien

Ein sehr wichtiger Punkt beim Mieterschaden ist die Handhabung des Selbstbehaltes. Gerade Familien mit Kindern sollten eine Gesellschaft vorziehen, die bei Mieterschäden gar keinen Selbstbehalt abzieht (siehe Tabelle auf Seite 66).

Bei denjenigen Gesellschaften aber, die bei Mieterschäden generell einen obligatorischen Selbstbehalt verlangen, gilt es, ein entscheidendes Detail zu beachten: In diesem Fall fahren nämlich Mieterinnen und Mieter schlecht, falls beim Auszug aus der Mietwohnung in mehreren Räumen Schäden anfallen und die Gesellschaft den Selbstbehalt gemäss den Geschäftsbedingungen «pro Raum» berechnet.

Folge: Wenn dann zum Beispiel in fünf Räumen verschiedene Schäden, die während der Mietdauer entstanden, zu beheben sind, zieht die Versicherung vom Total der Handwerkerrechnungen gleich 500 Franken ab (falls ein obligatorischer Selbstbehalt von 100 Franken zur Anwendung kommt).

Das «Ereignis» als Streitpunkt

Eine spezielle Regelung haben Alpina und Coop. Diese zwei Gesellschaften verlangen bei einem Auszug pauschal 300 Franken Selbstbehalt, bei Schäden während der Mietdauer jedoch nur 100 Franken bzw. gar keinen Selbstbehalt.

Mieterinnen und Mieter zahlen hier also weniger bei jenen Schäden, die man ohnehin sofort melden und reparieren muss, weil der Schaden sich verschlimmern könnte. Das gilt beispielsweise für Risse im Lavabo, wenn Wasserschäden drohen.

Bei strapazierten Tapeten wird allerdings eine frühere Meldung nichts nützen, weil der Vermieter mit dem Malen meist ohnehin bis zum Auszug wartet.

Achtung: In etlichen älteren Geschäftsbedingungen ist die Selbstbehalt-Regelung beim Wohnungswechsel unklar umschrieben, nämlich mit dem Ausdruck «pro Ereignis».

Falls nun die Gesellschaft beim Auszug jeden einzelnen Schaden in jedem Raum als Schadenereignis taxiert und Ihnen mehrere Selbstbehalte verrechnet, müssen Sie das nicht akzeptieren.

Vielmehr gilt der *Auszug* aus der Mietwohnung als *ein einziges Ereignis* und Sie müssen den Selbstbehalt nur einmal zahlen.

Tipp: Falls Sie während der Mietdauer die Privathaftpflicht-Versicherung kündigen und zu einer anderen Gesellschaft wechseln, sollten Sie schon bestehende grössere Schäden in der Mietwohnung, die Sie verursacht haben, der bisherigen Gesellschaft melden. Sie erhalten dann allenfalls eine pauschale Entschädigung.

Es könnte nämlich passieren, dass Ihre neue Gesellschaft beim Auszug die Zahlung kürzt mit dem Argument, Sie seien nicht während der ganzen Mietdauer bei ihr versichert gewesen.

Das widerspricht aber dem Gesetz: Das Ereignis, das den Schadenanspruch begründet, entsteht beim *Auszug* aus der Mietwohnung, und falls der Mieter zu diesem Zeitpunkt versichert war, muss die betreffende Versicherung alles zahlen. Doch die Versicherungen sehen das teilweise anders.

Was viele nicht wissen: Die Privathaftpflicht-Versicherung muss eventuell auch dann einspringen, wenn der Mieter einen Hausschlüssel aus Unsorgfalt verliert; muss der Vermieter dann wegen dieses Verlustes die Schlösser auswechseln, so fallen diese Kosten unter die versicherten Mieterschäden. Das gilt aber nur, falls wegen des Verlustes mit einem Einbruch zu rechnen ist, etwa wenn der Schlüssel gleich vor der Haustüre verloren ging oder mit einem Hinweis auf den Inhaber versehen war.

Übrigens: Wenn ein Mieter einen Mietvertrag unterschreibt, in dem verlangt ist, der Mieter müsse eine Privathaftpflicht-Police abschliessen, so muss der Mieter diese Forderung des Vermieters erfüllen.

«Gelegentliches Ausleihen» als Knacknuss

Eine mögliche Ergänzung zur Grunddeckung ist die Zusatzdeckung für die «gelegentliche Benützung fremder Fahrzeuge». Dies betrifft etwa die überzeugten Benutzer des öffentlichen Verkehrs, die sich in Ausnahmefällen ein Auto von Freunden oder Bekannten ausleihen.

Wenn dann der Ausleiher mit dem fremden Auto einen Unfall verursacht, zahlt die Grunddeckung der meisten Gesellschaften lediglich den Bonusverlust des Halters – und zwar meist beschränkt auf den Bonus der Autohaftpflicht (siehe Seite 62).

❓ Zügelschaden: Darf meine Versicherung die Zahlung kürzen?

Frage: Als ich einem Kollegen beim Zügeln half, liess ich aus Versehen seine Geige fallen. Die Reparatur kostet rund 1800 Franken.

Meine Privathaftpflicht-Versicherung teilt mir nun mit, sie könne nur 1300 Franken übernehmen, weil ich dem Kollegen einen Gratisdienst erwiesen habe.

Darf die Versicherung diese Kürzung vornehmen?

Antwort: Ja. Die Privathaftpflicht-Versicherungen müssen Schäden nur insoweit übernehmen, als der Versicherte selber haftpflichtig ist. Zum Umfang der Haftung sagt das Obligationenrecht in Art. 99 aber, dass sie «milder beurteilt wird, wenn das Geschäft für den Haftpflichtigen keinerlei Vorteil bezweckt».

Im Klartext: Da Sie Ihrem Kollegen unentgeltlich geholfen haben, müssen Sie nicht für den ganzen Schaden aufkommen – und damit auch Ihre Versicherung nicht.

Der Gesetzgeber wollte damit erreichen, dass jemand, der bei einer Gefälligkeitshandlung einen Schaden verursacht, weniger hart angefasst wird als jemand, der gegen Entgelt handelt.

Das ist für Sie aber ein schwacher Trost, denn Sie müssen sich nun entscheiden, ob Sie die Differenz aus dem eigenen Sack zahlen wollen – oder ob Sie den Kollegen verärgern und ihm nur das geben, was Ihnen die Versicherung auszahlt.

Diesem Dilemma tragen einige Gesellschaften Rechnung: Sie verzichten freiwillig auf Abzüge bei Gefälligkeiten.

Andere Versicherer schöpfen die gesetzlichen Möglichkeiten aus: Sie kürzen ihre Leistungen bei solchen Zügelschäden um 20 bis 33 Prozent, falls der Schaden 1000 Franken übersteigt. Andere kürzen gar um 50 Prozent.

Tipp: Reden Sie noch einmal mit Ihrer Versicherung. Bei solchen Kürzungen gibt es immer einen Verhandlungsspielraum. Wenn Sie ein guter Kunde sind, der noch nie einen Schaden angemeldet hat, oder wenn Sie bei der gleichen Gesellschaft noch andere Policen haben, stehen Ihre Chancen gut.

Der Zusatzbaustein «Gelegentliche Benützung fremder Fahrzeuge» zahlt dann auch noch den Blechschaden am ausgeliehenen Auto. Hat der

Privathaftpflicht

Gelegentliches Fahren fremder Autos: Prämien und Konditionen

Gesellschaft	Prämienzuschlag in Franken		Selbstbehalt in Franken	Versicherungssumme
	Einzelperson	Familie		
Allianz	42.-	42.-	500.-	50 000.-
Alpina	110.-	110.-	500.-	5 Mio. [3]
Axa	90.-	90.-	10 % des Schadens, mind. 500.-	60 000.-
Basler	167.-	169.-	200.-	50 000.- [1]
Coop Versicherung	52.-	52.-	10 % des Schadens, mind. 500.-	5 Mio.
CSS [4]	50.-	50.-	10 % des Schadens, mind. 500.-	5 Mio.
Generali	66.-	66.-	500.-	5 Mio.
Helvetia-Patria	104.-	104.-	500.-	5 Mio.
Mobiliar	78.-	98.-	10 % des Schadens, mind. 500.-	5 Mio.
National	116.-	116.-	10 % des Schadens, mind. 500.-	5 Mio.
Vaudoise	103.-	103.-	500.-	50 000.-
Visana [5]	45.-	45.-	500.-	50 000.-
Winterthur	59.- bis 74.- [2]	59.- bis 74.- [2]	10 % des Schadens, mind. 500.-	5 Mio.
Zürich	105.-	105.-	500.-	5 Mio. [3]
Züritel	85.-	85.-	500.-	5 Mio. [3]

Prämien pro Jahr inkl. 5 % Stempelsteuer.
[1] Versicherungssumme frei wählbar zwischen 10 000.– und 50 000.–.
[2] Prämie abhängig von Alter und Schadenverlauf beim vorherigen Versicherer.
[3] Im Ausland 2 Mio.
[4] Nicht-CSS-Versicherte zahlen 20 % Zuschlag.
[5] Nicht-Visana-Versicherte zahlen 10 % Zuschlag.

QUELLE: VZ VERMÖGENSZENTRUM, STAND MÄRZ 2002

rechtmässige Autobesitzer eine Vollkasko-Versicherung, so übernimmt der erwähnte Zusatz den Selbstbehalt und den Bonusverlust (den eigentlichen Blechschaden zahlt ja die Vollkasko-Versicherung).

Die Tabelle oben zeigt die wichtigen Details, nämlich die Prämien, die in diesem Zusatzbaustein recht hohen obligatorischen Selbstbehalte sowie die maximale Versicherungssumme.

Ganz wichtig: Der Begriff «gelegentliches Fahren» ist sehr schwammig und führt immer wieder zu Streitigkeiten, weil er in den Versicherungsbedingungen nicht näher umschrieben ist.

Willkür-Entscheide nicht akzeptieren!

So hat beispielsweise das St. Galler Kantonsgericht geurteilt, zwei Ausleihen pro Monat seien schon «eine lockere Regelmässigkeit» und kein «gelegentlich» mehr.

Umgekehrt pfiff das Bundesgericht jene Versicherung zurück, die einer Frau keine Vergütung zahlen wollte, weil sie das Auto ihrer Mutter in zweieinhalb Monaten fünfmal ausgeliehen hatte.

Da ist also Vorsicht angebracht. Lassen Sie sich von der Versicherung eine schriftliche Definition geben, wie sie den Begriff der «gelegentlichen Nutzung» definiert, wenn Sie diesen Zusatzbaustein abschliessen wollen.

Und geben Sie sich im Schadenfall nicht mit der erstbesten Antwort der Versicherung zufrieden.

Probleme drohen auch, wenn Sie mit einem fremden Auto in die Ferien fahren. Auch hier ist die Praxis der Gesellschaften unterschiedlich; während einige eine Ferienreise von drei Tagen bis zu einer Woche erlauben, liegen bei anderen sogar drei Wochen drin.

Zwar müsste im Streitfall der Richter entscheiden. Falls Sie aber keine Probleme wollen, sollten Sie vor der Abreise unbedingt bei Ihrer Gesellschaft nach der Praxis fragen, bevor Sie mit einem ausgeliehenen Auto in die Ferien verreisen. Lassen Sie sich die Praxis am besten *schriftlich* bestätigen.

Und auch hier gilt der Grundsatz, dass Ansprüche von Personen, die im gleichen Haushalt leben, nicht versichert sind. Hier hilft nur eine Vollkasko-Versicherung. Wer also das Auto der Konkubinatspartnerin braucht und kaputtfährt, hat keinerlei Ansprüche auf eine Entschädigung.

Vorsicht: Schäden an Mietautos von kommerziellen Autovermietern sind über die Privathaftpflicht-Police nicht versichert.

Auch bei Probefahrten kann es Probleme geben, falls der Garagist das Fahrzeug nicht ausreichend versichert hat. Erkundigen Sie sich vor der Probefahrt beim Garagisten. Das gilt auch bei Ersatzfahrzeugen, die man Ihnen zur Verfügung stellt, während Ihr eigenes Auto in der Werkstatt ist.

Tipps für den richtigen Umgang mit der Privathaftpflicht-Versicherung

● Schliessen Sie nur Einjahresverträge ab, die sich jedes Jahr stillschweigend um ein weiteres Jahr erneuern.

● Sie sind nicht verpflichtet, die Privathaftpflicht- und die Hausratversicherung bei der gleichen Gesellschaft zu haben. Getrenntes Vorgehen ermöglicht es Ihnen, in beiden Bereichen jeweils das beste Angebot auszuwählen.

● Wählen Sie die Deckungssumme von 5 Millionen. Der Aufpreis gegenüber der 2- oder 3-Millionen-Variante ist gering.

● Bei gewissen Hobbys sollten Sie sich bei Ihrer Gesellschaft erkundigen, ob Sie für Schäden aus dieser Tätigkeit in der Grunddeckung versichert sind oder ob es dazu einen Zusatz braucht. Das gilt etwa für Besitzer von ferngesteuerten Modellflugzeugen, Jäger, Reiter von fremden Pferden, Fallschirmspringer, Deltasegler usw.

● Auch Halter von wilden Tieren brauchen in der Regel eine Zusatzdeckung. Fragen Sie, ob Ihr exotisches Tier als wildes Tier gilt. Es gibt Fälle, in denen schon Papageien aus der Sicht der Versicherung als wilde Tiere galten.

● Achtung bei gemieteten Sachen (zum Beispiel Fernseher): Sie sind nicht bei allen Gesellschaften gedeckt. Auch bei ausgeliehenen Gegenständen gibt es Beschränkungen.

● Hausbesitzer sollten eine Gesellschaft wählen, die ihnen wegen des Ausfalls des Mieterrisikos einen Rabatt gewährt. Stockwerkeigentümer erhalten bei der Helvetia-Patria einen zusätzlichen Rabatt (siehe Seite 100f.).

● Mieter sollten eine Gesellschaft wählen, die bei Mieterschäden keinen Selbstbehalt verlangt. Falls doch einer gefordert ist, so sollte er nur pauschal pro Auszug (oder pro Ereignis) gelten und nicht pro Raum.

● Fragen Sie nach speziellen Rabatten. Üblich sind Schadenfreiheitsrabatte, Treuerabatte, Seniorenrabatte für Personen ab 60 oder Rabatte für junge Familien. Achtung: Senioren müssen sich selber melden, falls sie in den Genuss des Rabattes kommen wollen. Vereinzelt gibt es auch Reduktionen für allein Erziehende sowie Kombirabatte, falls man die Privathaftpflicht- und die Hausratversicherung bei der gleichen Gesellschaft versichert hat.

● Punkto Kündigungsmöglichkeiten gilt das Gleiche wie bei den übrigen Sachversicherungen (siehe Seite 16ff.).

● Beachten Sie die Meldepflicht im Schadenfall, welche in den Versicherungsbedingungen genau erläutert ist.

● Hausbesitzer sollen bei Umbauten oder Renovationen prüfen, ob sie eine zusätzliche Bauherren-Haftpflichtpolice und/oder eine Bauwesenversicherung brauchen (siehe Details auf Seite 94ff.).

Privathaftpflicht

Die Hausratversicherung:

**Themen
in diesem Kapitel:**

- **Was in der Hausratpolice versichert ist**
- **Mieter und Hausbesitzer müssen sich unterschiedlich versichern**
- **Wie die Hausratversicherung den Diebstahl definiert**
- **So vergütet die Hausratversicherung Ihre Schäden**
- **Die Prämien für eine Basisversicherung**
- **Die Limiten bei der Entschädigung**
- **Prämien für die Wertsachenversicherung**
- **So legen Sie die Versicherungssumme richtig fest**

Wer nichts hat, kann nichts verlieren und braucht auch nichts zu versichern. Dieses Prinzip lässt sich gerade in der Hausratversicherung sinnvoll anwenden: Besteht die Einrichtung eines jungen Menschen nur gerade aus Bett, Tisch, Pult, Stuhl und einer Lampe, erübrigt sich die Versicherung eines solchen Mager-Hausrats.

Wenn hingegen zu Hause viele teure Gegenstände herumstehen, so ist es durchaus sinnvoll, eine Police gegen Diebstahl von persönlichen Sachwerten und Schäden an der eigenen Wohnungseinrichtung zu haben.

Der Grund: Ein grosser Schaden – beispielsweise ein folgenschwerer Brand – wäre finanziell nur schwer verkraftbar.

Worauf es bei der Versicherung des Hausrats ankommt, zeigt dieses Kapitel. Die wichtigsten Prinzipien gleich vorweg:
- Wählen Sie eine günstige Gesellschaft, damit Sie nicht zu viel Prämie zahlen.
- Stellen Sie Ihre Versicherung à la carte zusammen, also abgestimmt auf Ihre persönlichen Bedürfnisse.
- Mieter müssen nur das versichern, was ihnen selber gehört (siehe Kasten auf Seite 76).
- Achten Sie auf die Bewertung des Deckungsumfangs der einzelnen Gesellschaften in der Tabelle auf Seite 86 f.
- Legen Sie die Versicherungssumme richtig fest. Sie ist die Basis für Entschädigungen im Schadenfall.

Was in der Basisdeckung versichert ist

In einer Basisdeckung ist der Hausrat gegen Feuer/Elementarereignisse, Wasser und Diebstahl (Einbruch, Beraubung sowie «einfacher Diebstahl zu Hause») versichert.

Jeden dieser drei Bausteine können Sie einzeln versichern oder eben nicht.

Mögliche Zusatzversicherungen sind Glasbruch (siehe Seite 82 f.), Diebstahlzusatz für «einfacher Diebstahl auswärts» (siehe Seite 85 ff.) und

 Bei wertvollen Gegenständen: Kaufbelege aufbewahren!

Im Schadenfall will die Versicherung Kaufbelege sehen. Bewahren Sie also Quittungen (und eventuell Fotos) von teuren Gegenständen an einem sicheren Ort auf, wo sie auch vor Verbrennen geschützt sind. Das gilt beispielsweise für Foto- und Filmausrüstung, Schmuck, Bilder, Teppiche oder antike Möbel. Denken Sie daran: Die Versicherungssumme allein ist noch kein Beweis, sondern legt nur den maximalen Rahmen der Entschädigung fest.

Am besten ist es, bei wertvollen Gegenständen dem Versicherungsantrag einen Schätzungsbeleg beizulegen oder sie explizit in der Police aufführen zu lassen, wie das bei separaten Wertsachenversicherungen (siehe Seite 91) üblich ist.

Schutz für Ihr Hab und Gut

Spezialitäten wie zum Beispiel höhere Versicherungssummen für Schmuck oder Geldwerte.

Zum Hausrat gehört – grob gesagt – alles, was man beim Zügeln mitnimmt, inklusive gemietete und geleaste Sachen. Feste Einrichtungen wie zum Beispiel Parkett oder Kücheneinrichtungen gehören in der Regel nicht zum Hausrat.

Mofas sind nicht versichert (auch Töffs und Autos nicht).

Über die Hausratversicherung sind auch allfällige Folgeschäden versichert, also zum Beispiel Rauchschäden nach einem Feuer oder Beschädigungen nach dem Einsatz von Löschwasser oder Feuerlöscher. Oder defekte Türen oder Fenster nach einem Einbruch (ist für Wohnungseigentümer wichtig).

Gedeckt sind auch Schadenminderungskosten (siehe Seite 15 im Kapitel 1).

Der Geltungsbereich der Hausratversicherung ist der Standort gemäss Police, also die Wohnung beziehungsweise das Haus – inklusive Keller, Garage, Balkon, Terrasse, Abstellraum, Treppenhaus, Gartensitzplatz, Garten und Estrich.

Für Schäden am Hausrat, der sich vorübergehend ausserhalb des Geltungsbereichs befindet (den Sie zum Beispiel auf sich tragen oder sonstwie dabei haben), sind die Leistungen in der Regel beschränkt (siehe Seite 85).

Besitzer eines Ferienhauses müssen den Hausrat, der sich ganzjährig am Feriendomizil befindet, entweder separat versichern oder in der Police eigens aufführen lassen.

Der Deckungsumfang ergibt sich aus Police

Wichtig: Der Deckungsumfang der Hausratversicherung ist nicht vom Gesetz vorgegeben, sondern ergibt sich einzig und allein aus den Versicherungsbedingungen – und die unterscheiden sich in etlichen Punkten von Gesellschaft zu Gesellschaft.

So ist beispielsweise bei der Generali der Hausrat auch gegen Erdbebenfolgen versichert.

Versicherte mit speziellen Bedürfnissen sollten den Deckungsumfang der Hausratversicherung auch noch auf folgende Punkte prüfen:

- Ist der Inhalt des Tiefkühlers versichert, falls der Tiefkühler ausfällt? Zunächst gilt hier: Wenn nach einem Sturm der Strom ausfällt und dadurch Tiefgekühltes Schaden erleidet, so ist dieses Ma-

Hausratversicherung und Konkubinat

Ziehen zwei Singles zusammen, die beide schon je eine Hausratversicherung haben, so sollten sie ihre beiden Policen zu einer einzigen zusammenlegen, also den gemeinsamen Hausrat gemeinsam bei einer einzigen Gesellschaft versichern. Sonst zahlen sie zu viel.

Wie Konkubinats- und Ehepaare dabei vorgehen sollten, wenn sie Policen mit langer Vertragsdauer in den gemeinsamen Haushalt mitbringen, steht im Kapitel zur Privathaftpflicht-Versicherung im Kasten auf Seite 69.

Tipp für Konkubinatspaare: Stellen Sie zusammen mit der Versicherungsgesellschaft klar, dass Sie als Mehrpersonenhaushalt gelten. Bei einigen wenigen Gesellschaften sind Konkubinatspartner automatisch in der Familienpolice versichert, bei anderen braucht es einen speziellen Eintrag.

Ein paar Gesellschaften sagen, es genüge eine Mitteilung, und dann sei alles klar – aber in den Versicherungsbedingungen steht nichts darüber.

Seien Sie in solchen Fällen auf der Hut und lassen Sie sich eine schriftliche Bestätigung geben. Das gilt insbe-

Hausratversicherung

Mieter und Hausbesitzer müssen sich unterschiedlich versichern

Ein Grundsatz der Hausratversicherung lautet: Sie versichert nur Sachen, die dem Versicherungsnehmer gehören (dazu noch Gästeeffekten und anvertraute Sachen sowie oftmals auch gemietete oder geleaste Gegenstände, siehe Seite 85).

Für Mieterinnen und Mieter heisst das: Sie müssen in der Hausratversicherung nichts versichern, was dem Hausbesitzer gehört – also keine Fensterscheiben, Klosetts, Lavabos und Glaskeramikherde.

Beschädigt dann ein Mieter eine Türe oder eine Fensterscheibe oder den Glaskeramikherd, so ist dieser Schaden am Eigentum des Vermieters durch die (hoffentlich vorhandene) Privathaftpflicht-Versicherung des Mieters unter dem Titel Mieterschaden gedeckt (siehe auch Seite 69 ff.).

Wohnungs- und Hausbesitzer hingegen sind Eigentümer ihrer Fenster und Lavabos. Sie sollten also darauf achten, dass Brüche von Fensterscheiben, Glastüren, Klosetts, Lavabos, Glaskeramikherden und Küchenabdeckungen aus Naturstein versichert sind. Das ist im Rahmen einer Hausratversicherung viel günstiger als in einer gesonderten Gebäudeglas-Versicherung.

Diese unterschiedlichen Bedürfnisse von Mietern und Eigentümern begründen denn auch einen wesentlichen Unterschied in den Prämientabellen auf Seite 84: Bei der Basisversicherung für Mieter ist Glasbruch nicht dabei, bei der Basisversicherung für Haus- und Wohnungseigentümer hingegen sind sowohl Mobiliarglas als auch Gebäudeglas sowie Lavabos und Klosetts inbegriffen (siehe Seite 69 ff.).

Die Prämien für Mobiliar- und Gebäudeglas zusammen belaufen sich auf rund 30 bis 80 Franken pro Jahr. In der Regel ziehen die Gesellschaften hier keinen obligatorischen Selbstbehalt ab.

Hausbesitzer mit aussergewöhnlichen Einrichtungen sollten im Einzelfall abklären, was versichert ist und was nicht. Das gilt etwa für Wintergärten, Lichtkuppeln aus Kunststoff, Fassaden- und Wandverkleidungen, Leucht- und Neonröhren, Scheiben mit mehr als 4 Quadratmeter Fläche und Sonnenkollektoren.

Wichtig: Eigenheimbesitzer sollten auch an die Gebäudewasser-Versicherung denken (siehe Seite 101 f.).

---

leur auf ein Elementarereignis zurückzuführen und damit in jedem Fall in der Basisversicherung gedeckt.

Gibt der Tiefkühler hingegen wegen Altersschwäche seinen Geist auf, oder der Stromausfall ist nicht auf ein Elementarereignis zurückzuführen, sondern beispielsweise auf eine Panne des Stromlieferanten, so ist der Inhalt nur versichert, wenn das in der Police so vorgesehen ist.

Aus der Tabelle auf Seite 87 geht hervor, dass diese Zusatzdeckung bei einigen Versicherern inbegriffen ist (aber betraglich begrenzt) und dass sie bei anderen gegen Aufpreis zu haben ist.

● Sind Kosten (zum Beispiel Schlossänderungskosten, siehe Kasten auf Seite 82) auch beim «einfachen Diebstahl» mitversichert? Das ist insbesondere für Eigentümer von Wohnungen oder Häusern wichtig für den Fall, dass ihnen ein Dieb den Hausschlüssel beispielsweise aus der Tasche klaut. Etliche Gesellschaften schliessen Kosten beim «einfache Diebstahl» aus. Was *Mieter* in diesem Zusammenhang wissen müssen, steht im Kasten oben sowie im Kapitel zur Privathaftpflicht auf Seite 71.

● Ist ein Sperrservice für gestohlene oder verlorene Kreditkarten dabei?

● Bei welchen Schadenfällen macht die Hausratversicherung beim Entschädigen betragsmässige Beschränkungen? Diese Entschädigungslimiten (zum Beispiel beim Eigentum von Gästen, die bei Ihnen zu Besuch weilen, oder bei anvertrauten Sachen) sind in der Tabelle auf Seite 86 unter dem Stichwort «Maximale Deckung» und im Text auf Seite 85 näher erläutert.

Beachten Sie, dass diese Beschränkungen nicht in Stein gemeisselt sind; vielmehr können Sie sich bei den meisten Gesellschaften gegen Mehrprämie freiwillig besser versichern.

• Ist in der Grunddeckung der Hausratversicherung ein kostenloser Notfalldienst inbegriffen, der beispielsweise sofort Handwerker organisiert? Unter diesem Titel zahlen etliche Versicherungen maximal 1000 Franken für «Home Assistance».

• Sind Glaskeramik-Kochflächen und Tischplatten bzw. Küchenabdeckungen aus Naturstein in der Glasversicherung mitversichert?

Der Versicherungsschutz bei Feuer und Elementarschäden

Die Versicherung des Hausrats deckt einerseits Feuerschäden; dazu zählen Brand-,

Der Christbaum hat gebrannt: Welche Versicherung zahlt welche Schäden?

Frage: Am 30. Dezember haben wir noch einmal die Kerzen am Weihnachtsbaum angezündet. Als wir durch unser Enkelkind kurz abgelenkt waren, geschah das Unglück: Plötzlich brannte der Baum lichterloh.

Zum Glück gelang es meinem Mann, das Feuer rasch zu löschen.

Trotzdem entstand ein beträchtlicher Schaden. Eine Wand im Wohnzimmer ist jetzt kohlrabenschwarz, Vorhänge, Teppich und eine Kommode haben Brandspuren, um nur die grössten Schäden zu nennen. Können wir das einer Versicherung melden?

Antwort: Ja, allerdings sind verschiedene Versicherungen zuständig.

Die Gebäudefeuer-Versicherung deckt die Schäden am Gebäude selbst und in der Regel auch an allen fest damit verbundenen Einrichtungen – und zwar zum Neuwert. In den meisten Kantonen ist die Gebäudeversicherung für Hauseigentümer obligatorisch (siehe Seite 97 f.).

• Mieter müssen also einen solchen Vorfall ihrem Vermieter melden, damit er als Versicherungsnehmer den Schaden seiner Gebäude-Feuerversicherung anmelden kann.

Es gibt Kantone, in denen die Gebäude-Feuerversicherung nicht obligatorisch ist (Appenzell IR bei nicht verpfändeten Gebäuden, Genf, Tessin und Wallis). Hier würde die Privathaftpflicht-Versicherung des Mieters einspringen, falls der Hauseigentümer sein Haus nicht freiwillig versichert hat.

• Wer in den eigenen vier Wänden wohnt, muss sich direkt bei seiner Gebäude-Feuerversicherung melden.

Die Hausratversicherung deckt die Schäden am Mobiliar. Falls Sie eine Hausratversicherung haben, können Sie den Schaden an Kommode, Vorhängen und Teppich bei dieser Versicherung anmelden.

Über die Hausratversicherung sind auch Folgeschäden versichert, also beispielsweise Schäden wegen Rauchentwicklung oder wegen Einsatzes von Wasser oder Feuerlöscher.

In der Regel zahlt die Hausratversicherung die Reparaturkosten; bei Totalschaden wird die beschädigte Sache zum Wiederbeschaffungswert entschädigt (eventuell unter Abzug eines Selbstbehaltes).

Im Prinzip können alle erwähnten Versicherungen ihre Zahlungen kürzen, falls der versicherten Person eine grobe Verletzung der Sorgfaltspflicht vorzuwerfen ist.

In Ihrem Fall dürfte es sich aber kaum um Grobfahrlässigkeit handeln. Das wäre eher der Fall, wenn Sie nach dem Anzünden der Kerzen das Haus verlassen oder wenn Sie die Kerzen lange Zeit nach Weihnachten an einem völlig verdorrten Baum angezündet hätten.

Hausratversicherung

Blitz-, Explosions- und in der Regel auch Implosionsschäden (TV-Gerät) und daraus entstehende Rauchspuren.

Wenn also Hi-Fi-Geräte nach einem Blitzeinschlag defekt sind, werden sie ersetzt. Kein Geld gibts hingegen, wenn eine Überspannung des Stromnetzes (ohne Sturm oder Gewitter) der Auslöser für den Defekt war.

Was bei Christbaumbränden gilt, steht auf Seite 77.

Andrerseits deckt die Hausratversicherung auch Elementarschäden. Darunter fallen Steinschlag, Hagel, Überschwemmung, Hochwasser oder Sturmschäden bei Windgeschwindigkeiten über 75 Kilometer pro Stunde (siehe «Stichwort Sturmschaden» auf Seite 101).

Ferner sind Schäden durch Lawinen, Schneedruck, Felssturz und Erdrutsch versichert, aber nicht durch Erdbeben (ausser bei Generali).

Was bei Naturkatastrophen gilt, steht auf Seite 100.

Cheminéebesitzer, Raucher sowie Fans von Kerzen sollten darauf achten, dass Sengschäden durch so genannte Nutzfeuer gedeckt sind (zum Beispiel Löcher im Teppich wegen eines aus dem Cheminée herausgefallenen Holzteils oder wegen einer heruntergefallenen Zigarette). Das ist nicht bei allen Gesellschaften der Fall.

Das Gleiche gilt für andere Schäden «durch Nutzfeuer und Wärme». So ein Schaden entsteht beispielsweise, wenn man einen Gegenstand zu nahe an eine brennende Kerze oder an ein heisses Bügeleisen hält und der Gegenstand dann verkohlt ist oder wenn ein Gegenstand ins Cheminée fällt.

Aus der Tabelle auf S. 87 ist ersichtlich, ob und wie Sengschäden bei den einzelnen Anbietern versichert sind.

Der Versicherungsschutz bei Wasserschäden

Zu den versicherten Wasserschäden zählen Schäden am Hausrat, die durch Bruch von Wasserleitungen entstehen oder durch Auslaufen aus Apparaten und Einrichtungen, die an Wasserleitungen angeschlossen sind, sowie Schäden durch Überlaufen von Badewannen und Lavabos.

Der Hausrat ist auch versichert, wenn Regen, Schnee oder Schmelzwasser durch das Dach eindringt (aber nicht, wenn eine offen gelassene Dachluke die Ursache ist).

Ebenso sind in der Regel Hausratschäden aus auslaufenden Wasserbetten und Aquarien sowie Rückstau aus der Kanalisation versichert (Achtung: Schäden am *Gebäude* durch Wasser sind anderweitig versichert, siehe Seite 101 f.).

Die Hausratversicherung zahlt auch, wenn Flüssigkeiten (inklusive Öl) aus Heizungs- oder Wärmegewinnungsanlagen auslaufen.

Die Versicherungen kennen drei Arten von Diebstahl

Bei Diebstählen unterscheiden die Versicherungen zwischen 1. Einbruchdiebstahl, 2. Beraubung und 3. dem so genannten «einfachen Diebstahl»:

1. Einbruchdiebstahl (auch qualifizierter Diebstahl ge-

Zügelversicherungen decken die häufigsten Schäden nicht

Wer zügelt, kommt schnell einmal in Versuchung, eine Zügelversicherung abzuschliessen.

Dieser Schutz ist aber trügerisch, denn ausgerechnet Kratzspuren – und damit wohl die häufigsten Zügelschäden – sind von der Deckung ausgenommen. Ebenfalls nicht gedeckt sind Schramm- und Scheuerschäden, Druckschäden und Politurrisse. Man kann also auch ohne Transportversicherung leben. Bei Zügelschäden haftet ohnehin die Zügelfirma, falls sie fahrlässig gehandelt hat.

Dazu kommt: Wird der Hausrat während des Umzugs durch ein Elementarereignis, durch Feuer oder durch Wasser beschädigt oder wird er gestohlen, zahlt die Hausratversicherung – zumindest bis zur Obergrenze für «Hausrat auswärts» (siehe Details in der Tabelle auf Seite 86).

nannt) ist in der Basisdeckung grundsätzlich versichert und liegt dann vor, wenn die Täterschaft mit Gewalt – und also auch mit sichtbaren Spuren – in ein Gebäude oder in einen Raum eindringt oder in einem Gebäude ein Behältnis aufbricht.

In diesem Zusammenhang sind auch böswillige Beschädigungen des Hausrats versichert.

Geschieht dieser Einbruch zu Hause, so zahlt die Hausratversicherung im Prinzip bis zur vereinbarten Versicherungssumme – für Schmuck, Bargeld und Wertgegenstände allerdings meist nur mit Beschränkungen, sofern die Schmucksachen nicht in einem Kassenschrank von mindestens 100 Kilo Gewicht oder in einem eingemauerten Wandtresor eingeschlossen waren.

Tipp: Falls Sie Schmuck im Wert von 10 000 Franken oder mehr besitzen, sollten Sie den Abschluss einer separaten Wertsachenversicherung prüfen (siehe Details auf Seite 91).

Geschieht ein solcher *gewaltsamer* Einbruch ausserhalb des Domizils, zahlen die Versicherungen mit Beschränkungen (meist maximal 10 000 oder 20 000 Franken, siehe Tabelle auf Seite 86, Spalte «Max. Deckung für Hausrat auswärts»).

Ein solcher gewaltsamer Einbruch ausserhalb des Domizils liegt etwa bei einem Einbruch in ein Hotelzimmer oder in eine gemietete Ferienwohnung vor.

Achtung: Wenn Diebe Ihr Auto aufbrechen – egal ob mit sichtbaren Spuren oder nicht – und Gegenstände des Hausrates klauen, so zählt dies nicht als Einbruchdiebstahl im Sinne der Hausratversicherung. Dazu braucht es die Zusatzdeckung «einfacher Diebstahl auswärts» (siehe Details auf Seite 85 ff.).

2. Beraubungsschäden sind grundsätzlich ebenfalls in der Basisdeckung und gleich wie Einbruchdiebstahl versichert. Beraubung liegt dann vor, wenn der Täter mit Gewalt oder mit Androhung von Gewalt vorgeht – also beispielsweise dem Opfer ein Messer an den Hals setzt.

Der Versicherungsschutz bei «Beraubung» gilt auch, wenn das Opfer infolge Tod oder Ohnmacht bzw. nach einem Unfall keinen Widerstand leisten kann.

Achtung: Der Trickdiebstahl fällt nicht in diese Kategorie.

Und auch bei der Beraubung gilt wie beim Einbruchdiebstahl: Geschieht sie ausserhalb des Domizils, zahlen die Versicherungen mit Beschränkungen (meist maxi-

Stichwort: Erstrisikodeckung

Versicherung auf erstes Risiko heisst: Für einen bestimmten Baustein vereinbaren Kunde und Gesellschaft eine maximale Summe für die Entschädigung, die viel kleiner ist als die generelle Versicherungssumme, die vorne in der Police steht.

Beispiele: 2000 Franken für den «einfachen Diebstahl auswärts» oder 3000 Franken für die Versicherung von Gebäudeglas.

Bei einer Erstrisikodeckung ist keine Unterversicherung möglich, also erfolgt im Schadenfall auch keine Kürzung der Entschädigung infolge Unterversicherung (siehe mehr dazu auf Seite 93).

Eine interessante Variante hat die Visana: Hier kann man auch die Deckung für Wasser- und Diebstahlschäden auf erstes Risiko abschliessen. Der Grund: Bei Wasser- und Diebstahlschäden gibt es praktisch nie einen Totalverlust.

Das verringert natürlich die Prämien. Bezogen auf die Prämienbeispiele auf Seite 84 heisst das: Würde diese Erstrisikodeckung jeweils nur die Hälfte der Versicherungssumme betragen, wäre die Visanaprämie für Mieter 13 Prozent, für Eigentümer 14 Prozent günstiger.

Von den anderen grossen Gesellschaften bietet nur noch die Basler diese Prämiensparmöglichkeit an (allerdings erst ab einer Versicherungssumme von 100 000 Franken).

Hausratversicherung

mal 10 000 oder 20 000 Franken, siehe Tabelle auf S. 86).

Geschieht die Beraubung hingegen beispielsweise an der Wohnungstüre (also zu Hause), gibt es keine Beschränkungen – auch nicht beim Schmuck (siehe unten).

Knifflige Fragen stellen sich beim Entreissdiebstahl, also beispielsweise dann, wenn der Dieb per Velo oder Motorrad von hinten heranbraust und Ihre Handtasche mit einem schnellen Ruck an sich reisst.

Viele Gesellschaften sehen darin keine eigentliche Beraubung mit Gewaltanwendung, weil die bestohlene Person gar keine Möglichkeit hat, sich zu wehren – und ersetzen mit diesem Argument kein Bargeld (weil Geldwerte beim «einfachen Diebstahl» nicht versichert sind, siehe Seite 81 f.).

Opfer sollten aber in solchen Fällen auf eine Deckung bestehen und argumentieren, beim Entreissdiebstahl sei Gewalt im Spiel gewesen.

Beim «einfachen Diebstahl» gibt es zwei Varianten

3. Nach einem «einfachen Diebstahl» sind in der Regel keine Spuren feststellbar. Hier ist wiederum zu unterscheiden:

● Der «einfache Diebstahl *zu Hause*» ist ein Baustein, der in der Basisdeckung in der Regel mitversichert ist. Darunter fallen Einschleichdiebstähle ins Haus – wenn man beispielsweise aus Versehen ein Fenster offen gelassen hat. Bargeld ist hier nicht versichert und Schmuck meist nur mit einer Begrenzung zwischen 10 000 und 20 000 Franken (siehe Tabelle auf Seite 86).

● Der «einfache Diebstahl *auswärts*» ist ein Baustein, den man zur Basisdeckung dazu versichern kann und relativ teuer ist (siehe Tabelle auf Seite 88).

Dann ist aber eine maximale Versicherungssumme festzulegen, etwa 2000 Franken. Das ist eine so genannte Erstrisikodeckung (siehe «Stichwort» auf der Seite 79). Bargeld ist hier ebenfalls nicht versichert.

Die Zusatzdeckung «einfacher Diebstahl auswärts» zahlt beispielsweise Velodiebstähle und Klau von anderen Sportgeräten, Diebstahl von Mietskis (siehe die Seite 83), Diebstähle von Gepäck oder Natels aus dem Auto.

Auch Taschen- bzw. Trickdiebstähle sind hier versichert – und zwar in der Regel auch im Ausland.

Versichert ist auch *gestohlenes* Reisegepäck. Wer Reisegepäck zusätzlich gegen *Verlust* und *Beschädigung* (z. B. durch die Fluggesellschaft) versichern will, kann diese Deckung bei vielen Gesellschaften dazukaufen (siehe Seite 90).

Den Entreissdiebstahl ordnen viele Versicherungsgesellschaften ebenfalls dem Taschendiebstahl zu – und dann sind Geldwerte nicht gedeckt (siehe oben links).

Aber: Wer selber etwas durch Unachtsamkeit verliert oder verlegt, erhält von der Hausratversicherung keinen Ersatz.

Die Entschädigungslimiten beim Schmuck

Die Gesellschaften ersetzen Schmucksachen bis zu einem Betrag zwischen 10 000 und 30 000 Franken (je nach Gesellschaft, siehe Tabelle auf Seite 86).

Dies gilt für Einbruchdiebstahl (falls der Schmuck nicht in einem schweren oder eingemauerten Tresor aufbewahrt war) sowie für den «einfachen Diebstahl zu Hause».

Wenn Ihnen ein Dieb hingegen auf der Strasse eine Kette vom Hals reisst, so fällt das unter Beraubung, und Sie werden von den meisten Gesellschaften bis zur Maximalsumme entschädigt, die Sie in der Tabelle auf Seite 86 in der Spalte «Max. Deckung für Hausrat auswärts» sehen.

Wurde jemand ausser Haus Opfer eines Trickdiebstahls, so ist Schmuck nur innerhalb der Erstrisiko-Deckungssumme für «einfachen Diebstahl auswärts» versichert.

Auch hier kann man sich gegen eine Mehrprämie besser versichern oder allenfalls eine separate Wertsachenversicherung abschliessen (siehe Details auf Seite 91).

Für gestohlenes Bargeld gibt es oft keinen Ersatz

Beim Ersetzen von gestohlenen Geldwerten (inklusive Sparhefte, Münzen, Wertpapiere, ungefasste Edelsteine und Perlen) machen die Gesellschaften empfindliche Beschränkungen. Generell zahlen die Versicherungen maximal 3000 bis 5000 Franken (siehe Tabelle auf Seite 86) – auch nach einem Feuer.

Wem beispielsweise bei einem Einbruch 20 000 Franken Bargeld gestohlen wer-

Grobfahrlässigkeit als Gummiparagraf: «Unachtsame» Kunden gehen vielleicht leer aus

Die Gesellschaften verlangen von ihren Versicherten einen gewissen Grad von Achtsamkeit im Umgang mit den eigenen Siebensachen. Der Versicherte habe «die nach den Umständen gebotenen Massnahmen zum Schutze der versicherten Sachen» zu treffen, heisst es beispielsweise in den Bedingungen der Helvetia-Patria. Die Mobiliar verlangt die «nach den Umständen gebotenen Schutzmassnahmen».

Muss also beispielsweise ein Velo abgeschlossen sein oder nicht, wenn man den Baustein «einfacher Diebstahl auswärts» versichert hat?

Die Helvetia-Patria schreibt dazu: «Auf privaten Grundstücken, etwa im Veloraum des Arbeitgebers, im Innenhof eines Bekannten usw., wird ein Abschliessen nicht verlangt. Stellt ein Versicherungsnehmer sein Velo jedoch stets unabgeschlossen beim Bahnhof ab, so kann allenfalls ein Abzug wegen Grobfahrlässigkeit vorgenommen werden.»

Andere Gesellschaften lehnen die Übernahme eines Velodiebstahls kategorisch ab, falls das Velo nicht mit einem Schloss gesichert war.

Kürzungen dürften auch nicht zu umgehen sein, wenn ein Dieb ein offen herumliegendes Handy aus einem Cabrio mit offenem Verdeck klaut. Oder wenn jemand sehr wertvolle Gegenstände in einem nicht abschliessbaren Gartenhaus aufbewahrt.

Pech hatte auch der Kunde, dem in Andalusien Kleider aus dem Mietauto gestohlen wurden. Die Hausratversicherung der Winterthur kürzte die Entschädigung um 25 Prozent mit dem Argument: «Der Umstand, dass Sie das Reisegepäck in Ihrem Fahrzeug auf einem unbewachten Parkplatz liessen, gilt als grob fahrlässig.»

Erst als sich der Kunde auf der Direktion beschwerte, lenkte die Winterthur ein: Er erhielt doch noch die volle Schadensumme, aber nur «entgegenkommenderweise». Die zuerst vorgenommene Kürzung sei «aufgrund der objektiven Kriterien» zwar «durchaus vertretbar» gewesen, liege aber «im Ermessensbereich», schrieb die Winterthur.

Das Beispiel zeigt: Unter dem Titel «Grobfahrlässigkeit» haben die Versicherungen einen Gummiparagrafen zur Hand, mit dem sie nach freiem Ermessen operieren können, wenn sie dem Versicherten eine Leistung kürzen wollen.

Insbesondere beim Diebstahl von teurem Reisegepäck kommt es so immer wieder zu Streit mit der Versicherung.

Hier spielt stets auch eine Rolle, ob der Kunde schon früher relativ viele Schäden angemeldet hat oder ob er unbescholten ist und auch noch mehrere Policen bei der gleichen Gesellschaft hat.

Das Gleiche gilt übrigens auch für die Privathaftpflicht-Versicherung.

Tipps für den Fall, dass Sie mit der Entschädigung unzufrieden sind:
- Wenden Sie sich mit einem freundlichen Brief an die Generaldirektion, wenn Sie mit dem Entscheid einer Regionalagentur nicht einverstanden sind.
- Schalten Sie die Ombudsstelle der Privatversicherung ein (Adresse auf Seite 162).
- Schicken Sie die Unterlagen dem K-Tipp.

Die «Kosten»: Zusätzliches Geld für Opfer

Unter dem Titel «versicherte Kosten» übernehmen die Gesellschaften nach einem versicherten Schadenfall und bis zu einem bestimmten Betrag (in der Regel zwischen 5000 und 10 000 Franken, siehe Tabelle auf S. 87) Folgendes:
- Kosten für die Räumung und die fachgerechte Entsorgung der Überreste des Hausrats (zum Beispiel nach einem Brand);
- zusätzliche Lebenshaltungskosten, z.B. Hotelspesen, falls die Wohnung etwa nach einem Wasserschaden oder nach einem Brand unbewohnbar ist;
- Kosten für Notverglasungen, Nottüren und Notschlösser sowie für die Auswechslung der Schlösser.

Oft sind unter dem Titel «Kosten» auch die Auslagen für die Wiederbeschaffung von Ausweisen und anderen Dokumenten versichert.

Achtung: Bei etlichen Gesellschaften sind Kosten beim «einfachen Diebstahl» nicht gedeckt.

---

den, erhält im Normalfall je nach Gesellschaft lediglich 3000 oder 5000 Franken ersetzt – maximale vereinbarte Versicherungssumme gemäss Police hin oder her.

Beim «einfachen Diebstahl» hingegen gibt es nie Ersatz für Bargeld. Opfer von Taschendieben ausserhalb des Hauses (ohne Gewalt) erhalten also von der Hausratversicherung keinen Bargeldersatz, sondern nur Ersatz für den Wert des Portemonnaies.

Und man geht auch leer aus, wenn sich der Dieb ohne Gewalt in ein Haus einschleichen kann (etwa durch ein offenes Fenster) – es sei denn, das Geld war in einem Tresor oder in einer abschliessbaren Schublade: Wenn der Dieb ein solches Behältnis aufbricht, fällt die Tat unter Einbruchdiebstahl, und das Bargeld wird – mit den erwähnten Beschränkungen – ersetzt.

Gegen Mehrprämie kann man sich aber teilweise besser versichern und auf diese Weise die maximale Entschädigungssumme heraufsetzen.

Bedeutend schlauer ist es allerdings, zu Hause keine grösseren Bargeldbeträge aufzubewahren.

Der Versicherungsschutz bei Glasbruch

Die Glasbruchversicherung zählt zu den Zusatzmodulen, die Sie nur abschliessen sollten, wenn Sie dafür wirklich einen Bedarf haben. Dabei ist zu unterscheiden zwischen
- Mobiliarglas und
- Gebäudeglas

Mobiliarglas: Einen Zusatz für Mobiliarglas brauchen Sie nur, falls Sie teure Glasvitrinen, Aquarien oder Tischplatten aus Glas haben. Wer hingegen nur wenig Glasmöbel hat, kann das Risiko einer Beschädigung selber tragen.

Die Mobiliarglas-Zusatzdeckung kostet zwischen 20 und 40 Franken pro Jahr.

Bei dieser Art Versicherung müssen sich die Versicherten bei etlichen Gesellschaften für eine bestimmte Versicherungssumme auf erstes Risiko entscheiden (zum Beispiel 2000 Franken, siehe Stichwort auf Seite 79).

Nicht versichert sind in der Regel Schäden an Handspiegeln, optischen Gläsern (Linsen und Brillen), Glasgeschirr, Hohlgläsern (z. B. Vasen), Beleuchtungskörpern, Glühbirnen sowie Leucht- und Neonröhren.

Aus dem Gesagten wird klar, dass eine allfällige Mobiliarglas-Versicherung sowohl für Mieter als auch für Wohneigentümer in Frage kommen kann.

Tipp: Besitzer von Tischplatten aus Natur- oder Kunststein sollten sich erkundigen, ob auch solche Platten bei der Mobiliarglas-Versicherung gegen Bruch mitversichert sind oder nicht. *Nicht* versichert sind jedoch blosse Kratzer an solchen Gegenständen.

Gebäudeglas: In diese Kategorie gehören Fensterscheiben, Wintergärten, Lichtkuppeln, Lavabos und WC-Schüsseln. Diese Deckung brauchen in der Regel nur Wohnungs- und Hausbesitzer (siehe Kasten auf S. 76).

Tipp: Bei einigen Gesellschaften gehören Lavabos und

WC-Schüsseln nicht zur Kategorie «Gebäudeglas», sondern müssen separat versichert werden. Das Gleiche gilt für Kochflächen aus Glaskeramik und Küchenabdeckungen aus Natur- oder Kunststein. Überlegen Sie als Wohneigner also genau, was Sie versichern wollen, und lassen Sie sich dann eine auf Ihre Bedürfnisse zugeschnittene Deckung zusammenstellen.

Was Wohnungs- und Hauseigentümer zum Thema Glasversicherung noch wissen müssen, steht im Kasten auf Seite 76.

Achtung: Viele Gesellschaften machen bei der Glasversicherung keine saubere Unterteilung, sondern versichern Mobiliarglas und Gebäudeglas unter dem gleichen Titel gemeinsam.

Diese fehlende Unterscheidung ist für Mieterinnen und Mieter nachteilig. Wer nämlich bei einer solchen Gesellschaft nur einige teure Glasvitrinen (Mobiliarglas) versichern möchte, zahlt mit seinem Prämiengeld auch für das Gebäudeglas (zum Beispiel Fensterscheiben oder Lavabos) – obwohl diese Sachen gar nicht dem Mieter gehören und er sie daher nicht versichern müsste (siehe Kasten auf Seite 76).

So vergütet die Hausratversicherung Ihre Schäden

Im Grundsatz vergütet die Hausratversicherung die in Mitleidenschaft gezogenen oder gestohlenen Gegenstände zum so genannten Wiederbeschaffungswert (oft Neuwert genannt).

Die Versicherten erhalten also diejenige Summe, die sie (zum Zeitpunkt des Eintritts des Schadens) ausgeben müssten, um einen gleichwertigen neuen Gegenstand zu erstehen.

Das gilt auch, wenn man den Gegenstand früher als Occasion gekauft hat. Und es gilt auch, wenn man ein Handy zu einem Mobiltelefon-Abonnement gratis oder sehr günstig bekommen hat.

Diese Neuwertregel steht im Gegensatz zur Privathaftpflicht-Versicherung, die nur den geringeren Wert zum Zeitpunkt des Schadenereignisses, den so genannten Zeitwert, ersetzt. Oder anders ausgedrückt: Die Privathaftpflicht-Police ersetzt nur den Wiederbeschaffungswert abzüglich die Abnützung.

Eine Konsequenz dieser Entschädigungspraxis in der Hausratversicherung ist übrigens: Wenn Sie von der Hausratversicherung einen Computer ersetzt erhalten, für den Sie vor einigen Jahren 3000 Franken bezahlt haben, so bekommen Sie vielleicht nur 2000 Franken, weil ein gleichwertiger neuer Computer heute für bedeutend weniger Geld erhältlich ist.

Liebhaberwerte vergütet die Hausratversicherung nicht.

Ist eine Reparatur möglich, zahlt die Versicherung die Reparaturkosten.

Spezielle Skiversicherungen sind meist nicht nötig

Sportgeschäfte bieten beim Kauf oder bei der Miete oft Ski- und Snowboard-Versicherungen an; sie decken Haftpflichtansprüche, Diebstahl sowie Materialbrüche ab. In der Regel brauchen Sie das nicht:

- Um sich vor Haftpflichtansprüchen zu schützen, sollte man sich unbedingt den vollen, ganzjährigen Schutz der Privathaftpflicht-Versicherung zulegen (siehe Kapitel auf Seite 60 ff.). Das gilt auch für junge Leute. Dann braucht es keine spezielle Ski- oder Snowboard-Haftpflichtversicherung.
- Wenn Sie bereits den Zusatzbaustein «einfacher Diebstahl auswärts» der Hausratversicherung haben, können Sie dieses Angebot der Sportläden getrost ausschlagen, weil Sie sonst den Diebstahl doppelt versichert hätten. Allerdings gilt bei dieser Deckung der Hausratversicherung meist ein Selbstbehalt von 200 Franken, während die im Sportgeschäft angebotenen Versicherungen keinen Selbstbehalt kennen.
- Das Bruchrisiko von Skis und Snowboards ist zwar in der Hausratpolice nicht versichert – aber es ist auch gering.

Hausratversicherung

Beachten Sie aber, dass Sie bei Unterversicherung weniger erhalten (siehe Seite 93), dass Sie oft einen obligatorischen Selbstbehalt übernehmen müssen (siehe Seite 86) und dass gewisse Gegenstände trotz Neuwert-Grundsatz bei einigen Gesellschaften nur zum geringeren Zeitwert versichert sind (siehe S. 85).

Trotz Rabatten: Achten Sie auf Höhe der Grundprämie

Die Tarife in der Tabelle unten sind mit Vorsicht zu geniessen, weil noch Rabatte ins Spiel kommen. (Die Angaben gelten für den erstmaligen Abschluss oder wenn Sie den Versicherer wechseln.)

• Etliche Gesellschaften gewähren nach einigen Jahren so genannte Schadenfreiheitsrabatte zwischen 3 und 24 Prozent, also einen Prämiennachlass für Kundinnen und Kunden, die keine Schäden anmelden.

Achtung: Bei Coop kann die Prämie nach einem Schaden gar in den Malus rut-

Prämienvergleich: So viel kostet die Hausratversicherung

Basisversicherung für Mieter
Versicherungssumme 100 000 Franken für Feuer- und Elementarschäden, Wasser und Diebstahl[1] (ohne Glas)

Gesellschaft	Jahresprämie	Leistungen
Vaudoise	252.–	☺
Allianz	268.–	☺
Zürich	310.–	☺
CSS[2]	193.–	😐
Coop Vers.	211.–	😐
Züritel	225.–	😐
Visana[3]	227.–	😐
Helvetia-Patria	241.–	😐
Generali	252.–	😐
Mobiliar	255.– [5,6]	😐
Alpina	263.–	😐
Basler	263.–	😐
Winterthur	213.– bis 267.– [4]	😐
La Suisse	273.–	😐
Axa	278.–	😐
National	224.–	☹

Basisversicherung für Eigentümer
Versicherungssumme 200 000 Franken für Feuer-/Elementarschäden, Wasser, Diebstahl[1] sowie Gebäude- und Mobiliarglas inkl. Lavabos (VS mindestens 2000 Franken)

Gesellschaft	Jahresprämie	Leistungen
Allianz	567.–	☺
Vaudoise	567.–	☺
Mobiliar	601.– [5]	☺
Zürich	675.–	☺
Züritel	478.–	😐
CSS[2]	479.–	😐
Coop Vers.	498.–	😐
Visana[3]	531.–	😐
Helvetia-Patria	554.–	😐
Basler	562.–	😐
Winterthur	461.– bis 577.– [4]	😐
Alpina	588.–	😐
La Suisse	613.–	😐
Axa	615.–	😐
Generali	620.–	😐
National	510.–	☹

Abkürzung: VS = Versicherungssumme
☺ = überdurchschnittlich
😐 = durchschnittlich
☹ = unterdurchschnittlich
Die Prämien gelten jeweils für die Variante mit kleinstmöglichen Selbstbehalten (inkl. 5% Stempelsteuer). Der Zusatzbaustein «einfacher Diebstahl auswärts» ist auf Seite 88 separat verglichen.
Das Leistungsurteil des VZ bewertet das Basisangebot mit der jeweils kleinstmöglichen Selbstbehaltsvariante und die entsprechenden Leistungen (nicht aber das Preis-Leistungs-Verhältnis).

Die Tarife sind bei den meisten Gesellschaften linear; also kostet die halbe Versicherungssumme in der Regel die halbe Prämie, die doppelte Versicherungssumme in der Regel doppelt so viel.
[1] Mit Einbruchdiebstahl, Beraubung und einfachem Diebstahl zu Hause; ohne einfachen Diebstahl auswärts.
[2] Nicht-CSS-Versicherte zahlen 20% Zuschlag.
[3] Nicht-Visana-Versicherte zahlen 10% Zuschlag.
[4] Je nach Alter und Schadenverlauf beim vorherigen Versicherer.
[5] Inkl. Schadenfreiheitsrabatt (9 – 15%), den alle Neuversicherten bei der Mobiliar erhalten.
[6] Inkl. Mobiliarglas-Deckung (kann nicht ausgeschlossen werden).
Berücksichtigt sind die 12 grössten Gesellschaften, 2 bekanntere günstigere Anbieter sowie 2 Kranken-

schen, also höher werden als zu Beginn.
- Zudem belohnen ein paar Anbieter diejenigen Kundinnen und Kunden mit Treuerabatten, die sich auf Verträge mit fester langjähriger Laufzeit einlassen (wovon eher abzuraten ist).
- Einige Gesellschaften geben auch Kombirabatte, falls die versicherte Person auch die Privathaftpflicht-Police beim gleichen Anbieter hat.

Dennoch: All diese und auch weitere Rabatte dürfen niemals der alleinige Grund sein, sich für eine bestimmte Gesellschaft zu entscheiden. Das generelle Prämienniveau und der Leistungsumfang sind viel wichtiger.

Einschränkungen und Limiten bei der Entschädigung

Aus der Tabelle auf Seite 86 f. geht hervor, dass die Entschädigung der Hausratversicherung in vielen Fällen eingeschränkt sein kann:
- Die Beschränkungen bei Bargeld und Schmuck sind bereits auf Seite 80 f. erläutert.
- Bis zu einer gewissen Höhe (meist maximal 10 000 bis 20 000 Franken, je nach Gesellschaft) sind Hausratgegenstände auch ausserhalb der eigenen Wohnung zum Beispiel gegen Einbruchdiebstahl oder Brand versichert.
- Ebenso weit unter der in der Police vereinbarten Versicherungssumme liegt in der Regel die Entschädigung für persönliche Effekten von Gästen, die bei Ihnen zu Besuch weilen, sowie für anvertraute Sachen, für fremde Besitztümer also, die der Versicherungsnehmer zu sich in Obhut (zur Verwahrung) genommen hat. Bei fremdem Eigentum, das man zum Gebrauch ausgeliehen hat, zahlt grundsätzlich die Privathaftpflicht-Versicherung, sofern man für den Schaden überhaupt verantwortlich ist (siehe Seite 61).

Tipp: Achten Sie darauf, ob bei den Gästeeffekten und anvertrauten Sachen Geldwerte mitversichert sind oder nicht. Meist ist das nicht der Fall.

Für Sportgeräte zahlt die Versicherung oft nur den Zeitwert

Wie schon gesagt: Im Grundsatz vergütet die Hausratversicherung beschädigte oder gestohlene Sachen zum Neuwert bzw. zum Wiederbeschaffungswert eines gleichwertigen neuen Gegenstandes.

Das ist aber nicht in jedem Fall so. Die Tabelle auf S. 86 zeigt, welche Sachen die Versicherer in der Hausratversicherung dennoch nur zum (geringeren) aktuellen Zeitwert ersetzen (also einen Abzug für die Amortisation machen). Das ist insbesondere bei nicht mehr gebrauchten Sachen der Fall sowie bei bestimmten Sportgeräten wie Velos, Skis und Snowboards.

Wer will, kann seine Sportgeräte bei einigen Versicherungsgesellschaften gegen eine Mehrprämie zum Neuwert versichern. Das kann sich durchaus lohnen, weil die Versicherungen bei Skis, Velos und Snowboards mit einer jährlichen Wertminderung von mindestens 10 Prozent rechnen.
- Die Erläuterungen zur Leistungskürzung bei Unterversicherung finden Sie auf der Seite 93.
- Die in der Tabelle auf Seite 86 f. angegebenen Entschädigungslimiten basieren auf den vom VZ eingeholten Offert-Beispielen für einen Neukunden. Bei den meisten Gesellschaften können diese Limiten aber bei Bedarf gegen Mehrprämie erhöht werden.

Das bedeutet aber auch, dass bestehende (ältere) Versicherungsverträge abweichende Limiten haben können. Prüfen Sie Ihre Police bzw. die gültigen Allgemeinen Versicherungsbedingungen.
- Das VZ-Leistungsurteil, das Sie bei den Prämien auf der Seite 84 finden, bewertet das Basisangebot gemäss Tabelle auf Seite 86 f. mit der jeweils kleinstmöglichen Selbstbehaltsvariante und die entsprechenden Leistungen (aber nicht das Preis-Leistungs-Verhältnis).

Der Zusatzbaustein «einfacher Diebstahl auswärts»

Es gibt Gefahren, die im Basispaket für die Prämien in der Tabelle auf der Seite 84

Hausratversicherung

nicht enthalten sind, insbesondere der so genannte «einfache Diebstahl auswärts» (ausserhalb der Wohnung) ohne Gewaltanwendung (Definition auf Seite 80). Wer diesen Baustein will, muss ihn separat versichern; was das kostet, steht auf der Seite 88.

Aber: Wer keine wertvollen Dinge ausserhalb der Wohnung mitführt oder gut auf seine Siebensachen aufpassen will, kann auf diese ver-

Hausratversicherung: Die Deckungslimiten in de

Gesellschaft	Obligatorische Selbstbehalte	Maximale Deckung für Schmuck[3]	Maximale Deckung für Geldwerte[4]	Max. Deckung für Hausrat auswärts (ohne einf. Diebstahl)	Nur zum Zeitwert versicherte Sachen
Allianz	200.- bei ES, D	10 000.-	5000.-	VS	NGS
Alpina	200.- bei einf. D, ES	20 000.-	5000.-	20 000.-	Velos[1], Skis/Snowboards[1], NGS
Axa	200.- bei ES	20% der VS, max. 20 000.-	3000.-	20 000.-	NGS
Basler	200.- generell (ausser bei Glasbruch)	10 000.-[6]	5000.-,	F, ES 10 000.-; D, W 2000.-	Alles zum Neuwert
Coop Versicherung	200.- bei ES, D	20 000.-	5000.-	20 000.-	Velos[1], Mofas[1] Sportgeräte[1], NGS
CSS	200.- generell	20% der VS, max. 20 000.-	3000.-	10 000.-	Sportgeräte NGS
Generali	200.- bei ES, D, Sengschäden	10% der VS, mind. 10 000.- max. 20 000.-	5000.-	10% der VS, mind. 10 000.- max. 20 000.-	Alles zum Neuwert
Helvetia-Patria	200.- bei ES, D, Implosion, Sengschäden, Nutzfeuer	20% der VS, max. 20 000.-	10% der VS, max. 5000.-	30 000.-	NGS, bei D: Velos[1] Skis/Snowboards[1]
La Suisse	200.- bei ES, D	20 000.-	5000.-	20 000.-	NGS
Mobiliar	200.- generell (ausser bei Glasbruch)	20 000.-	3000.-	10% der VS, mind. 5000.-	NGS
National	200.- bei ES, D	20 000.-	3000.-	10 000.-	Velos[1], Skis/Snowboards[1], NGS
Vaudoise	200.- bei ES, D (SB bei D nur für Schäden bis 200.-)	20 000.-	5000.-	10% der VS, max. 30 000.-	Alles zum Neuwert
Visana	200.- bei ES, D	20 000.-	3000.-	10 000.-	Alles zum Neuwert
Winterthur	200.- generell (ausser bei Glasbruch)	20 000.-[6]	3000.-	10 000.-	NGS
Zürich	200.- bei ES, übr. Schäden bis 2000.-: SB 200.-. Über 2000.- : SB 0.-	20% der VS, max. 30 000.-	5000.-	VS, im Ausland Begrenzung auf 20% der VS (max. 30 000.-)	Alles zum Neuwert
Züritel	200.- bei D	20% der VS, max. 30 000.-	3000.-	10 000.-	Velos[1], Skis/Snowboards[1]

Abkürzungen: D = Diebstahl; einf. D = einfacher Diebstahl; ES = Elementarschäden; F = Feuer; NGS = nicht mehr gebrauchte Sachen; SB = Selbstbehalt; UV = Unterversicherung; VS = Versicherungssumme; W = Wasser

Einzelne Deckungslimiten (z.B. für Schmuck, Hausrat auswärts, Kosten etc.) können bei den meisten Gesellschaften individuell gegen Mehrprämie erhöht werden.
[1] Gegen Mehrprämie zum Neuwert versicherbar.
[2] Im Prämienbeispiel auf Seite 84 inbegriffen: 10% der VS für Räumungskosten, 20% der VS für zusätzliche Lebenshaltungskosten, 3000 Franken für Kosten bei Schlüsselverlust, 5000 Franken für Provisorien, 500

gleichsweise teure Zusatzdeckung getrost verzichten.

Wer sie hingegen braucht, muss entscheiden, bis zu welcher maximalen Summe die mitgeführten Sachen gegen «einfachen Diebstahl auswärts» versichert sein sollen (die so genannte Erstrisikodeckung, siehe Seite 79).

Mehr als 10 000 Franken versichert kaum eine Gesellschaft (die Prämien steigen linear mit zunehmender Versicherungssumme).

Basis-Versicherung

Verzicht auf Leistungskürzung bei UV bis Schadenhöhe von [5]	Maximale Deckung für Kosten (z. B. Nottüre oder Hotelspesen)	Maximale Deckung für Sengschäden	Maximale Deckung für Gästeeffekten	Maximale Deckung für anvertraute Sachen	Maximale Deckung für Verderb von Tiefkühlgut
10 % der VS, maximal 20 000.-	10 % der VS	5000.-	VS	VS	500.-
10 % der VS, maximal 20 000.-	5000.-	Nicht versichert	5000.-	5000.-	Gegen Zuschlag möglich
10 % der VS	5000.-	3000.-	3000.-	3000.-	Gegen Zuschlag möglich
5000.-	10 000.-	VS	VS	VS	VS
Generell keine Kürzung	5000.-	5000.-	5000.-	5000.-	5000.-
Keine Kürzung [7]	5000.-	2000.-	VS	VS	Keine Deckung
10 % der VS, max. 20 000.-	5000.-	3000.-	3000.-	3000.-	Gegen Zuschlag möglich
10 % der VS, max. 20 000.-	10 % der VS, max. 5000.-	5000.-	10 % der VS, max. 5000.-	10 % der VS, max. 5000.-	Gegen Zuschlag möglich
10 000.-	5000.-	Nicht versichert	5000.-	5000.-	1000.-
10 % der VS, max. 20 000.-	10 % der VS, mind. 5000.-	5000.-	VS	VS	VS
Kein Kürzungsverzicht (Kürzung immer)	5000.-	5000.-	3000.-	3000.-	5000.-
10 % der VS	10 % der VS, max. 10 000.-	Nicht versichert	5000.-	VS	Gegen Zuschlag möglich
Generell keine Kürzung	5000.-	2000.-	3000.-	VS	Gegen Zuschlag möglich
10 % der VS, max. 20 000.-	5000.- bei einf. D 500.-	5000.-	5000.-	VS	Gegen Zuschlag möglich
10 % der VS, max. 30 000.-	Pro Kostenart 10 % der VS (mind. 5000.-), alle Kosten zusammen max. 50 000.-	5000.-	VS	VS	Gegen Zuschlag möglich
Generell keine Kürzung	Je nach Kostenart unterschiedlich [2]	3000.-	VS	VS	300.-

Franken für allgemeine Kosten, Kosten bei Verlust der Ausweise und Kreditkarten pauschal.
[3] Begrenzung gilt nur bei einfachem Diebstahl und bei Einbruch, sofern der Schmuck nicht in einem Kassenschrank mit mind. 100 kg Gewicht oder in einem eingemauerten Wandtresor aufbewahrt wurde.
[4] Keine Deckung bei einfachem Diebstahl.
[5] Keine Kürzung bei Erstrisikodeckungen.
[6] Beschränkung gilt für alle Risiken, also auch bei Feuer, Wasser und Beraubung.
[7] Gilt nur, wenn Versicherungssumme nach Wohnungsfläche in Quadratmetern ermittelt wird, ansonsten kein Kürzungsverzicht, d.h. es wird im Verhältnis der Unterversicherung gekürzt.

Hausratversicherung

QUELLE: VZ VERMÖGENSZENTRUM, STAND MÄRZ 2002

Die maximale Entschädigung ist dann begrenzt auf diese speziell vereinbarte Versicherungssumme – auch wenn Ihnen ein teurerer Gegenstand gestohlen wurde (wobei Sie aber in fast jedem Fall bei einem Schaden einen Selbstbehalt von 200 Franken übernehmen müssen).

Wie viele Prämienfranken eine versicherte Summe von 2000 Franken kostet, ersehen Sie aus der Tabelle unten. Dieser Zusatzbaustein ist relativ teuer – unter anderem auch deshalb, weil nicht nur Fahrräder und Skis unter diese Rubrik fallen, sondern auch die bei Dieben sehr beliebten Mobiltelefone. Denn auch der Natelklau aus dem Auto gilt als «einfacher Diebstahl auswärts» (siehe auch Ausführungen auf Seite 80).

Tipp für Sportmuffel: Bei einigen Gesellschaften können Sie beim Zusatzbaustein «einfacher Diebstahl auswärts» Velos und/oder Skis bzw. Snowboards von der Deckung ausschliessen. Das senkt die Prämie markant.

Tipp für Velofahrer: Achten Sie darauf, ob Ihr Fahrrad zum besseren Neuwert oder nur zum Zeitwert versichert ist. Details ersehen Sie aus der Tabelle auf Seite 86. Dort sehen Sie auch, ob Sie Fahrräder gegen Mehrprämie besser versichern können, als es die Standarddeckung Ihrer Ver-

Fortsetzung auf Seite 90

Zusatzdeckung für 2000 Franken «einfacher Diebstahl auswärts»

Gesellschaft	Jahresprämie Basisschutz	Prämie inkl. Verlust und Beschädigung von Reisegepäck	Selbstbehalt
Allianz	28.–	49.–	200.–
Alpina	80.–	132.–	200.–
Axa	103.–	145.–	200.–
Basler	79.–	79.–[6]	200.–
Coop Vers.	79.–	Nicht versicherbar	200.–
CSS	113.–[1]	Nicht versicherbar	200.–
Generali	63.–	84.–	200.–
Helvetia-Patria	77.–	130.–	200.–
La Suisse	84.–	103.–	200.–
Mobiliar	67.–/85.–[2]	78.–/97.–[2]	200.–
National	76.–	139.–	200.–
Vaudoise	74.–	126.–	Bei Schäden bis 200.– SB 200.–. Bei höheren Schäden kein SB
Visana	57.–[5]	Nicht versicherbar	200.–
Winterthur	66.– bis 82.–[3]	104.– bis 130.–[3]	200.–
Zürich	96.–	150.–[4]	Bei Schäden bis 2000.– SB 200.–. Bei höheren Schäden kein SB
Züritel	63.–	107.–	200.–

Abkürzung: SB = Selbstbehalt

Jahresprämie inkl. 5% Stempelsteuer; Geldwerte sind in der Regel von der Deckung ausgeschlossen.

Velos und Skis/Snowboards können bei einzelnen Anbietern von der Deckung ausgeschlossen werden, was die Prämie markant verbilligt.
[1] Nicht-CSS-Versicherte zahlen 20% Zuschlag.
[2] Prämien für Einpersonen- bzw. Mehrpersonenhaushalt.
[3] Je nach Alter und Schadenverlauf beim vorherigen Versicherer.
[4] Prämien für «Superdiebstahl», d.h. Verdoppelung der Versicherungssumme, falls Entfernung über 50 km Luftlinie von zu Hause oder mindestens 1 Übernachtung ausserhalb des Wohnortes.
[5] Nicht-Visana-Versicherte zahlen 10% Zuschlag.
[6] Prämien für Reisegepäck abhängig von der Basis-Hausratversicherungssumme (aufgeführte Prämie gilt für eine Basis-Versicherungssumme von 100 000.–, bei 200 000.– beträgt die Prämie 95.–).

Die wichtigsten Tipps für den richtigen Umgang mit der Hausratversicherung

- Beachten Sie die allgemeinen Tipps zum Vertragsabschluss auf Seite 8 ff.
- Überlegen Sie vor dem Abschluss, welche Deckungen für Sie wichtig sind und welche nicht. Wer beispielsweise nichts Wertvolles ausser Haus mitnimmt oder keine sehr teuren Glasmöbel hat, kann sich mit dem Standard-Produkt zufrieden geben.
- Denken Sie daran, dass sich die Hausratversicherung modulartig und massgeschneidert zusammensetzen lässt.
- Falls Sie Sonderwünsche haben, können viele Gesellschaften darauf eingehen. Das kann beispielsweise der Fall sein, wenn Sie mit wertvollem Gepäck reisen. Oder wenn Sie ein teures Velo unbedingt zum Neuwert versichern wollen. Oder wenn Sie zu Hause viele Wertsachen aufbewahren (siehe auch Seite 91). Sie können oftmals auch die im Standard-Produkt vorgesehenen Leistungsbegrenzungen (z.B. für Geldwerte oder Hausrat auswärts) gegen Aufpreis erhöhen.
- Mieter müssen die Sachen des Vermieters (etwa Fensterglas) nicht versichern.
- Sie sind nicht verpflichtet, die Privathaftpflicht- und die Hausratversicherung bei der gleichen Gesellschaft zu haben. Mit getrenntem Vorgehen können Sie in beiden Bereichen jeweils das beste Angebot suchen.
- Holen Sie mehrere Offerten ein. Fragen Sie vor dem Abschluss auch Freunde und Bekannte nach ihren Erfahrungen mit den Gesellschaften, die für Sie in Frage kommen.
- Lassen Sie sich nicht von kleinen Besonderheiten blenden, welche die Gesellschaften gross herausstreichen. Sie sind oft blosse Augenwischerei.
- Verzichten Sie auf höhere Selbstbehalte. Sie lohnen sich in der Hausratversicherung nicht.
- Fragen Sie nach Prämiensparmöglichkeiten – zum Beispiel nach einer Ermässigung, wenn Velos oder Skis oder Geldwerte nicht versichert sein sollen. Oder fragen Sie nach einem Rabatt beim Diebstahlrisiko für den Fall, dass Sie eine taugliche Alarmanlage einbauen lassen oder weitere Einbruchschutz-Massnahmen treffen.
- Achten Sie bei der Auswahl der Gesellschaft nicht nur auf den Preis, sondern vor allem auf den Leistungsumfang (Details im Text) und das VZ-Leistungsurteil. Lesen Sie die Vertragsbedingungen vor allem im Hinblick auf Deckungseinschränkungen.
- Bestehen Sie auf Kurzfristverträgen, die sich nach einem Jahr automatisch verlängern. So bleiben Sie flexibel. Langfristig fahren Sie am besten, wenn Sie das für Sie massgeschneiderte Angebot mit jährlich kündbarem Vertrag wählen.
- Punkto Kündigungsmöglichkeiten gilt das Gleiche wie beispielsweise bei der Autoversicherung (siehe Details auf den Seiten 16 ff. und 135 ff.).
- Überprüfen Sie alle fünf Jahre oder nach grösseren Neuanschaffungen, ob die vereinbarte Versicherungssumme immer noch möglichst dem effektiven Neuwert Ihres Hausrats entspricht.
- Im Grundsatz umfasst die Hausratpolice das Eigentum sämtlicher Familienmitglieder. Probleme könnte es aber dort geben, wo noch familienfremde Personen im gleichen Haushalt wohnen. Erkundigen Sie sich nach der Praxis Ihrer Versicherungsgesellschaft.
- Auch Konkubinatspaare sollten sicherstellen, dass sie wie eine Familie behandelt werden (bei einigen Gesellschaften müssen beide Partner in der Mehrpersonenhaushalt-Police namentlich erwähnt sein).
- Lesen Sie in den Vertragsbedingungen, welche Vorsichtsmassnahmen die Gesellschaft von Ihnen verlangt, damit sie im Schadenfall zahlt.
- Melden Sie Schäden auch dann, wenn Sie das betreffende Schadenereignis in den Versicherungsbedingungen nicht finden. Vielleicht hat die Gesellschaft in der Zwischenzeit ihre Praxis geändert.

Hausratversicherung

Fortsetzung von Seite 88

sicherung anbietet. Die entsprechenden Angaben zum Thema Zeitwert/Neuwert gelten nämlich auch für den Zusatzbaustein «einfacher Diebstahl auswärts».

Und vergessen Sie nicht: Falls Ihr (teures) Velo mehrmals gestohlen wird, kann die Versicherung den Vertrag kündigen oder einen höheren Selbstbehalt diktieren oder Fahrräder künftig sogar von der Deckung ausschliessen. Es lohnt sich also, seinen Drahtesel gut zu hüten (siehe auch Ausführungen im Kasten auf Seite 81).

So ist Gepäck auch gegen Beschädigung und Verlust gedeckt

Gegen Feuer- und Elementarschäden, Einbruchdiebstahl, Wasser und Beraubung (mit Gewalt) ist Reisegepäck in der Basisversicherung versichert – und zwar bis zur Höhe von maximal 10 000 oder 20 000 Franken (je nach Gesellschaft, siehe Tabelle S. 86, Spalte «Max. Deckung für Hausrat auswärts»).

Falls Sie zusätzlich den Baustein «einfacher Diebstahl auswärts» haben, ist Ihr Gepäck beispielsweise auch gegen Trickdiebstahl versichert (siehe Seite 80).

Sie können Ihr Reisegepäck noch besser versichern: Als Erweiterung zum «einfacher Diebstahl auswärts» bieten viele Gesellschaften eine verbesserte Deckung von Reisegepäck an. Wie hoch die Prämie inklusive dieser Deckung ist, ersehen Sie aus der Tabelle auf Seite 88 (bei der Basler ist dieser Zusatz automatisch dabei).

Mit dieser Erweiterung sind Koffer und beispielsweise die Videokamera nicht nur gegen *Diebstahl*, sondern auch gegen *Beschädigung* von aussen versichert und auch dann, wenn das Reisegepäck während oder am Ende der Reise nicht mehr auffindbar ist.

Das kann der Fall sein, wenn das Transportunternehmen das Reisegepäck «verhühnert». In den Versicherungsbedingungen ist das als «Verlust» bezeichnet.

Aber: Falls Sie mit teurem Gepäck reisen, sollten Sie sich vor dem Abschluss nach den genauen Modalitäten der jeweiligen Gesellschaft erkundigen. Es gibt nämlich etliche Einschränkungen:
- Wann beginnt der Schutz? Bei einigen Gesellschaften ist Reisegepäck erst versichert, wenn die Reise mindestens eine Übernachtung umfasst.
- Welche Sachen sind nicht versichert? Häufig ausgeschlossen sind etwa Handys, Computer, Musikinstrumente und Kunstgegenstände.
- Was bedeutet «Beschädigung»? In der Regel sind Beschädigungen durch Temperatur- und Witterungseinflüsse nicht versichert.
- Was heisst «Verlust»? Bei der Basler beispielsweise ist Gepäck nur während desjenigen Zeitraums gegen Verlust (und Beschädigung) versichert, in dem es sich in der Obhut eines Transport- oder Reiseunternehmens befand.

Lesen Sie also die Bedingungen genau durch.

Auf keinen Fall ist Ihr Reisegepäck versichert, wenn Sie es selber verlieren, verlegen oder vergessen.

Tipp: Die Reisegepäck-Versicherung ist im Rahmen der Hausratversicherung günstiger als die speziellen Reisegepäck-Versicherungen, die Sie zum Beispiel im Reisebüro beschränkt für die Ferienzeit abschliessen können.

Zudem hat man mit der Hausratversicherung einen Ganzjahresschutz für das Reisegepäck und damit ist auch der Wochenendtrip ins Tessin versichert (siehe auch Seite 121 ff.).

Dazu kommt, dass die speziellen Reisegepäck-Versicherungen vom Reisebüro juristisch als Transportversicherung gelten.

Folge: Die Gesellschaften dürfen schon bei leichter Fahrlässigkeit die Leistung kürzen, falls diese Kürzungsmöglichkeit in den Bedingungen erwähnt ist – was beispielsweise bei der Elvia der Fall ist (siehe auch S. 122 f.).

Ein höherer Selbstbehalt lohnt sich nicht

Die allermeisten Gesellschaften verlangen vom Kunden, dass er sich in vielen Fällen mit einem Selbstbehalt von mindestens 200 Franken an den entstandenen Kosten mitbeteiligt. Die Entschädigung an den Kunden verringert sich also um diesen Betrag. Das heisst auch: Für Bagatellschäden unter 200 Franken gibt es keine Entschädigung. In der Regel ist

Die Wertsachenversicherung: Prämien und Konditionen

Für Wertsachen wie Bilder, Pelzmäntel, Musikinstrumente und Schmuckstücke empfiehlt sich unter Umständen der Abschluss einer separaten Wertsachenversicherung.

Im Gegensatz zur Hausratversicherung, welche den Hausrat nur gegen die Risiken Feuer/Elementarereignisse, Wasser und Diebstahl versichert, zahlt eine spezielle Wertsachenversicherung auch dann, wenn die Wertgegenstände durch andere Einflüsse beschädigt oder zerstört wurden.

Ausgenommen sind hier aber normale Abnützungsschäden, Schäden durch Ungeziefer oder durch Lichteinwirkung sowie Beschädigungen infolge chemischer oder klimatischer Einflüsse. Nicht gedeckt sind auch Schäden, die entstehen können, wenn Dritte den versicherten Wertgegenstand reinigen, wieder in Stand stellen oder erneuern.

Meistens sind auch Lackschäden an Musikinstrumenten ausgeschlossen.

Zusätzlich können Interessierte vereinbaren, dass die Versicherung sogar bei Verlieren oder Verlegen der Wertgegenstände zahlt – also beispielsweise dann, wenn ein Edelstein aus seiner Fassung fällt und deshalb verloren geht.

Bei vielen Gesellschaften müssen Versicherungsnehmer ihre Wertsachenversicherung zusammen mit der Hausratversicherung bei der gleichen Gesellschaft abschliessen.

Wie viel eine separate Wertsachenversicherung kostet, zeigt diese Tabelle.

Jahresprämie (inkl. 5% Stempelsteuer) für eine Versicherungssumme von 30 000 Franken. Selbstbehalt bei Schäden 10% (mindestens 200.–)

Gesellschaft	Prämie für Schmucksachen
Züritel [1,3]	259.–
Generali	268.–
Allianz [1,4]	315.–
Alpina [1]	315.–
Axa [1]	315.–
Basler [1]	315.–
Helvetia-Patria	315.–
La Suisse [1]	315.–
Mobiliar	315.–
National [3]	315.–
Vaudoise [1]	315.–
Winterthur [1]	315.– [2]
Zürich [1,4]	378.–

Gesellschaft	Prämie für Bilder
Mobiliar	81.–
Allianz [1,4]	105.–
Alpina [1]	105.–
Axa [1]	105.–
Basler [1]	105.–
Generali	105.–
La Suisse [1]	105.–
National [3]	105.–
Vaudoise [1]	105.–
Winterthur [1]	105.– [2]
Zürich [1,4]	105.–
Helvetia-Patria	158.–
Züritel [1,3]	259.–

Coop Versicherung, CSS und Visana haben kein entsprechendes Angebot.

[1] Voraussetzung für den Abschluss ist, dass auch die Hausratversicherung bei der gleichen Gesellschaft abgeschlossen wird (bei Basler nicht zwingend nötig, wird je nach Kundenbeziehung entschieden).

[2] Prämie je nach Alter und Schadenverlauf beim Vorversicherer bis zu 20% günstiger.

[3] Selbstbehalt fix 200.–.

[4] Selbstbehalt bei Schäden durch Verlieren oder Verlegen 20%, mindestens aber 300.– (Zürich) bzw. 500.– (Allianz).

Hausratversicherung

es auch nicht möglich, diesen obligatorischen Selbstbehalt mittels Mehrprämie wegzubedingen.

Allerdings müssen Sie beachten, dass dieser minimale Selbstbehalt nicht bei allen Schadenarten automatisch zur Anwendung kommt und somit nicht in jedem Fall obligatorisch ist. Während der Selbstbehalt beispielsweise bei Elementarschäden fast immer abgezogen wird, gibt es etliche Gesellschaften, die bei Feuer oder Glasbruch keinen Selbstbehalt verlangen. Die genauen Details er-

Wie hoch ist der Wert Ihres Hausrates?

Anhand dieser Tabelle können Sie die Versicherungssumme für die Hausratversicherung grob abschätzen oder nach dem Abschluss periodisch überprüfen. Die Summe ist abhängig vom Standard Ihrer Einrichtung und der Anzahl Personen und Zimmer. Hinzuzählen müssen Sie allfällige besondere Gegenstände – wie in der Liste vorgesehen.

E: Einfachere Einrichtung   S: Standard-Hausrat   G: Gehobenere Ausstattung

Perso-nen*	Zimmer 1–1½			2–2½			3–3½			4–4½			5–5½			6–6½		
	E	S	G	E	S	G	E	S	G	E	S	G	E	S	G	E	S	G
1	25	35	45	30	50	65	40	65	85	50	80	105	60	95	125	70	110	145
1½	28	40	55	35	57	75	45	72	95	55	87	115	65	102	135	75	117	155
2				40	65	85	50	80	105	60	95	125	70	110	145	80	125	165
2½				45	72	95	55	87	115	65	102	135	75	117	155	85	132	175
3							60	95	125	70	110	145	80	125	165	90	140	185
3½							65	102	135	75	117	155	85	132	175	95	147	195
4										80	125	165	90	140	185	100	155	205
4½										85	132	175	95	147	195	105	162	215
5													100	155	205	110	170	225
5½													105	162	215	115	177	235
6																120	185	245
6½																125	192	255

Summen in Tausend Franken.
* Kinder unter 15 Jahren = ½ Person

Grundhausrat gemäss Tabelle   Fr. _____

Die folgenden besonderen Gegenstände (eigene, geleaste oder gemietete) müssen Sie zum Grundhausrat hinzuzählen (Neupreis einsetzen):

Antiquitäten, Silberwaren, Porzellan, Uhren, Schmuck und dgl.	Fr. _____
Freizeit- und Sportartikel mit Einzelwerten über Fr. 5000.–	Fr. _____
Teppiche und Kunstgegenstände mit Einzelwerten über Fr. 5000.–	Fr. _____
Elektronik mit Einzelwerten über Fr. 5000.–	Fr. _____
Einzelobjekte, deren Wert Fr. 10 000.– übersteigt	Fr. _____
Sammlungen (Münzensammlungen gelten als Geldwerte und sind separat zu versichern)	Fr. _____
Reserve für Neuanschaffungen (ca. 10 % des Grundhausrats)	Fr. _____

Total Hausrat-Versicherungssumme   Fr. _____

Betrachten Sie die Tabelle nur als Grundlage. Selbstverständlich können Sie auch ein detailliertes Inventar erstellen.

sehen Sie aus der Tabelle auf Seite 86.

Umgekehrt können Versicherungsnehmer, die mehr Risiko selber tragen wollen, den Selbstbehalt erhöhen (beispielsweise bis 1000 Franken); die Gesellschaften belohnen dieses Verhalten allerdings mit einer geringen Prämienreduktion. Es lohnt sich also nicht.

So legen Sie die Versicherungssumme richtig fest

Entscheidend bei der Hausratpolice ist die Versicherungssumme, also der Neuwert der gesamten Sachen.

Der ist dort noch relativ gering, wo jemand zwischen Billigschrank und Matratze wohnt. Bei einer Familie mit einem gewissen Lebensstandard können das aber schnell einmal 100 000 Franken sein.

Wichtig ist in diesem Zusammenhang: Vermeiden Sie Über- oder Unterversicherung.

Falls Sie mehr versichern, als Ihr Hab und Gut wert ist, zahlen Sie zu viel für nichts. Sie erhalten nämlich im Schadenfall nie mehr als den Wiederbeschaffungswert (Neuwert) der Sache.

Insbesondere Paare, die sich trennen, sollten diesen Punkt nicht vergessen und die Versicherungssumme nach der Trennung reduzieren; kulante Versicherungsgesellschaften passen die Versicherungssumme (inklusive die zu zahlende Prämie) auch während des laufenden Versicherungsjahres an.

Wenn andersherum der Neuwert Ihres gesamten Inventars die vereinbarte Versicherungssumme übersteigt, besteht eine Unterversicherung – und dann zahlt die Gesellschaft im Prinzip auch bei einem kleineren Schaden proportional weniger.

Ein Beispiel für Unterversicherung: Ist der gesamte Hausrat nur zur Hälfte des effektiven Neuwerts versichert und wird zum Beispiel bei einem Zimmerbrand Mobiliar im Neuwert von 20 000 Franken zerstört, so ersetzt die Versicherung anteilsmässig auch nur 10 000 Franken (die Hälfte des Neuwerts).

Die meisten Gesellschaften verzichten aber auf eine Kürzung, falls die Schadensumme kleiner ist als zehn Prozent der Versicherungssumme oder kleiner als 20 000 Franken (siehe Tabelle auf Seite 87).

Coop, Visana und Züritel verzichten sogar ganz auf Kürzungen. Die CSS verzichtet ganz, falls die Versicherungssumme nach der Wohnungsfläche in Quadratmetern ermittelt wurde. Die National hingegen kürzt bei Unterversicherung immer.

Alle Gesellschaften bieten Verträge mit automatischer Summenanpassung an, welche jedes Jahr der aktuellen Teuerung angeglichen werden.

Achtung: Teure zusätzliche Neuanschaffungen sind so nicht aufgefangen.

Und: Wenn wegen einer Summenanpassung die Prämie steigt, haben Sie kein Recht, die Police infolge Prämienerhöhung zu kündigen.

Verlangen Sie beim Abschluss von der Versicherung ein Hilfsblatt zur Ermittlung des Neuwertes Ihres Hausrats oder lassen Sie sich vom Versicherungsberater einen Vorschlag machen – oder benutzen Sie die auf der Seite 92 abgedruckte Ermittlungstabelle.

Hausratversicherung

Die Gebäudeversicherung – der

**Themen
in diesem Kapitel:**

- Was Hauseigentümer und Wohnungsbesitzer wissen müssen
- Die wichtigsten Versicherungen für die Bauzeit – mit Prämientabelle
- Die Prämien für die obligatorische Gebäudeversicherung
- Was es neben der obligatorischen Gebäudeversicherung sonst noch braucht
- Die Gebäudewasser-Versicherung: Prämien und Leistungsunterschiede
- Der Versicherungsschutz bei Unwetterkatastrophen und Erdbeben
- Weitere Sachversicherungen für Stockwerkeigentümer

Wer ein Haus baut oder ein Eigenheim kauft, muss sich auch mit einer Reihe von Versicherungsfragen befassen. Und bereits bestehende Versicherungen gilt es anzupassen – sonst drohen Versicherungslücken.

Die Übersichtstabelle auf Seite 95 zeigt die wichtigsten Details für Bauherren und Hausbesitzer – wobei insbesondere Stockwerkeigentümer ein paar Besonderheiten beachten müssen.

Die Bauherrenhaftpflicht-Versicherung

Wer baut, haftet für Schäden, die Dritte erleiden. Das können Nachbarn beziehungsweise deren Gebäude sein oder Passanten.

Diese strenge Haftung besteht aufgrund der Kausalhaftung auch dann, wenn den Bauherrn selber gar kein Verschulden trifft. Die Betroffenen müssen lediglich nachweisen, dass ein Schaden effektiv vorhanden ist und dass er ursächlich mit den Bauarbeiten zusammenhängt.

Die möglichen Schadenursachen auf einer Baustelle sind vielfältig: So kann es bei Aushubarbeiten zu Rissen im Fundament des Nachbarhauses kommen. Ein Fass mit giftigen Chemikalien kann umkippen und fremden Boden verseuchen. Oder ein zusammenstürzender Stapel mit Baumaterialien kann ein spielendes Kind verletzen.

Schäden dieser Art übernimmt die Bauherrenhaftpflicht-Versicherung. Gleichzeitig dient sie dem Bauherrn als Rechtsschutz zur Abwehr unberechtigter Ansprüche.

Der Bauherr haftet übrigens nicht bloss für Schäden, die er persönlich anrichtet, sondern auch für Schäden, die beispielsweise sein Architekt, ein beauftragtes Bauunternehmen oder ein Handwerker verursacht hat.

Der Bauherr kann zwar seinerseits auf den eigentlichen Verursacher – zum Beispiel einen Handwerker – zurückgreifen. In der Praxis ist es jedoch oft schwierig, den eigentlichen Verursacher auszumachen; auch hier springt die Bauherrenhaftpflicht-Versicherung ein.

In der Grundversicherung mit dabei sind in der Regel auch Montage-, Bau- und Gärtnerarbeiten, die der Versicherte selber ausführt, sowie Umweltschäden. Aber: Übernimmt der Bauherr zugleich die Planung und Bauleitung, so braucht er eine Zusatzversicherung.

Im Grundsatz erlischt eine Bauherrenhaftpflicht-Versicherung am Tag der Bau-

Fortsetzung auf Seite 96

richtige Schutz für Eigentümer

Übersicht: Das müssen Haus- und Wohnungseigentümer beachten

Bei einem Neubau oder Umbau

Versicherung	Beschreibung	Beispiel	Tipp	Jahresprämie
Bauherrenhaftpflicht	Schäden, die Dritten durch die Bautätigkeit zugefügt werden	Risse im Nachbarhaus wegen Aushub	Unbedingt abschliessen (bei Umbau häufig bis 100 000 Franken in Privathaftpflicht mitversichert)	Siehe Tabelle auf Seite 96
Bauwesenversicherung	Schäden am Bauobjekt, Kosten durch Bauunfälle und Diebstahl	Einsturz einer frisch betonierten Decke	Empfehlenswert	Siehe Tabelle auf Seite 96
Bauzeitversicherung	Schäden am Neubau durch Brand oder Elementarereignisse	Sturm bringt Aussenmauer zum Einsturz	Meist obligatorisch, unbedingt abschliessen	200.– bis 500.–[1]

Bei einem bestehenden Haus

Versicherung	Beschreibung	Beispiel	Tipp	Jahresprämie
Feuerversicherung	Schäden am Gebäude durch Feuer und Elementarereignisse	Hausbrand, Sturmschäden	Meist obligatorisch, unbedingt abschliessen	Siehe Tabelle auf Seite 98
Haftpflichtversicherung	Schäden, die Dritten durch das Gebäude zugefügt werden	Ziegel fällt vom Dach	Unbedingt abschliessen (bis 3-Familien-Haus in Privathaftpflicht inbegriffen)	–
Gebäudewasser-Versicherung	Schäden am Gebäude durch Wasser aus Leitungen	Wasserrohrbruch, Öl läuft aus einem Tank aus	Sehr empfehlenswert	Siehe Tabelle auf Seiten 98 und 99
Hausratversicherung	Schäden am Hausrat durch Feuer, Wasser oder Diebstahl	Zimmerbrand, Einbruch	Sehr empfehlenswert	Siehe Tabelle auf Seite 84
Gebäudeglas	Schäden an der Gebäudeverglasung	Unbekannter beschädigt Fenster	In die Hausratversicherung einschliessen	–

Speziell für Stockwerkeigentümer

Versicherung	Beschreibung	Beispiel	Tipp	Jahresprämie
Bauwesenversicherung bei einem Umbau	Schäden an bestehenden Bauten	Grobe Risse bei Nachbarswohnung, Wasserschaden	Sehr empfehlenswert	Siehe Tabelle auf Seite 96
Haftpflichtversicherung	Schäden, die Dritten durch das Gebäude zugefügt werden	Unfall durch defektes Treppengeländer	Unbedingt gemeinsam abschliessen (in Ergänzung zu Privathaftpflicht-Versicherung)	ca. 150.–[2]
Gebäudewasser-Versicherung	Schäden am Gebäude durch Wasser aus Hausleitungen	Wasserrohrbruch, Öl läuft aus einem Tank aus	Unbedingt gemeinsam abschliessen	ca. 1000.–[2]
Gebäudebeschädigung (Einbruch und Glasbruch)	Schäden an Gebäudehülle	Beschädigung der Hauseingangstüre bei Einbruchversuch	Eventuell gemeinsam versichern	ca. 300.–

[1] Für ein Einfamilienhaus mit einem Bauwert von 500 000 Franken.
[2] Total für einen Wohnblock mit 6 Wohnungen.

Gebäudeversicherung

QUELLE: VZ VERMÖGENSZENTRUM, STAND MÄRZ 2002

Fortsetzung von Seite 94

abnahme. Schäden, die erst nachher entdeckt werden, die aber noch während der Bauzeit entstanden sind, bleiben allerdings versichert.

Was die Bauherrenhaftpflicht-Versicherung bei den verschiedenen Versicherungsgesellschaften kostet, zeigt die Tabelle unten.

Tipps für die Bauherrenhaftpflicht-Versicherung:
● Mit der freiwilligen Bauherrenhaftpflicht-Versicherung können Sie mögliche Schäden in Millionenhöhe für wenige hundert Franken pro Jahr absichern. Sie ist also sehr empfehlenswert.
● Für kleinere Umbauten bis maximal 100 000 Franken haben einige Versicherungsgesellschaften den Bauherrenhaftpflicht-Schutz in die Grunddeckung der Privathaftpflicht-Versicherung eingebaut (siehe Seite 67).

Vollkasko-Deckung für das Haus in Bau: Die Bauwesenpolice

Bevor das Gebäude vollendet ist, könnte eine Bauwesenversicherung von Nutzen sein. Denn auch am Bau selber können Schäden auftreten, die über keine andere Versicherung abgedeckt sind oder bei denen es nur nach sehr langwierigen Streitereien möglich ist, den schuldigen Handwerker zu ermitteln:
● Der Baugrund könnte wegsacken,
● nach einem Gewitter könnte ein Hangrutsch die Baugrube verschütten,
● ein einstürzendes Gerüst könnte die Fassade beschädigen,
● das Dach könnte einstürzen,
● und mutwillige Sachbeschädigungen sowie Diebstähle sind auf Baustellen leider auch keine Seltenheit.

Solche Schäden übernimmt die Bauwesenversicherung. Bauherren sollten allerdings die Versicherungsbedingungen genau studieren und sich vom Architekten beraten lassen. Oft sind nämlich in der Grundversicherung einzelne Risiken nicht enthalten, die rasch ins grosse Geld gehen können. Schäden an Gerüsten, Baracken oder an bereits bestehenden Nebengebäuden zum Beispiel muss man oft durch eine spezielle Zusatzversicherung abdecken.

Allmähliche Witterungseinflüsse sind normalerweise ebenfalls ausgeschlossen. Elementarschäden hingegen zahlt die Bauzeitversicherung (siehe Details auf Seite 97).

Tipps für die Bauwesenversicherung:
● Die freiwillige Bauwesenversicherung bietet dem Bauherrn die Gewissheit, dass er seinen Traum selbst bei Scha-

So viel kosten Bauherrenhaftpflicht- und Bauwesenversicherung

Vorgaben für die Tabelle: Einfamilienhaus, Neubau, Bausumme 600 000 Franken, trockener Baugrund, keine besonderen Gefahren, Versicherungssumme 3 Mio., Bauherrenhaftpflicht mit Selbstbehalt 1000 Franken, Prämien für die ganze Bauzeit inkl. 5% Stempelsteuer.

Gesellschaft	Prämien[1]		Total[2]
Basler	466.–	888.–	1354.–
Allianz	445.–	910.–	1355.–
Zürich	516.–	859.–	1375.–
Mobiliar	443.–	944.–	1387.–
Helvetia-Patria	483.–	945.–	1428.–
Vaudoise	483.–	953.–	1436.–
National	440.–	1120.–	1560.–
Generali	579.–	1010.–	1589.–
Winterthur	662.–	1066.–	1728.–

[1] Unter Berücksichtigung des Kombirabatts.   [2] Kombiprämie (beides zusammen).
■ Prämie Bauherrenhaftpflicht-Versicherung   ■ Prämie Bauwesenversicherung

denfalls ohne Mehrkosten und ohne grössere zeitliche Verzögerungen realisieren kann. Sie ist empfehlenswert.
- Bauherren von grösseren Liegenschaften oder Mehrfamilienhäusern können die Prämie für die Bauwesenversicherung den beteiligten Handwerkern anteilsmässig verrechnen, weil die Handwerker so ihre eigene Versicherung nicht in Anspruch nehmen müssen. Beauftragen Sie Ihren Architekten, das in diesem Sinne zu regeln.
- Wer sein Haus schlüsselfertig kauft, braucht sich weder um die Bauherrenhaftpflicht- noch um die Bauwesenversicherung zu kümmern; das ist dann Sache des Generalunternehmers.

Ein Prämienbeispiel für die Bauwesenversicherung finden Sie in der Tabelle links.

Meist obligatorisch: Die Gebäudeversicherung

Auf einer Baustelle wird geschweisst, der Funkenschlag könnte Chemikalien zur Explosion bringen. Heizgebläse sollen einen Raum austrocknen, dabei könnten Kleider entflammen, die zum Trocknen aufgehängt wurden.

Hier springt die Gebäudeversicherung ein – die dann, während sich das Haus noch in Bau befindet, Bauzeitversicherung heisst.

In den Kantonen, in denen die Feuerversicherung obligatorisch ist, besteht eine Versicherungspflicht, in den anderen Kantonen ist diese Police sehr empfehlenswert.

Aber Achtung: Ein Versicherungsschutz besteht nur, falls der Bau bei der Gebäudeversicherung angemeldet und die Prämien bezahlt wurden. Viele Architekten vergessen den Bauherrn über mögliche Folgen einer fehlenden Bauzeitversicherung aufzuklären.

Nach dem Bezug des Eigenheims könnte erhitztes Speiseöl die Kücheneinrichtung verbrennen. Ein Kabelbrand könnte ein Feuer verursachen. Auch Hochwasser, Sturm (siehe das Stichwort auf Seite 101), Steinschlag, Lawinen und Feuersbrünste bedrohen das Gebäude.

Auch dafür ist – ähnlich wie beim Hausrat die Hausratversicherung – die Gebäudeversicherung zuständig.

Im Einzelnen deckt die Bauzeit- und Gebäudeversicherung Schäden am Gebäude durch:
- Feuer (Brand, Rauch, Blitzschlag und Explosionen). Sengschäden, die nicht Folge eines Brandes (also eines Schadenfeuers) sind, sind meist nicht versichert.
- Elementarereignisse (Hagel, Hochwasser, Lawinen, Sturm [siehe Stichwort auf Seite 101], Überschwemmungen, Schneedruck, Erdrutsch, Felssturz und Steinschlag). Erdbeben sind nicht versichert (siehe dazu der Kasten auf Seite 102).

Weil Brände und Unwetterschäden zu enormem Vermögensverlust führen können, sind die Gebäudeversicherungen (oftmals auch Feuer- und Elementarschaden-Versicherung genannt) in den meisten Kantonen obligatorisch (ausser GE, TI und VS).

Das kantonale Monopol ist weit verbreitet

In den allermeisten Kantonen mit Obligatorium besteht eine staatliche Monopolanstalt – mit Ausnahme der Kantone AI, OW, SZ und UR, wo man sich an einen privaten Versicherer wenden muss.

Nicht abgedeckt sind hier aber Mietzinsausfälle oder Ihre eigenen Zusatzkosten für eine Ersatzwohnung oder auswärtige Verpflegung und längere Fahrwege beispielsweise nach einem Brand.

Diese Auslagen können Sie über eine private Zusatzversicherung abdecken. Dies dürfte sich in den meisten Fällen allerdings nicht rechtfertigen, da Sie in solchen Situationen auch mit nachbarschaftlicher und familiärer Hilfe rechnen dürfen.

Noch ein Detail dazu: Wenn Wasser durch ein undichtes Dach eindringt, fällt das nicht in die Zuständigkeit der kantonalen Gebäudeversicherung, sondern der privaten freiwilligen Gebäudewasser-Versicherung (S. 101 f.).

Tipps für die klassische Gebäudeversicherung:
- Grundlage für die Feuerversicherung ist die Versicherungssumme, welche dem

Gebäudeversicherung

Die Prämien für die Gebäudeversicherung

Vorgaben für beide Tabellen: Einfamilienhaus, selbst bewohnt, massiv gebaut, mit Hydrant, kein Flachdach und keine Bodenheizung, Versicherungssumme 500 000 Franken, minimaler Selbstbehalt, Jahresprämien inkl. 5 % Stempelsteuer

Gesellschaft	Gebäudefeuer-Versicherung [1]
Mobiliar [2]	342.-
National	394.-
Generali	395.-
Allianz	420.-
Axa	420.-
Vaudoise	420.-
Winterthur	420.-
Züritel	420.-
Helvetia-Patria	473.-
Basler	488.-
Zürich	500.-

[1] Deckung kann nur in den Kantonen Genf, Uri, Schwyz, Tessin, Appenzell-Innerrhoden, Wallis und Obwalden bei privaten Versicherern abgeschlossen werden. In allen anderen Kantonen ist die Monopolanstalt zuständig.
[2] Inklusive Schadenfreiheitsrabatt (24 %), den alle Neukunden bei der Mobiliar erhalten.

Gesellschaft	Gebäudewasser-Versicherung [1]
Mobiliar [2]	247.-
Zürich	300.-
Basler	307.-
Axa	315.-
Generali	315.-
Allianz	341.-
Helvetia-Patria	341.-
National	341.-
Vaudoise	341.-
Winterthur	341.-
Züritel	341.-

[1] Diese Deckung kann in den Kantonen Aargau, Basel-Landschaft und Glarus vorteilhaft bei der kantonalen Gebäudeversicherung abgeschlossen werden.
[2] Inklusive Schadenfreiheitsrabatt (24 %), den alle Neukunden bei der Mobiliar erhalten.

QUELLE: VZ VERMÖGENSZENTRUM, STAND MÄRZ 2002

ortsüblichen Wiederherstellungswert des Gebäudes entspricht. Die Prämie für ein Haus mit einem Wiederherstellungswert von 500 000 Franken schwankt bei den privaten Anbietern zwischen 340 und 500 Franken pro Jahr (inkl. beschränkt versicherte Aufräumungsarbeiten, siehe Tabelle oben).

● Die Gebäudeversicherung ist schon ab der Grundsteinlegung obligatorisch und heisst in der Bauphase Bauzeitversicherung.

● Stockwerkeigentümer müssen die Feuerversicherung gemeinsam abschliessen.
● In wenigen Kantonen ist der Hausrat bei der Monopolanstalt obligatorisch gegen Feuer versichert (NW, VD und teilweise GL). Betroffene können also in ihrer privaten Hausratversicherung die Feuerdeckung streichen, weil ihr Hausrat sonst doppelt gegen Feuer versichert ist.

Die Haftpflichtversicherung für Eigentümer

Fällt jemandem ein Ziegel oder eine Dachlawine auf den Kopf, stolpert ein Gast auf der schadhaften Treppe, rutscht ein Kind auf dem vereisten Vorplatz aus, kann ein Kleinkind durch ein ungeeignetes Balkongitter schlüpfen und stürzt dann ab, so haftet im Grundsatz der Hauseigentümer für den Schaden.

Für Einfamilienhaus-Besitzer genügt dafür die normale Privathaftpflicht-Versicherung (siehe Seite 61). Genauer: Sie genügt für Eigentümer von selbst bewohnten Einfamilien- sowie von Mehrfamilienhäusern mit maximal drei Wohnungen (ohne Gewerbeteil).

Das gilt auch für das Ferienhaus, falls es nicht vermietet wird.

Die Privathaftpflicht-Versicherung des Einfamilienhaus-Besitzers deckt einen Schaden auch dann, wenn jemand in einen ungesicherten Schacht, in eine Grube, in den Gartenteich oder in ein ungenügend abgesperrtes Schwimmbecken stürzt.

Besitzer von Einfamilienhäusern müssen also (nach Abschluss der Bauarbeiten) keine zusätzliche Gebäudehaftpflicht-Versicherung abschliessen, falls sie bereits eine Privathaftpflicht-Versicherung haben.

Anders sieht es bei der Eigentümergemeinschaft aus, also beispielsweise bei Stockwerkeigentümern oder wenn in einer Reiheneinfamilienhaus-Siedlung auch gemeinsames Eigentum besteht (etwa die Tiefgarage oder Wege zwischen den Häusern).

Auch hier haften grundsätzlich die Eigentümer – wenn zum Beispiel ein defektes Treppengeländer einen Sturz in die Tiefe auslöst oder wenn jemand auf vereisten Wegen stürzt.

Um solche Risiken abzudecken, lohnt sich für die Eigentümergemeinschaft der Abschluss einer separaten Gebäudehaftpflicht-Versicherung. Sie kommt für die berechtigten Schadenersatzforderungen auf, die auch hier in die Hunderttausende von Franken gehen können.

Abgedeckt sind auf dem gemeinsamen Grund- und Hauseigentum zunächst einmal dieselben Schäden, die im Einfamilienhaus die Privathaftpflicht-Police trägt.

Darüber hinaus sind aber folgende Einrichtungen mitversichert:

- Personen- und Warenaufzüge;
- Abstellplätze und Einstellhallen für Motorfahrzeuge;
- Kinderspielplätze;
- gemeinsame Schwimmbassins;
- Nebengebäude (Geräteschuppen, Treibhäuser und so weiter).

Prämienbeispiel: Die gemeinsame Privathaftpflicht-Versicherung für Stockwerkeigentümer kostet für einen durchschnittlichen Wohnblock mit 6 Wohnungen rund 150 Franken.

Tipps für die Haftpflichtversicherung:
- Wenn Stockwerkeigentümer und Besitzer von Reiheneinfamilienhäusern mit gemeinsamem Besitz zusätzlich zu ihren persönlichen Privathaftpflicht-Versicherun-

Gebäudewasser-Versicherung: Das sind die Leistungsunterschiede

Gesellschaft	Obligatorischer Selbstbehalt	Deckung für Aufräumkosten	Ortungs- und Suchkosten vor der Freilegung	Prämie für je 5000.– (zusätzliche) Freilegungskosten
Allianz	Kein obligatorischer Selbstbehalt	Gegen Zusatzprämie	5000.–	53.–
Axa	Kein oblig. SB	Gegen Zusatzprämie	Gegen Zusatzprämie	53.–
Basler	Kein oblig. SB	Gegen Zusatzprämie	Gegen Zusatzprämie	57.–
Generali	Kein oblig. SB	5% der VS	5000.–	53.–
Helvetia-Patria	200.–	10% der VS, max. 50 000.–	10% der VS, max. 5000.–	53.–
Mobiliar	200.–	10% der VS, mind. 5000.–	5000.–	45.–
National	200.–	Bis 5000.– mit anderen Kosten zusammen	Bis 5000.– mit anderen Kosten zusammen	53.–
Vaudoise	Kein oblig. SB	5% der VS	5000.–	53.–
Winterthur	Kein oblig. SB	Gegen Zusatzprämie	5000.–	53.–
Zürich	Schäden bis 2000.–: SB 200.–; Schäden über 2000.–: kein SB	10% der VS, max. 50 000.–	5000.–	60.–
Züritel	Kein oblig. SB	10% der VS	5000.–	53.–

Abkürzungen: VS = Versicherungssumme, SB = Selbstbehalt

QUELLE: VZ VERMÖGENSZENTRUM, STAND MÄRZ 2002

Gebäudeversicherung

gen noch gemeinsam eine Gebäudehaftpflicht-Police abschliessen, so hat das einen weiteren Vorteil: Die persönlichen Privathaftpflicht-Policen zahlen aus der Haftung aus Stockwerkeigentum zusätzlich jenen Teil der Entschädigung, welcher die Versicherungssumme der von der Stockwerkeigentümer-Gemeinschaft abgeschlossenen gemeinsamen Gebäudehaftpflicht-Police übersteigt (eine so genannte Subsidiär-Deckung).

Wenn hingegen die Eigentümer-Gemeinschaft keine solche gemeinsame Police abgeschlossen hat, entfällt auch diese ergänzende Deckung aus der persönlichen Privathaftpflicht.

Die Gesellschaften müssten daher bei der Privathaftpflicht-Versicherung den einzelnen Stockwerkeigentü-

Lothar und Konsorten:
Der Versicherungsschutz bei Unwetterkatastrophen

Nach Elementarschäden (Hagel, Hochwasser, Lawinen, Sturm [siehe Stichwort auf Seite 101], Überschwemmungen, Schneedruck, Eisregen, Erdrutsch, Felssturz und Steinschlag) oder nach Feuersbrünsten sieht die Versicherungssituation so aus:

Gebäudeschäden
Sturmschäden an Gebäuden und damit fest verbundenen Teilen, also etwa an Dach, Mauern und Fenstern, deckt die obligatorische Feuer- und Elementarschaden-Versicherung (Gebäudeversicherung). Sie zahlt auch Schäden an inneren Teilen des Gebäudes (Treppe, Parkett, Tapete), wenn beispielsweise Wasser eindringt.

Die Gebäudeversicherung zahlt auch, wenn wegen eines Sturmes (siehe Stichwort auf Seite 101) Bäume auf das versicherte Gebäude stürzen – egal, ob es eigene Bäume oder Bäume des Nachbarn sind.

Wenn aber Gärten, Gartenhäuschen, Brunnenanlagen, Skulpturen, Gartenzäune oder Briefkästen in Mitleidenschaft gezogen werden, muss die Gebäudeversicherung nicht zahlen (es sei denn, dass eine Zusatzversicherung einspringt, wie das etwa in den Kantonen BE und BL der Fall sein kann).

Erdbebenschäden sind nicht versichert (siehe Kasten auf Seite 102).

Mobiliarschäden
Für bewegliche Güter in Haus und Garten (wie Möbel, TV-Gerät, Pingpong-Tisch und mobiler Gartengrill) steht die Hausratversicherung mit der darin eingeschlossenen Feuer- und Elementarschaden-Deckung gerade.

Körperschäden
Erleiden Passanten einen Schaden durch herumwirbelnde Gegenstände, zahlt deren Unfallversicherung oder Krankenkasse die Arzt- und Spitalkosten.

Autoschäden
Beschädigt eine Naturkatastrophe Ihr Auto, zahlt die freiwillige Teilkasko-Versicherung – falls Sie eine haben. Autobesitzer ohne Kaskoschutz gehen hingegen leer aus (es sei denn, sie können jemandem eine Verletzung der Sorgfaltspflichten nachweisen, zum Beispiel einem Gartenbesitzer in der Nachbarschaft, der offensichtlich morsche Bäume nicht hat fällen lassen).

Tipp für Geschädigte
Wenn die Versicherungen nach Unwetterkatastrophen nicht zahlen müssen, gibt es für Härtefälle den «Schweizerischen Fonds für Hilfe bei nicht versicherbaren Elementarschäden». Gesuche müssen Sie bei den Gemeinden anmelden.

Wer nach Naturkatastrophen durch alle Versicherungsmaschen fällt, darf vielleicht auf die «Glückskette» hoffen. Unterstützungsbegehren müssen Sie ebenfalls an die Gemeinde richten.

mern – im Vergleich zu Hauseigentümern – einen Prämiennachlass gewähren, da für diese ja die Hausbesitzer-Haftpflicht, die in der Deckung automatisch mitversichert ist, wegfällt (bis auf die Subsidiär-Deckung natürlich). Das macht jedoch nur die Helvetia-Patria (siehe Prämientabelle auf Seite 64).
- Wenn Stockwerkeigentümer ihre Wohnung umbauen, genügt die gemeinsame Haftpflichtpolice nicht, um sich gegen Schäden am benachbarten Stockwerkeigentum abzusichern. Hier ist eine Bauwesenversicherung notwendig, um beispielsweise Wasserschäden oder grobe Risse im Mauerwerk des Nachbarn abzusichern.

Empfehlenswert: Die Gebäudewasser-Versicherung

Wenn in einem Haus Wasser aus einer Wasserleitung ausläuft, kann Mobiliar Schaden nehmen – ein Fall für die Hausratversicherung.

Was aber, wenn auslaufendes Wasser Parkettboden und Tapeten zerstört oder einen anderen Schaden anrichtet, der nicht den Hausrat betrifft, sondern das Gebäude selbst?

Ist ein Sturm oder eine Überschwemmung schuld, zahlt diesen Schaden am Gebäude die meist obligatorische Gebäudefeuer-Versicherung (Feuer- und Elementarschaden-Versicherung, siehe mehr auf Seite 97 f.).

Stichwort: Sturmschaden

Damit ein Sturmschaden im Sinne der Versicherung (auch der kantonalen Gebäudeversicherung) vorliegt, braucht es als Voraussetzung Windgeschwindigkeiten von über 75 Stundenkilometern. Fragen Sie im Zweifelsfall die Schweizerische Meteorologische Anstalt (SMA, www.meteoschweiz.ch), wie der Wind in Ihrer Gegend war.

Hat der Wind 75 Stundenkilometer erreicht, ist die Sache klar – und die Versicherung muss zahlen.

Sollten aber keine genauen Messdaten vorhanden sein, liegt ein Sturmschaden auch dann vor, wenn der Wind in der Umgebung der versicherten Sache Häuser abgedeckt oder Bäume umgeworfen hat.

Das kann bedeuten: Wer Opfer einer einzelnen starken Böe wird, geht leer aus, falls in der Umgebung keine weiteren Schäden zu beobachten sind. Oder die Versicherung wird argumentieren, Ihr Haus sei schlecht unterhalten gewesen, wenn Sie nach einem starken Wind in der näheren Umgebung das einzige Opfer sind.

Ist hingegen ein Rohrleitungsbruch im Haus selber die Ursache, sind Folgeschäden am Gebäude nicht versichert – ausser man hat die freiwillige Gebäudewasser-Versicherung (man nennt sie deshalb auch Leitungswasser-Versicherung). Sie zahlt Folgendes:
- Schäden aus gebäudeeigenen Wasserleitungen und daran angeschlossenen Anlagen sowie von Zierbrunnen und Aquarien. Dazu zählen auch Schäden durch auslaufende Badewannen. Schäden durch Wasserbetten sind hier aber – im Gegensatz zur Hausratversicherung – in den meisten Fällen nicht versichert. Erkundigen Sie sich!
- Schäden durch Regen-, Schnee- und Schmelzwasser, das beispielsweise durch ein undichtes Hausdach ins Innere des Gebäudes eindringt; lässt der Besitzer allerdings eine Dachluke offen, zahlt die Gebäudewasser-Versicherung nicht.
- Rückstau von Abwasserkanalisation oder Grundwasser.
- Bei gewissen Gesellschaften (siehe Tabelle auf Seite 99) die Fehlersuche, also das Orten von geborstenen Wasserleitungen.
- Im Zusammenhang mit der Reparatur das Freilegen, Zudecken und Zumauern von Wasserleitungen bis zum Betrag von 5000 Franken; die eigentliche Reparatur der Wasserleitung ist aber nicht versichert.
- Bei einigen Gesellschaften Aufräumkosten.

Fortsetzung auf Seite 103

Schutz gegen Erdbeben ist noch ungenügend

Mehrere hundert Todesopfer, zahlreiche zerstörte Häuser: Das war die Bilanz eines schweren Erdbebens, das 1356 die Region Basel erschütterte.

Im Jahr 2000 hat die Rückversicherungsgesellschaft Swiss Re in einer stark beachteten Studie das Erdbebenrisiko in Erinnerung gerufen: «Was sich 1356 in Basel ereignete, kann sich jederzeit wiederholen. Ohne Vorwarnung und genauso verheerend.» Und: «Es ist nur eine Frage der Zeit, bis es wieder so weit ist.»

Ein ähnlich verheerendes Beben wie damals in Basel würde heute nach Schätzungen der Swiss Re Gebäudeschäden im Wert von 45 Milliarden Franken verursachen.

Für die betroffenen Hausbesitzer wäre das hart. Ihr Schaden würde gegenwärtig nur zu einem kleinen Teil ersetzt – und immer erst nach Abzug eines Selbstbehaltes von 10 Prozent:

- In 18 Kantonen haben die staatlichen Monopol-Gebäudeversicherungen einen Pool für die Erdbebenversicherung, der bei einem Grossereignis maximal 2 Milliarden Franken freiwillig auszahlen würde.
- In 7 Kantonen ohne staatliches Monopol stellen die privaten Gebäudeversicherer eine freiwillige Maximaldeckung von 500 Millionen zur Verfügung.
- Eine eigene Lösung hat der Kanton Zürich: Hier steht der kantonalen Gebäudeversicherung derzeit 1 Milliarde zur Verfügung. Alle Gebäude im Kanton Zürich zusammen haben einen Schätzwert von 305 Milliarden.

Diese Zahlen machen klar: Für die Folgen eines starken Erdbebens wären die Summen bei weitem nicht genügend.

Doch jetzt können Hausbesitzer ein Stück weit vorkehren: Die Generali bietet seit 2001 eine Deckung an – allerdings nur in den Kantonen GE, UR, SZ, TI, AI, VS und OW; das sind die 7 so genannten GUSTAVO-Kantone, in denen Hauseigentümer die Gebäudeversicherung (Feuer- und Elementarschäden) nicht bei einer staatlichen Monopolanstalt haben, sondern zwischen diversen privaten Anbietern wählen können (siehe Prämientabelle auf Seite 98).

Die Generali verlangt als Jahresprämie 30 Rappen pro 1000 Franken Versicherungssumme. Die Deckung für ein Einfamilienhaus im Wert von z. B. 500 000 Franken (ohne Land) kostet demnach eine Jahresprämie von 150 Franken. Weil das Wallis von Martigny an aufwärts stärker erdbebengefährdet ist als die übrige Schweiz, kostet hier das gleich teure Haus 500 Franken pro Jahr.

Die Generali setzt aber voraus, dass das Haus bei ihr auch feuerversichert ist. Und: Ein Selbstbehalt von 10 Prozent ist obligatorisch.

Dazu kommt, dass die Generali heute bei einem Grossereignis für alle Geschädigten zusammen nur maximal 200 Millionen Franken auszahlen müsste (Stand 2002).

Einige wenige andere Schweizer Gesellschaften bieten eine solche Deckung auch an – aber nur für bestehende Kunden und nur nach Einzelprüfung.

Dazu offerieren gewisse Versicherungsmakler in der ganzen Schweiz eine Erdbebenversicherung für Private, hinter der die Londoner Versicherungsorganisation Lloyd's steht. Dieses Angebot ist im Vergleich zum Generali-Angebot mehr als dreimal so teuer; allerdings beträgt der Selbstbehalt hier nur 5 Prozent statt 10 wie bei der Generali.

Nachteil: Bei Lloyd's handelt es sich um eine für Schweizerinnen und Schweizer nur schwer durchschaubare Versicherungsorganisation.

Wäre die Erdbebenversicherung für alle Hauseigentümer obligatorisch, würde die Prämie gemäss Swiss Re für ein durchschnittliches Haus (Wert eine halbe Million Franken) rund 100 Franken pro Jahr kosten.

Übrigens: Für Firmen ist es bedeutend einfacher, ihre Immobilien gegen Erdbeben zu versichern.

Fortsetzung von Seite 101

- Frostschäden (Auftauen und Reparatur der Wasserleitungen).
- Schäden durch Ausfliessen von Öl aus Heizungsanlagen oder Tanks.
- Nach einer Überschwemmung des Kellers deckt die Gebäudewasser-Police auch die Kosten für das Austrocknen der Mauern und die Reparatur bzw. den Ersatz der Waschmaschine, falls sie im Keller stand.

Die Tabelle auf Seite 98 zeigt die Prämien für die Gebäudewasser-Versicherung; aus der Tabelle auf Seite 99 können Sie die wichtigsten Leistungsunterschiede entnehmen.

Tipps für die freiwillige Gebäudewasser-Versicherung:

- Flachdächer, Bodenheizung und alternative Wärmegewinnungs-Anlagen (zum Beispiel Erdsonden) können das Risiko erhöhen, was sich in einer höheren Prämie niederschlägt. Prüfen Sie auf jeden Fall Ihren Versicherungsschutz, falls Ihr Haus ungewöhnliche Eigenheiten aufweist.
- Falls Ortungskosten für die Fehlersuche in der Standarddeckung nicht mitversichert sind, könnte es sich lohnen, dafür einen Zusatz zu versichern.
- Besitzer von teuren Bodenbelägen mit Bodenheizung sind eventuell unterversichert, wenn die Gesellschaft für das Freilegen und wieder Zumauern einer defekten Wasserleitung nur gerade 5000 Franken zahlt. Eine Aufstockung dieser Summe könnte sich lohnen.
- Stockwerkeigentümer sollten eine gemeinsame Police abschliessen.
- Gerade bei der Gebäudewasser-Versicherung sollten Betroffene in Überbauungen gemeinsam auftreten und Grössenrabatte verlangen.

Sachversicherungen für die Stockwerkeigentümer

Im Kapitel zur Hausratversicherung ist ausführlich beschrieben, wie Einfamilienhaus-Besitzer und Eigner von Stockwerkeigentum ihr Gebäudeglas und ihr Mobiliarglas versichern können, falls sie es nicht als Bagatellrisiko betrachten (Seite 76).

Ein spezielles Problem stellt sich in diesem Zusammenhang für Stockwerkeigentümer. Beschädigt ein Einbrecher die Eingangstüre zu ihrer Wohnung oder ein Fenster in ihrer eigenen Wohnung, so ist die Reparatur über die Hausratversicherung gedeckt – und zwar unter dem Titel Einbruchdiebstahl.

Für die Eingangstüre des Blocks hingegen und für gemeinsam benutzte Räume braucht es eine separate Versicherung, die bei Bedarf auch allfällige Schlossänderungskosten übernimmt.

Solche Schäden an massiven Eingangstüren oder Rollläden können sehr kostspielig sein.

Eine separate Versicherungslösung für solche Schäden könnte dort angesagt sein, wo das Einbruchrisiko gross ist. Sie kostet eine bescheidene Jahresprämie von 50 Franken (bei einem 6-Wohnungen-Block und einer Erstrisikodeckung von 20 000 Franken, siehe «Stichwort Erstrisikodeckung» auf der Seite 79).

Auch das Glasbruchrisiko gilt es im Auge zu behalten. Bei Mehrfamilienhäusern mit verglasten Eingangstüren oder mit Oberlichtern im Treppenhaus oder mit gemeinsam benutzten Räumen ist eine entsprechende Versicherung ratsam.

Sie deckt Bruchschäden an Glas, das Teil des Gebäudes ist, Schäden an Lichtkuppeln aus Plexiglas oder Ähnlichem sowie die Kosten für die Notverglasung.

Tipps für die Glasversicherung:

- Die Gebäudeglas-Versicherung sollten Stockwerkeigentümer für die gemeinsam benützten Räume gemeinsam abschliessen. Für einen 6-Wohnungen-Block kostet sie pro Jahr rund 250 Franken.
- Glasbruch für die eigenen vier Wände hingegen sollte jeder Eigentümer in seine Hausratpolice einschliessen; das ist meist günstiger. K

Gebäudeversicherung

Der Rechtsschutz: So setzen

**Themen
in diesem Kapitel:**

- **Was beim Privatrechtsschutz versichert ist**
- **Diese Streitigkeiten deckt der Verkehrsrechtsschutz**
- **Prämienvergleich: So viel kostet der Rechtsschutz**
- **Wenn die Versicherung die Sache als aussichtslos betrachtet...**
- **Die Wahl des Anwalts: Viele Versicherungen wollen mitreden**

Recht haben ist gratis. Seine Rechte durchzusetzen kann aber teuer werden.

Hier springen die Rechtsschutz-Versicherungen ein – aber nur zum Teil. Und das kratzt am Image der Branche: Allzu viele Versicherte verlassen sich nämlich im Streitfall blind auf ihre Versicherung – und werden oft enttäuscht.

Grund: Viele Versicherte erwarten schlicht zu viel. Sie übersehen, dass sie mit einer solchen Versicherung keinen Partner für alle Fälle haben.

Die Verträge decken nämlich nur Kosten von Streitigkeiten in bestimmten Rechtsgebieten.

Und im Laufe der letzten Jahre haben die Anbieter immer mehr Ausnahmen ins Kleingedruckte aufgenommen. So sind beispielsweise nicht mehr überall alle Streitigkeiten aus Arbeitsverträgen gedeckt.

Sie wünschen Versicherungsschutz: Schadenfall sofort melden!

Mit seiner Unterschrift unter den Versicherungsantrag verpflichtet sich der Kunde, der Gesellschaft einen Schadenfall, für den er Rechtsschutz beanspruchen will, sofort schriftlich zu melden. Einzelne Gesellschaften setzen dafür im Kleingedruckten eine Frist von 14 Tagen, andere von 10 Tagen ein.

Wer sich aber zu lange Zeit lässt, riskiert, dass die Versicherung ihre Leistungen um den Betrag kürzt, um den die Kosten durch die verspätete Anzeige des Falles vergrössert worden sind.

Weitere Einschränkung: Der grösste Teil der Prozesse, die vor Gerichten und Verwaltungsbehörden stattfinden, kann nicht versichert werden. Das betrifft vor allem familienrechtliche Prozesse (Unterhalts-, Eheschutz- und Scheidungsverfahren), Erbstreitigkeiten, Bauprozesse, Steuerverfahren sowie die meisten Strafverfahren.

Der Streit um die Aussichtslosigkeit

Selbst bei Streitigkeiten, die grundsätzlich durch die Police gedeckt wären, kann die Versicherung eine Übernahme von Prozesskosten ablehnen – dann nämlich, wenn sie eine Klage, einen Rekurs an eine obere Instanz oder eine Beschwerde als aussichtslos einschätzt.

Doch so einfach wie früher können die Gesellschaften ihre Kundschaft nicht mehr im Regen stehen lassen.

Gemäss einer Verordnung von 1992 dürfen sie nicht mehr alleine bestimmen, ob ein Verfahren eine Chance hat: Sie müssen jetzt in den Geschäftsbedingungen ein besonderes Verfahren vorsehen, in dem entschieden wird, ob ein Prozess als aussichtslos gelten kann oder nicht.

Enthält das Kleingedruckte keine solche Klausel oder macht die Versicherung ihren

Sie Ihr gutes Recht durch

Kunden bei der Ablehnung eines konkreten Schadenfalles nicht auf die Möglichkeit des Schiedsverfahrens aufmerksam, muss sie so oder so zahlen.

Kommt es zu einem solchen Verfahren, entscheidet ein von Kunde und Versicherung gemeinsam beauftragter Schiedsrichter – in der Regel ein Anwalt – über die Chancen eines Vorgehens. Die Kosten des Verfahrens gehen meist zu Lasten des Verlierers.

Findet der Schiedsrichter, der Fall sei effektiv aussichtslos, kann der Kunde immer noch auf eigene Kosten für sein Recht kämpfen. Erzielt er dabei mindestens einen Teilerfolg, muss ihm die Versicherung alle Auslagen ersetzen.

Dass die Versicherungen nicht vorschnell kneifen dürfen, hat auch das Bundesgericht 1993 in Erinnerung gerufen: Danach haben die Versicherten grundsätzlich einen klagbaren Anspruch auf Unterstützung und Kostengutsprache. Die subjektive Einschätzung der Prozesschancen durch die Versicherung könne nicht entscheidend sein; die Frage müsse objektiv beurteilt werden.

Im konkreten Fall räumten die Richter in Lausanne einem Prozess gegen eine Versicherung sogar noch gewisse Erfolgschancen ein, obwohl die Forderung bereits verjährt war. Denn: Ohne Prozess war noch nicht sicher, ob die Versicherung im Verfahren die Verjährung überhaupt geltend machen würde.

Aussichtslos oder nicht, weitermachen oder aufgeben – das ist also die heikle Vorgehensfrage, über die sich Versicherte und Gesellschaften oft in die Haare geraten.

Die Versicherungen haben das Sagen

Die Interessenlagen in diesem wichtigen Punkt sind naturgemäss unterschiedlich: Die Versicherten haben die finanziellen Folgen eines Verfahrens abgedeckt und jahrelang dafür Prämien bezahlt. Sie geben sich deswegen in der Regel weniger kompromissbereit und wollen das Maximum herausholen.

Anders die Versicherungen: Sie sind daran interessiert, die Kosten eines Verfahrens möglichst niedrig zu halten. Sie sind deswegen eher bereit, einem Vergleich zuzustimmen.

Entscheidend ist deshalb, wer im Schadenfall das Sagen hat: Aufgrund der Bestimmungen im Kleingedruckten sind es in der Regel die Versicherungen. Ihre Sachbearbeiter behandeln den Rechtsstreit zuerst intern; sie versuchen, mit der Gegenpartei eine Einigung zu erzielen, oder beraten den Versicherten, wie er vorgehen soll. So versuchen sie, ihren eigenen Aufwand zu begrenzen.

Nur die Assista erlaubt die freie Wahl des Anwalts

Vorteilhafter für die Versicherten ist es, wenn sie bei Bedarf jederzeit selber eine Anwältin oder einen Anwalt ihres Vertrauens mit dem Streitfall beauftragen können. Erstens haben sie so in der Regel einen besser ausgebildeten und zudem prozesserfahrenen Rechtsvertreter, als wenn sie sich mit einem Versicherungsjuristen begnügen müssen, der nicht Anwalt zu sein braucht.

Zudem besteht so eher die Gewähr, dass ihre Interessen optimal gewahrt sind – auch wenn der Anwalt des Kunden die Versicherung teurer zu stehen kommt als ein angestellter Hausjurist.

Doch nur eine einzige Gesellschaft erlaubt den Kunden bei versicherten Rechtsproblemen die freie Wahl eines Anwalts: die Assista, die Versicherung des TCS.

Die Versicherten anderer Gesellschaften dürfen erst dann einen Anwalt beiziehen, wenn dies im Hinblick auf ein Gerichtsverfahren notwendig ist. Dabei gilt: Nur Coop, Helsana und DAS verpflich-

Rechtsschutz

105

ten sich, den vom Kunden gewählten Anwalt auch zu akzeptieren.

Die anderen Versicherungen behalten sich das Recht vor, die betreffende Person abzulehnen. Der Kunde kann dann drei weitere Anwälte vorschlagen, von denen die Versicherungsgesellschaft einen akzeptieren muss. Oder es entscheidet im Streitfall der Präsident des kantonalen Anwaltsverbandes (das ist bei der Protekta der Fall).

Prozessieren ist nicht in jedem Fall teuer

Wer sich den Abschluss einer Rechtsschutz-Police überlegt, muss zunächst bedenken, dass Prozessieren nicht in jedem Fall teuer ist:
- Die grosse Mehrheit aller gerichtlichen Streitigkeiten über finanzielle Forderungen endet mit einem Vergleich. Das heisst konkret: Die Parteien einigen sich – vom Gericht dazu motiviert – auf einen Kompromiss, verzichten auf ein begründetes Urteil, und die Richter setzen die Gerichtskosten relativ tief an.
- Arbeitsgerichtliche Streitigkeiten bis zu einem Streitwert von 30 000 Franken sind von jeglichen Gerichtskosten befreit.
- Betroffene, die über kein Vermögen verfügen und nur so viel verdienen, dass es für den Lebensunterhalt reicht, können in der Regel gratis prozessieren (so genannte unentgeltliche Prozessführung).

- Wer auf dem Existenzminimum oder knapp darüber lebt, hat ferner das Recht auf einen kostenlosen Anwalt, wenn er für ein Verfahren einen Rechtsbeistand benötigt.

Grosse Unterschiede bei den Prämien

Wer sich für eine Rechtsschutz-Police entscheidet, sollte primär auf die Prämien achten; die Unterschiede sind hier beträchtlich. Die Leistungen hingegen sind im Grossen und Ganzen ähnlich.

Bei den Rechtsschutz-Versicherungen sind die Prozesskosten grundsätzlich in zwei Bereichen (einzeln oder kombiniert) gedeckt: im *Verkehrs*- und im *Privat*rechtsschutz.

Beide Policen kann man separat abschliessen (ausser bei CAP und Helsana, wo die zwei Deckungen in einer einzigen Versicherung enthalten sind). Beim Kombiprodukt gewähren die meisten Versicherer Rabatte (ausser Assista, Winterthur-Arag und Züritel).
- Beim Verkehrsrechtsschutz liegen die Prämien für einen Alleinstehenden zwischen 66 (Assista) und 155 Franken (DAS). Eine Familie zahlt zwischen 96 (Assista) und 208 Franken (DAS).
- Im Privatrechtsschutz sind die Unterschiede ebenfalls gross: Die Single-Deckung schwankt zwischen 120 (Protekta, Züritel) und 195 Franken (Coop), für Familien zwischen 158 (Züritel) und 250 Franken (Orion).

- Für das Kombipack verlangt die teuerste Gesellschaft fast doppelt so viel wie die günstigste: Für 175 Franken ist die Familie bei der Helsana versichert, während sie bei der DAS mit happigen 389 Franken rechnen muss. Für Alleinstehende liegt die Spannweite zwischen 118 (Helsana) und 307 Franken (Winterthur-Arag).

Merke: Der Helsana-Rechtsschutz steht nur Zusatzversicherten der Krankenkasse Helsana offen, die Assista nur Mitgliedern des TCS. Sieht man von diesen beiden Gesellschaften ab, liegt bei den Kombiprodukten preismässig die Protekta (210.– für Alleinstehende und 290.– für Familien) vorn. VCS-Mitglieder erhalten auf diese Preise noch einen Rabatt von rund fünf Prozent.

Verkehrsbussen müssen Sie selber zahlen

Abgesehen von wenigen Details ist die Deckung bei allen Anbietern ungefähr gleich: Die Rechtsschutz-Versicherung übernimmt in der Regel die Anwalts- und Gerichtskosten inklusive Gutachten, Entschädigungen an die Gegenpartei sowie Kautionen in Strafsachen. Teilweise werden zudem Inkassokosten ersetzt.

Das heisst: Die Kosten für Prozesse in den versicherten Bereichen sind gedeckt.

Nicht auf die Rechtsschutz-Versicherung überwälzt werden können Bussen, weil es sich dabei um persönliche Strafen handelt und nicht um Verfahrenskosten.

Die Deckung ist in der Regel auf einen Betrag von maximal 250 000 Franken beschränkt (Ausnahme Coop 300 000 Franken). Diese Beträge reichen angesichts der tatsächlich versicherten Leistungen bei weitem aus.

Geographisch limitieren die meisten Gesellschaften den Rechtsschutz auf Europa und die Mittelmeer-Randstaaten. Bei der Assista ist die Deckung auf Ereignisse in der Schweiz und im Fürstentum Liechtenstein beschränkt.

Aber Achtung: Auch andere Versicherungen zahlen zum Beispiel bei Vertragsstreitigkeiten nicht, wenn ausländisches Recht anwendbar ist oder der Prozess im Ausland stattfindet.

Geringe Unterschiede beim Verkehrsrechtsschutz

Wesentlich beim Rechtsschutz ist der Umfang der versicherten Rechtsstreitigkeiten. Gering sind die Unterschiede im *Verkehrs*rechtsschutz. Ein paar Details:

- Gedeckt sind bei allen Gesellschaften Streitigkeiten mit Haftpflichtigen, Versicherungen, Vertragspartnern (etwa bei Autokauf, Leasing, Reparaturen) und dem Staat (Verletzung von Verkehrsregeln, Führerausweisentzug).
- Die Versicherung gilt in der Regel für alle Motorfahrzeuge, die auf den Namen einer versicherten Person (Versicherungsnehmer, Familienmitglied) eingelöst sind.
- Ausserdem geniessen die versicherten Personen bei praktisch allen Gesellschaf-

So viel kostet Sie der Rechtsschutz

Rechtsschutz-Prämien für Einzelpersonen
Jahresprämie in Franken, inkl. 5% Stempelgebühr

Gesellschaft	Privatrechtsschutz	Verkehrsrechtsschutz	Kombiprodukt
Assista TCS [1,2]	160.-	66.-	226.-
CAP [3]	-	-	300.- [9]
Coop Rechtsschutz	195.-	125.-	290.-
DAS	166.-	155.-	294.-
Fortuna	155.-	130.-	265.-
Helsana [4]	-	-	118.-
Juridica	150.-	110.-	250.-
Orion [5]	190.-	140.-	290.-
Protekta [6]	120.-	100.-	210.-
Winterthur-Arag	174.-	132.-	306.-
Züritel [7]	120.-	114.-	234.-

Rechtsschutz-Prämien für Familien und Konkubinatspaare
Jahresprämie in Franken, inkl. 5% Stempelgebühr

Gesellschaft	Privatrechtsschutz	Verkehrsrechtsschutz	Kombiprodukt
Assista TCS [1,2]	160.-	96.-	256.-
CAP [3]	-	-	360.- [10]
Coop Rechtsschutz	235.-	150.-	340.-
DAS	208.-	208.-	389.-
Fortuna	195.-	160.-	335.-
Helsana [4]	-	-	175.- [8]
Juridica	180.-	160.-	310.-
Orion [5]	250.-	170.-	380.-
Protekta [6]	160.-	150.-	290.-
Winterthur-Arag	209.-	163.-	372.-
Züritel [7]	158.-	139.-	297.-

[1] Nur für TCS-Mitglieder.
[2] Deckung nur in CH + FL.
[3] Neues Produkt, nicht mehr in Privat- und Verkehrsrechtsschutz unterteilt.
[4] Nur für Helsana-Versicherte, die Zusatzversicherung Top oder Completa haben.
[5] ACS-Mitglieder erhalten einen Rabatt von durchschnittlich 30%.
[6] VCS-Mitglieder erhalten einen Rabatt von durchschnittlich 5%.
[7] Günstigere Variante, nur für Streitwerte ab 500 Franken.
[8] Jährliche Mehrkosten von 59 Franken pro Kind ab 19 Jahren.
[9] Standardprämie für Mieter, Eigentümer 430.–.
[10] Standardprämie für Mieter, Eigentümer 490.–.

QUELLE: VZ VERMÖGENSZENTRUM, STAND APRIL 2002

ten Rechtsschutz als Lenker jedes beliebigen Fahrzeugs.
• Der Verkehrsrechtsschutz erstreckt sich bei den meisten Gesellschaften auch auf Vorfälle als Fussgänger, Velofahrer und als Passagier von öffentlichen oder privaten Verkehrsmitteln.

Familien- und Erbrecht ist nicht versichert

Grösser sind die Deckungslücken im *Privat*rechtsschutz:
• Besonders wichtig ist hier die Deckung für Prozesskosten aus Vertragsstreitigkeiten (vor allem Kauf-, Miet-, Werk-, Darlehens- und Arbeitsvertrag sowie einfacher Auftrag). Wer eine Versicherung abschliesst, sollte darauf achten, dass mindestens diese Gebiete gedeckt sind. Enttäuschend sind hier die restriktiven Deckungen von Juridica und Fortuna.
• Einzelne Anbieter zahlen solche Streitigkeiten erst ab einem Mindeststreitwert von beispielsweise 300 oder 500 Franken. Dies ist allerdings sinnvoll, denn solche Auseinandersetzungen eignen sich nicht für einen Prozess.
• Im für die meisten wohl wichtigsten Bereich des Arbeitsrechts schränken immer mehr Gesellschaften ihren Rechtsschutz ein. So sind bei Fortuna und Winterthur-Arag leitende Angestellte nicht versichert. DAS und Assista decken keine arbeitsrechtlichen Streitigkeiten bei Versicherten, die an der Gesellschaft beteiligt sind (Achtung: Schon eine Gratisaktie des Betriebs genügt, damit man juristisch am Unternehmen beteiligt ist). Und die Protekta zahlt bei einem Streitwert über 100 000 Franken allfällige Prozesskosten nur noch anteilsmässig.
• Gedeckt sind Versicherungsnehmer zudem, wenn ihnen ein Schaden zugefügt wurde und sie nun beim Schadenverursacher ihre Haftpflichtansprüche (Schadenersatz, eventuell Genugtuung) durchsetzen wollen.

Wer selber einen Schaden verursacht hat, darf hingegen nicht auf die Unterstützung durch die Rechtsschutz-Versicherung zählen. Hier käme eine allfällige Haftpflichtversicherung zum Zug.

Die Mieter sind versichert, Vermieter hingegen nicht

• Auseinandersetzungen mit privaten und öffentlichen Versicherungen sind im Leistungskatalog der Privatrechtsschutz-Versicherungen ebenfalls enthalten. Auch in diesem Punkt herrscht unter den Gesellschaften praktisch Übereinstimmung.

Ausnahme: Prozesse gegen die Rechtsschutz-Versicherung selber sind nicht versichert.
• Nicht mehr durchwegs gedeckt sind nachbarrechtliche Streitigkeiten und Auseinandersetzungen über Eigentum und Besitz von Liegenschaften. Hier ist der Versicherungsschutz unterschiedlich. Rechtsschutz aus Grundstücksverträgen (Kauf oder Verkauf, Belehnung oder Verpfändung) lehnen die Gesellschaften praktisch durchwegs ab.
• Generell nicht versichert sind Personen-, Familien- und Erbrechtsprozesse. Verschiedene Gesellschaften bieten aber – teilweise ausser bei Scheidungen (Fortuna, Assista) – eine einmalige Rechtsberatung pro Fall durch eigene Juristen an. Assista, Orion, Coop und Protekta übernehmen bei Familien- und Erbstreitereien die Kosten für einen externen Anwalt bis zu einem Maximalbetrag von 300 Franken pro Fall und Jahr.
• Nicht versichert sind Streitigkeiten aus Gesellschaftsrecht (Vereinsrecht, Genossenschaftsrecht usw.), die meisten verwaltungsrechtlichen Auseinandersetzungen (Steuerrecht, Baubewilligungen etc.) oder Ansprüche aus Immaterialgüterrecht (beispielsweise Urheberrechte, Patentrechte).
• Durch einen Privatrechtsschutz nicht gedeckt sind auch Selbständigerwerbende bei Streitigkeiten aus ihrem Gewerbe.
• In mietrechtlichen Konflikten versichern die meisten Gesellschaften nur Verfahren gegen den Vermieter. Eigentümer können Prozesskosten aber zum Teil separat zusätzlich decken.

Ist also eine Rechtsschutz-Versicherung grundsätzlich

Checkliste für den Abschluss einer Rechtsschutz-Versicherung

Das müssen Sie beachten, wenn Sie sich den Abschluss einer Rechtsschutz-Versicherung überlegen.

Wenn Sie nicht sicher sind, ob Sie eine Rechtsschutz-Police brauchen, beantworten Sie für sich zuerst die folgenden Fragen:
- Sind die wichtigeren Risiken schon versichert (Krankheit und Unfall inklusive Taggeld, Todesfall- und Erwerbsausfallrisiko, Haftpflicht und Hausrat)?
- Besteht bereits Rechtsschutz über andere Versicherungen oder Verbandsmitgliedschaften (Gewerkschaften, Mieterverband, Schutzbrief usw.)? Soll der Rechtsschutz allenfalls auf weitere Bereiche ausgedehnt werden?
Tipp: In solchen Fällen entweder die bisherige Deckung erweitern oder den Gesamtschutz neu abschliessen.
- Wie gross ist das konkrete Risiko eines Rechtsstreites in wichtigen finanziellen Fragen, die auch tatsächlich versichert werden können (zum Beispiel im Arbeitsrecht, Miet- oder Kaufrecht)?

Falls Sie sich *für* eine Rechtsschutz-Police entscheiden, sollten Sie Folgendes beachten:

- Sind beim Verkehrsrechtsschutz auch Streitigkeiten über Kauf, Verkauf, Miete oder die Reparatur des Autos gedeckt?
- Sind beim Privatrechtsschutz alle wichtigen vertraglichen Streitigkeiten gedeckt (Kauf, Miete, Darlehens-, Arbeits- und Werkverträge, Aufträge sowie Auseinandersetzungen mit Versicherungen)?
- Übernimmt die Gesellschaft bei nicht versicherten Streitigkeiten zum Beispiel aus Familien- oder Erbrecht wenigstens eine einmalige Konsultation bei einem frei gewählten Anwalt?
- Verzichtet die Versicherungsgesellschaft im Schadenfall auf Abzüge wegen Grobfahrlässigkeit?
- Sehr wichtig: Ist im Schadenfall der Beizug eines vom Kunden frei gewählten Anwaltes möglich?
- Schliessen Sie nur kurzfristige Verträge ab (ein Jahr feste Laufzeit, automatische Verlängerung um jeweils ein Jahr ohne vorherige Kündigung). So können Sie die Police dem aktuell benötigten Schutz anpassen (Anzahl Autos, Anzahl Versicherte, Ausdehnung des Vertragsrechtsschutzes).

zu empfehlen? *Für* eine solche Police spricht, dass die Prämien im durchschnittlichen Familienbudget nicht allzu stark ins Gewicht fallen dürften; die Kosten von gerichtlichen Verfahren – auch von arbeitsgerichtlichen, falls man einen Anwalt benötigt – können aber schon in einer einzigen Instanz rasch einmal auf 10 000 Franken hochschnellen.

Wer also deutlich über dem Existenzminimum lebt und deshalb am Gericht nicht unentgeltlich prozessieren darf, kann einen Abschluss durchaus prüfen.

Die meisten Prozesse lassen sich zwar durch aussergerichtliche Verhandlungen abwenden. Aber welcher Mieter oder Arbeitnehmer kann schon mit Sicherheit ausschliessen, dass er seinem Vermieter oder Arbeitgeber nicht einmal vor Gericht gegenüberstehen muss?

Gegen eine Rechtsschutz-Police spricht, dass Rechtsstreitigkeiten nicht zu den teuersten Gefahren des Lebens gehören: Nur wer die wichtigsten und grössten Risiken bereits versichert hat, sollte sich auch noch den Abschluss einer Rechtsschutz-Police überlegen.

Ohne Zweifel wichtiger sind aber Kranken- und Unfallversicherung, Todesfallrisiko- und Erwerbsausfall-Versicherung sowie Privathaftpflicht- und Hausratdeckung.

Gut versichert in die Ferien:

**Themen
in diesem Kapitel:**

- **So verhindern Sie Überraschungen bei den Arzt- und Spitalkosten**
- **Diese Krankenkassen bieten einen guten Auslandschutz**
- **Reiseabsage: Die Versicherung zahlt die Annullierungskosten**
- **Ferien in der Schweiz: Das müssen Sie wissen**
- **Prämienvergleich: Jahres-Reiseversicherungen mit Weltdeckung**
- **Leistungen der Jahres-Reiseversicherungen im Vergleich**
- **Zwischenfälle auf der Reise: Die Assistance hilft**
- **Warum unvollständige Angebote nur einen beschränkten Nutzen haben**
- **Buchen im Reisebüro: Achten Sie auf die Reisegarantie**

Prospekte studieren, das Ferienziel auswählen, die Reise buchen, das Feriengeld wechseln, die Koffer packen – das sind die meist angenehmen Vorbereitungen, die uns auf die schönsten Wochen im Jahr einstimmen.

Vor der Abreise sollte man aber auch an die Versicherungen denken. Das ist zwar für viele Zeitgenossen ein Horror – aber die Details zu beachten kann sich sehr lohnen.

Der wichtigste Grundsatz lautet auch hier: Versichern Sie das Richtige.

Gerade bei der Ferienversicherung ist die Gefahr nämlich gross, dass man gewisse Deckungen doppelt hat und damit Prämiengeld zum Fenster hinauswirft.

Der Grund liegt darin, dass die klassischen Reiseversicherungen und Schutzbriefe meistens Paketlösungen sind; darin inbegriffen sind im Einzelfall auch Deckungen, die man nicht braucht oder schon anderweitig versichert hat.

Das Gleiche gilt für viele Versicherungslösungen, die den Kundinnen und Kunden im Reisebüro für eine bestimmte Reise angeboten werden.

 Für die Reise ins Ausland: Notfallnummern notieren!

Wenn im Ausland etwas passiert, sollten Sie immer und raschmöglichst Ihre Versicherung informieren. Das gilt sowohl für die Krankenkasse als auch für die anderen Versicherungen, die in diesem Kapitel beschrieben sind.

Notieren Sie deshalb die Notfallnummer vor der Abreise, damit Sie aus dem Ausland anrufen können. Und sorgen Sie dafür, dass Sie die Nummer Ihrer Police bei sich haben.

Die Notfallnummer ist ein gewichtiges Plus der Jahres-Reiseversicherungen; über diese Nummer können Sie 24 Stunden pro Tag Hilfe anfordern. Die Angestellten im Help-Zentrum organisieren dann die nötigen Schritte – auch in Krisenregionen und Ländern, die nicht auf die Bedürfnisse des Massentourismus eingestellt sind. Sie helfen insbesondere bei der Suche nach qualifizierter medizinischer Betreuung.

Achtung: Wenn Sie die Notrufzentrale zu spät anrufen oder sogar in Eigenregie Massnahmen organisieren, kann es passieren, dass die Gesellschaft die Kostenübernahme gemäss ihren Bedingungen kürzen oder verweigern darf.

So dürfen Sie beruhigt verreisen

Entscheidend ist aber einzig und allein, dass Sie an die eigentlichen Risiken des Reisens denken – und dann entsprechend handeln. Hier sind fünf Punkte wichtig.

Fünf Punkte, auf die Sie achten müssen

1. Sehr wichtig: Sind Ihre Arzt- und Spitalkosten (Heilungskosten) vollständig gedeckt, wenn Sie im aussereuropäischen Ausland krank werden oder verunfallen? Ist auch die eventuell nötige Repatriierung gedeckt, also die Rückführung in die Schweiz?
2. Wer zahlt Ihre Annullierungskosten, falls Sie aus einem triftigen Grund nicht abreisen können?
3. Haben Sie eine Personen-Assistance für den Fall, dass Sie Ihre Reise unerwartet abbrechen müssen?
4. Eventuell: Ist Ihr Auto noch genügend versichert, wenn Sie die Grenze ins Ausland überquert haben? Und wie sieht es mit der Pannenhilfe im Ausland aus?
5. Weniger wichtig: Ist Ihr Gepäck versichert?

Arzt- und Spitalkosten im Ausland: So sorgen Sie vor

Wer im Ausland ärztliche Hilfe braucht, erhält von der obligatorischen Grundversicherung der Krankenkasse oder von seiner Unfallversicherung (UVG/Suva) das Doppelte dessen vergütet, was die Behandlung beim Arzt oder auf der allgemeinen Abteilung im Spital im Wohnkanton gekostet hätte.

In Europa genügt diese Deckung in der Regel.
Tipp: Nehmen Sie auf Reisen in Europa immer das Formular E 111 mit, das Sie bei Ihrer Krankenkasse erhalten. Das Formular hat den grossen Vorteil, dass Sie eine Arztbehandlung im EU-Raum nicht mehr sofort bar bezahlen müssen (mit Ausnahme des Selbstbehaltes); die finanzielle Abwicklung läuft dann direkt über Ihre Krankenkasse.

Auf Reisen in Übersee, zum Beispiel Nordamerika, Australien oder Japan, riskieren Sie jedoch mit der Deckung der obligatorischen Grundversicherung, dass Sie einen grossen Teil der Behandlungskosten selber berappen müssen.

Gerade USA-Reisende erleben immer wieder böse Überraschungen, wenn horrende Rechnungen kommen und die Grundversicherung der Krankenkasse nur einen Bruchteil zahlt. Das gilt auch für gewisse Drittweltländer.

Für viele Länder in Übersee ist also eine Zusatzdeckung für Arzt- und Spitalkosten unabdingbar!

Um eine solche Zusatzdeckung abzuschliessen, ha-

Die Rega ist keine Versicherung

Gegen die Gönnerschaft bei der Rega ist nichts einzuwenden. Aber erstens ist die Rega keine Versicherung, es besteht also kein eigentlicher Rechtsanspruch.

Zweitens umfasst die Dienstleistung der Rega im Ausland nur gerade den Rücktransport von Personen, bei denen das medizinisch notwendig ist – und erst recht keine eigentlichen Heilungskosten.

Das Leistungspaket der Reiseversicherungen ist hingegen bei Reisezwischenfällen bedeutend umfangreicher (beispielsweise auch Rücktransport aus Unruhegebieten oder vorzeitige Rückreise, falls am Arbeitsplatz der Stellvertreter des Reisenden ausgefallen ist).

Die Rega bestätigt das, sagt aber dazu, sie führe sehr oft im Auftrag der privaten Reiseversicherungen Rettungsflüge durch. Für ihre Existenz sei die Rega auf Gönnerinnen und Gönner angewiesen.

Reiseversicherung

ben Sie grundsätzlich drei Möglichkeiten:

Schutz über die Zusatzversicherung der Krankenkasse

1. Möglichkeit: Viele Krankenkassen-Versicherte haben ganzjährig eine «kleine» Zusatzversicherung mit einer ganzen Palette von zusätzlichen Deckungen inklusive Auslandschutz. Überdurchschnittliche Leistungen bieten in diesem Zusammenhang «Top» der Helsana, «Krankenpflege-Plus» der KPT sowie «Ambulant II» der Visana (siehe Tabelle unten).

Wenn Sie bei einer dieser drei Kassen sind und die entsprechende Zusatzversicherung ganzjährig abgeschlossen haben, sind Sie weltweit für unbegrenzte Arzt- und Spitalkosten versichert (bei Visana und KPT aber für maximal 8 Wochen pro Jahr).

Bei diesen kleinen Zusatzversicherungen der Krankenkassen sind auch die Kosten für die medizinisch notwendige Rückführung in die Schweiz unbegrenzt gedeckt.

Sie können sich also im Ausland in den meisten Kliniken behandeln lassen, ohne böse Überraschungen fürch-

Der Auslandschutz der Krankenkassen

Die Tabelle zeigt, in welchem Mass die Zusatzversicherungen der Krankenkassen im Ausland diejenigen Arzt- und Spitalkosten übernehmen, die den Anteil der obligatorischen Grundversicherung übersteigen. Bei den in der Tabelle aufgeführten Zusatzversicherungen handelt es sich um kleine Zusatzbausteine, die eine Vielzahl von Deckungen enthalten.

Krankenkasse	Name der Zusatzversicherung	Deckung der Arzt- und Spitalkosten im Ausland	Deckung der Repatriierung	VZ-Leistungs-Urteil
Helsana [1]	Top	Unbegrenzt	Unbegrenzt	😃
KPT [2]	Krankenpflege-Plus	Unbegrenzt	Unbegrenzt	😃
Visana [2]	Ambulant II	Unbegrenzt	Unbegrenzt	😃
Intras	Uno +	Ambulant unbegrenzt, im Spital max. 30 Tage / Fall [4]	Unbegrenzt [3]	😐
Concordia [1]	Diversa	Ambulant unbegrenzt, im Spital max. 30 Tage / Fall	Unbegrenzt	😐
Swica	Completa Top	Unbegrenzt [5]	Max. 100 000.– / Jahr	😐
Wincare [1]	Diversa Komfort	Ambulant unbegrenzt, im Spital max. 60 Tage / Fall	Unbegrenzt	😐
CSS	Standard, Notfall Variante 1	Ambulant unbegrenzt, im Spital max. Tarif des Wohnkantons	Max. 5000.– / Fall	😞
Groupe Mutuel	Global 3	Ambulant keine Leistungen, im Spital max. 500.– / Tag	Unbegrenzt	😞
ÖKK	Allg. Zusatz	Keine Leistungen	Max. 15 000.– / Jahr	😞
Sanitas	Basic 2	Keine Leistungen	Max. 500.– / Jahr	😞
Supra	Natura R3	Keine Leistungen	Unbegrenzt	😞

😃 = überdurchschnittlich 😐 = durchschnittlich 😞 = unterdurchschnittlich
[1] Deckung für Auslandaufenthalt von max. 12 Monaten.
[2] Deckung für Auslandaufenthalte von insgesamt max. 8 Wochen pro Jahr.
[3] Deckung für Auslandaufenthalt von max. 60 Tagen.
[4] Deckung wird nur gewährt, falls auch die Grundversicherung bei Intras abgeschlossen ist.
[5] Es wird eine Franchise von 600.– plus ein Selbstbehalt von 10 % verrechnet. Eine allenfalls in der Grundversicherung bereits erbrachte Franchise wird jedoch angerechnet – auch wenn man die Grundversicherung bei einer anderen Krankenkasse hat.

ten zu müssen. Setzen Sie sich aber im Ernstfall unbedingt sofort mit der Krankenkasse in Verbindung, vielleicht wird man Sie von einer Luxusklinik in eine «normale» Klinik verlegen lassen.

Sollten Sie bei einer anderen Krankenkasse einen ähnlich ausgestalteten Zusatzbaustein haben, müssen Sie unbedingt in den Allgemeinen Versicherungsbedingungen nachschauen, ob ein Auslandschutz überhaupt inbegriffen ist und ob – falls versichert – die Leistungen begrenzt sind.

Das gilt auch, wenn Sie bei Ihrer Krankenkasse privatspitalversichert sind. Auch hier sind manchmal Auslandleistungen mitversichert.

Die Heilungskosten nur für ein paar Wochen versichern

2. Möglichkeit, um nicht gedeckte Arzt- und Spitalkosten im Ausland zu versichern: Wer keine gut ausgebaute ganzjährige Zusatzversicherung der Krankenkasse hat, kann eine zeitlich beschränkte Ferien-Heilungskosten-Versicherung abschliessen, welche nur für die Dauer der Ferien gilt.

Die Tabelle (oben) zeigt, wie viel einige ausgewählte Krankenkassen für einen Ferientrip von 14 Tagen verlangen.

Sich so zu versichern ist günstiger als mit einer ganzjährigen Zusatzversicherung bei der Krankenkasse.

Heilungskosten-Versicherung: Prämien für 14 Tage Auslandferien

Für eine erwachsene Person		Für eine 4-köpfige Familie	
Wincare	20.–	KPT	48.–
KPT	24.–	CSS	58.–
Visana	30.–	Wincare	60.–
CSS	32.–	Concordia	72.–
Concordia	32.–	Visana	80.–

Leistungsbeschrieb: Weltweit volle Deckung bei notfallmässigen ambulanten und stationären Behandlungen, inkl. Transporte und Rückführungen. Teilweise sind Leistungen wie Auslandrechtsschutz oder Hotel- und Unterkunftskosten für eine angehörige Person inbegriffen. Berücksichtigt sind nur Krankenkassen, bei denen eine kurzzeitige Auslanddeckung auch dann zu haben ist, wenn man die Grundversicherung nicht bei dieser Kasse hat. Angaben in Franken.

QUELLE: VZ VERMÖGENSZENTRUM, STAND APRIL 2002

Bei den in der Tabelle (oben) aufgeführten Krankenkassen ist gewährleistet, dass Arzt- und Spitalkosten sowie eine medizinisch notwendige Rückführung in die Heimat (Repatriierung) unbegrenzt versichert sind.

Sollten Sie eine ähnliche Feriendeckung bei einer anderen Kasse haben, müssen Sie darauf achten, ob die Versicherungsleistung summenmässig beschränkt ist (das kann ins Auge gehen) und ob auch die Rückführung in die Schweiz versichert ist.

CSS-Jahres-Reiseversicherung mit Heilungskosten

3. Möglichkeit, um nicht gedeckte Arzt- und Spitalkosten im Ausland zu versichern: Sie schliessen eine Jahres-Reiseversicherung ab, in der diese Kosten inbegriffen sind.

Ein solcher umfassender Heilungsschutz ist allerdings einzig beim Standardprodukt der CSS inbegriffen.

Eine Variante dazu hat der TCS: Seit Anfang 2000 bietet er im Rahmen seines Schutzbriefes für 45 Franken pro Jahr eine ganzjährige Zusatzdeckung mit unbegrenzten Heilungskosten an. Im Vergleich zu den Tarifen für entsprechende Produkte bei den Krankenkassen ist dieses Angebot unschlagbar. Bei den Prämien auf Seite 117 ist diese Zusatzdeckung nicht inbegriffen.

Der TCS-Zusatzbaustein empfiehlt sich für Reisende, die bei ihrer Krankenkasse lediglich die obligatorische Grundversicherung haben und dort auf freiwillige Zusatzversicherungen jeglicher Art verzichten.

Übrigens: Wenige andere Jahres-Reiseversicherungen zahlen ebenfalls Beiträge an Arzt- und Spitalkosten bei Krankheit und Unfall, meist aber nur 500 Franken – und das ist eher ein Witz und keine vernünftige Deckung.

Tipp: Lassen Sie sich nicht von den versprochenen Kosten *vorschüssen* für Arzt- und Spitalkosten blenden, die in den meisten Paketen der Jahres-Reiseversicherungen inbegriffen sind: Diese Geldbeträge (meist sind es 5000 Franken) müssen Sie der Versicherung anschliessend zurückzahlen; es sind also nur kurzfristige Darlehen.

Reiseabsage: So sind Annullierungskosten versichert

Falls Sie verunfallen, schwer krank werden oder sterben und deshalb eine gebuchte und vorausbezahlte Reise nicht antreten können, zahlt das Reisebüro – je nach Datum der Absage – wenig oder gar kein Geld zurück.

Dieses Risiko der Reiseabsage deckt die Annullierungskosten-Versicherung.

Sie zu haben kann sich besonders bei teuren Pauschalarrangements lohnen, wenn zusätzlich die ganze Familie gemeinsam verreist.

In der Regel zahlen die Annullierungskosten-Versicherungen sogar dann, wenn man kurz vor der Abreise den Arbeitsplatz verliert.

Grundsätzlich ist also eine Annullierungskosten-Versicherung sinnvoll – zumal sie in der Regel auch dann zahlt, wenn eine nahe stehende Person oder ein Reisepartner oder der Stellvertreter am Arbeitsplatz schwer erkrankt, verunfallt oder stirbt.

Allerdings gilt auch hier der allgemeine Grundsatz: Man kann auf die Versicherung verzichten, wenn man das Risiko selber tragen will.

Liebeskummer ist nicht versichert

Ist eine Krankheit der Grund für die Reiseabsage, so muss sie schwer sein; nur eine vorübergehende Unpässlichkeit oder beispielsweise eine normale Grippe ist nicht versichert.

Pech hatte auch eine Frau, die kurz vor der Abreise schwanger wurde und das Kind medikamentös abtreiben liess. Ihre Reiseunfähigkeit aufgrund der Abtreibung liess die Elvia nicht als «schwere» Krankheit gelten.

✱ Stichwort: Jahres-Reiseversicherung

Jahres-Reiseversicherungen sind Pakete mit einer Vielzahl von Leistungskomponenten: Die wichtigsten sind Annullierungskosten-Versicherung sowie Personen- und Auto-Assistance. Diese Pakete sind in der Regel direkt bei der betreffenden Versicherungsgesellschaft beziehungsweise bei den Verkehrsclubs erhältlich, in Einzelfällen auch im Reisebüro.

Die Tabellen auf den Seiten 117 und 118 zeigen die Prämien und Leistungen der Jahres-Reiseversicherungen im Überblick. Die Prämien und Leistungsangaben gelten für ein vordefiniertes Paket; es ist auf Ferienreisende zugeschnitten, die mit dem Flugzeug ins Ausland verreisen. Die Autopannenhilfe (Fahrzeug-Assistance) ist in den getesteten Paketen nicht inbegriffen und wurde nicht bewertet.

Bei vielen Anbietern können Kundinnen und Kunden ihr Versicherungspaket individuell nach dem Baukastensystem zusammenstellen.

Grundsätzlich können Sie die einzelnen Deckungen einer Jahres-Reiseversicherung (Annullierungskosten, Assistance usw.) auch für wenige Wochen abschliessen – und zwar im Reisebüro.

Eine Jahres-Reiseversicherung lohnt sich meist ab zwei Auslandreisen pro Jahr und vor allem für Familien.

Wie andere Sachversicherungen verlängern sich Jahres-Reiseversicherungen nach Ende des ersten Vertragsjahres automatisch um ein weiteres Jahr, falls sie vorher nicht gekündigt werden.

Die Schutzbriefe der Automobilverbände ACS, VCS und TCS bieten als Paketlösungen in etwa das Gleiche. Wer einen Schutzbrief nach einem Jahr nicht mehr will, muss ihn bei VCS und TCS nicht kündigen; es genügt, einfach die Prämie nicht mehr einzuzahlen. Beim ACS muss ein Monat vor Ablauf gekündigt werden.

Und: Sie können von der Annullierungskosten-Versicherung auch kein Geld verlangen, falls Sie die Reise aus persönlicher Unpässlichkeit absagen (z. B. weil eine Beziehung in die Brüche ging oder das Wetter in der Feriendestination schlecht ist).

Tipp 1: Achten Sie bei Ihrer Annullierungskosten-Versicherung darauf, ob sie nur für Europa gilt oder weltweit. Beim Schutzbrief des TCS müssen Sie die weltweite Deckung gegen Mehrprämie dazukaufen. Bei den Prämien in der Tabelle auf Seite 117 ist diese Weltdeckung dabei.

Wichtig: Beim TCS sind Reiseabsagen in der Schweiz im «normalen» Schutzbrief nicht versichert. Falls Sie eine Reiseannullations-Police für Ferien in der Schweiz möchten, müssen Sie hier zusätzlich 37 Franken für die Assistance Schweiz dazuzahlen.

Tipp 2: Wer sich dazu entschliesst, das Annullierungskosten-Risiko mit einer Jahres-Reiseversicherung oder mit einem Schutzbrief abzudecken, sollte beachten, dass die Kostenübernahme nach oben meist begrenzt ist (siehe Tabelle auf Seite 118). Beispiel: Junge bis Alter 26 haben bei Mobi Jeunes nur 5000 Franken versichert.

Tipp 3: Wenn Sie alle übrigen Risiken bereits gut abgedeckt haben, können Sie bei einigen Gesellschaften oder unter Umständen auch im Reisebüro die Annullierungskosten-Deckung allein und separat für ein ganzes Jahr abschliessen. Erkundigen Sie sich. Ein solcher alleiniger Annullierungskosten-Jahresschutz lohnt sich aber nur, falls Sie mehrmals pro Jahr beziehungsweise mit Familie reisen.

Wenn hingegen eine Einzelperson nur einmal ins

Reise wegen Krankheit abgesagt: Muss ich die Bearbeitungsgebühr – trotz Versicherung – selber zahlen?

Frage: Ich habe eine Fluss-Schifffahrt gebucht und 800 Franken angezahlt. Leider musste ich die Reise aus gesundheitlichen Gründen absagen; ein Arzt hat die Krankheit bestätigt.

Weil ich früh genug abgesagt habe, musste mir das Reisebüro die 800 Franken zurückschicken. Als das Geld kam, fehlten aber 120 Franken. In der Abrechnung des Reisebüros steht, das sei eine Bearbeitungsgebühr.

Nun weigert sich die Annullierungskosten-Versicherung des TCS, mir diese Bearbeitungsgebühren zu ersetzen. Muss ich das akzeptieren?

Antwort: Ja. Sie haben einen «ETI-Schutzbrief» vom TCS, und in den Bedingungen steht klar, dass diese Versicherung solche Bearbeitungsgebühren nicht zahlt.

Sie haben also Pech gehabt; alle anderen grossen Anbieter von Reiseversicherungen hätten solche Bearbeitungsgebühren bezahlt (der ACS erst seit Anfang 2001).

Das gilt aber in der Regel nur für Jahres-Reiseversicherungen, die man direkt bei den grossen Anbietern kaufen kann. Wenn man hingegen im Reisebüro nur eine «temporäre» Annullierungskosten-Police kauft, die also nur für die eine Reise gilt, so sind in diesen Spezialangeboten der Reiseveranstalter die Bearbeitungsgebühren meist nicht gedeckt.

Mit anderen Worten: Viele Reiseveranstalter verkaufen ihren Kundinnen und Kunden eine schlechte Versicherung.

Entscheidend ist das Kleingedruckte: Wenn in den Bedingungen von Annullierungskosten-Versicherungen ausdrücklich steht, die Bearbeitungsgebühren des Reisebüros im Zusammenhang mit einer Reiseabsage würden übernommen, haben Sie Glück gehabt.

Bezahlen muss die Versicherung übrigens auch dann, wenn die Bearbeitungsgebühren *nicht* ausdrücklich erwähnt sind, in den Bedingungen aber steht, es würden alle «vertraglich geschuldeten» Annullierungskosten vergütet.

Reiseversicherung

Ausland verreist, fährt sie am billigsten, wenn sie den vom Reisebüro angebotenen einmaligen Annullierungskosten-Schutz wählt, der lediglich für diese eine Reise gilt.

Tipp 4: Sie können die oft als «obligatorisch» bezeichnete Annullierungskosten-Versicherung des Reisebüros ablehnen, falls Sie die Annullierungskosten anderweitig versichert haben. Das gilt auch, wenn Ihnen ein Ferienwohnungsvermittler eine solche Deckung aufzwingen will.

Was viele nicht wissen: Bei Reiseabsage muss man oft – trotz Annullierungskosten-Versicherung – eine «Bearbeitungsgebühr» des Reisebüros selber übernehmen (siehe Kasten auf Seite 115).

Beim Buchen krank: Ein Arztzeugnis vorlegen!

Ein Problem sind bereits vorhandene Krankheiten. Wer beim Buchen krank ist, aber noch auf Heilung hofft und dann trotzdem nicht abreisen kann, erhält in der Regel keinen Ersatz. Ähnliches passiert, wenn sich vor Reiseantritt der Gesundheitszustand einer nahe verwandten Person verschlimmert und diese Krankheit beim Buchen schon bekannt war.

Tipp: In solchen Fällen empfiehlt es sich, bei der Versicherung eine schriftliche Bestätigung zu verlangen, dass sie auch dann zahlt, wenn sich der Zustand der Person verschlimmert und dies eine

Winterferien in der Schweiz: Skisportler müssen aufpassen

Der Lawinenwinter 1999/2000 brachte den Wintersportlern Ungemach: Viele Feriengäste konnten z. B. das vorausbezahlte Hotel oder die vorausbezahlte Ferienwohnung in der Schweiz oder im nahen Ausland nicht beziehen, weil die Strassen wegen Lawinen oder Lawinen*gefahr* gesperrt waren.

Das ist grundsätzlich ein Fall für die Annullierungskosten-Versicherung. Sie zahlt im Prinzip den nicht verbrauchten Teil des vorausbezahlten Ferienarrangements zurück.

● Achten Sie aber darauf, dass Ihre Annullierungskosten-Versicherung auch im Inland gilt. Sonst sind Ihre Ferien in den heimischen Bergen nicht versichert. Insbesondere beim TCS-Schutzbrief müssen Sie die Annullierungskosten gegen Mehrprämie von 37 Franken einschliessen.

● Noch ein Haken: In einigen Annullierungskosten-Versicherungen, die von Kurvereinen angeboten werden, sind Elementarereignisse nicht erwähnt. Dann sind Lawinen sowie Strassensperrungen wegen Lawinen*gefahr* nicht versichert. Lesen Sie vor dem Abschluss die Bedingungen.

● Beachten Sie auch: In vielen Vertragsbestimmungen fehlt die nähere Umschreibung dessen, was genau als Naturkatastrophe bzw. Elementarereignis gilt. Gilt dann auch eine Strassensperrung wegen viel Schnee schon als Elementarereignis, obwohl noch keine Lawine niedergegangen ist? Bestehen Sie im Streitfall darauf, dass die Begriffe zu Ihren Gunsten ausgelegt werden.

● Beim Produkt Intertours der Winterthur sind die Elementarereignisse genau aufgezählt – auch Lawinen. Weil aber Strassensperrungen wegen Lawinen*gefahr* hier nicht erwähnt sind, sind Winterthur-Kunden nicht versichert, wenn sie wegen starkem Schneefall, Lawinengefahr oder präventiver Strassensperrung nicht anreisen können.

● Es könnte sein, dass Sie am Ende der Ferien – zum Beispiel wegen Lawinengefahr – nicht wie geplant nach Hause reisen können und Mehrkosten haben, weil Sie länger bleiben müssen. Hier springt die so genannte Personen-Assistance ein, welche bei den Jahres-Reiseversicherungen und bei den Schutzbriefen meistens dabei ist. Auch hier gilt es aber, Versicherungsbedingungen zu prüfen. Bei Elvia Reisen beispielsweise ist die Personen-Assistance in der Schweiz nicht versichert.

Reiseabsage oder eine frühzeitige Rückkehr nötig macht.

Die Versicherung wird aber im Normalfall ein Arztzeugnis verlangen, das bestätigt, dass der Zustand der Person stabil ist und während der Reise keine aussergewöhnlichen Komplikationen zu erwarten sind.

Ein solches Arztzeugnis sollten auch jene Reisenden beschaffen, die ein chronisches Leiden haben, das an und für sich eine Reise erlaubt. Bitten Sie Ihren Arzt, den stabilen Zustand zu bescheinigen; dann sind Annullierungskosten gedeckt, falls sich das chronische Leiden vor der Abreise wider Erwarten verschlimmert.

Das Gleiche gilt, wenn Sie noch an den Folgen einer Verletzung laborieren, aber die Heilungschancen gut sind und Sie trotzdem eine Reise buchen wollen. In diesem Fall sollte Ihnen der Arzt bestätigen, dass der geplante Reisezeitpunkt im Hinblick auf einen normalen Heilungsverlauf unproblematisch ist.

Sollten sich dann bei der Heilung trotzdem unerwartete Schwierigkeiten einstellen, wäre so eine spätere Reiseabsage wegen dieser Komplikationen versichert.

Annullierung: Verkehrsclub-Mitglieder im Vorteil

ACS-, TCS- und VCS-Mitglieder haben sehr oft auch einen Schutzbrief und damit haben sie die Annullierungs-

Prämienvergleich: Jahres-Reiseversicherung

Tarife für Einzelpersonen

Gesellschaft / Produkt	Jahresprämie	VZ-Urteil[1]
Züritel / Assistance	90.–	😃
Zürich / Relax Assistance Basis	125.–	😃
ACS / Assistance [2]	142.–	😃
TCS / ETI-Schutzbrief ohne CH [3]	164.–	😃
Winterthur / Intertours	95.–	😐
Elvia Reisen / Secure Trip	97.–	😐
Allianz / Assistance Plus	115.–	😐
VCS / Schutzbrief [4]	120.–	😐
Generali / Le Compagnon Reise	135.–	😐
Europäische / SOS-Paket C	158.–	😐
CSS / Standard + Annullation	183.–	😐
Mobiliar / Mobi Jeunes	50.–	😞
Europäische / Easy Trip 365	71.–	😞
Mobiliar / Mobi Tour	81.–	😞
Basler / reisen.b@loise Standard	82.–	😞

Tarife für Familien

Gesellschaft / Produkt	Jahresprämie	VZ-Urteil[1]
Zürich / Relax Assistance Basis	125.–	😃
Züritel / Assistance	133.–	😃
ACS / Assistance [2]	142.–	😃
TCS / ETI-Schutzbrief ohne CH [3]	164.–	😃
VCS / Schutzbrief [5]	120.–	😐
Winterthur / Intertours	146.–	😐
Elvia Reisen / Secure Trip	184.–	😐
Allianz / Assistance Plus	194.–	😐
Generali / Le Compagnon Reise	225.–	😐
Europäische / SOS-Paket C	276.–	😐
CSS / Standard + Annullation	378.–	😐
Mobiliar / Mobi Jeunes	95.–	😞
Europäische / Easy Trip 365	130.–	😞
Mobiliar / Mobi Tour	143.–	😞
Basler / reisen.b@loise Standard	145.–	😞

😃 = überdurchschnittlich
😐 = durchschnittlich
😞 = unterdurchschnittlich

Die Details zum versicherten Paket ersehen Sie aus der Tabelle auf Seite 118. Angaben in Franken inkl. 5 % Stempelsteuer.

[1] Das VZ-Urteil bezieht sich nur auf die Leistungen (siehe Tabelle auf Seite 118f.) und nicht auf das Preis-Leistungs-Verhältnis.
[2] Ohne Mitgliedschaftsbeitrag (Fr. 130.–).
[3] Ohne Mitgliedschaftsbeitrag (Fr. 27.– für nichtmotorisierte Mitglieder); Assistance Schweiz (Fr. 37.–) ist nicht eingerechnet.
[4] Ohne Mitgliedschaftsbeitrag (Fr. 50.– für Einzelpersonen).
[5] Ohne Mitgliedschaftsbeitrag (Fr. 65.– für Familien).

QUELLE: VZ VERMÖGENSZENTRUM, STAND APRIL 2002

Reiseversicherung

kosten bereits versichert. Beim ACS gilt die Deckung weltweit, zudem ist auch die Absage einer gemieteten Ferienwohnung in der Schweiz automatisch versichert (beim TCS braucht es für aussereuropäische Länder – wie auch für die Schweiz und Liechtenstein – eine prämienpflichtige Erweiterung).

Mitglieder eines Verkehrsclubs haben also über den Schutzbrief ein wichtiges Risiko bereits gedeckt und sie können auch die Pannenhilfe relativ günstig mitversichern. Zudem profitieren sie auch von der Personen-Assistance während der Reise.

Tipp: Klären Sie mit Ihrem Club Ihre Deckung, wenn Sie ins Ausland verreisen. Falls Sie nur die Mitgliedschaft haben oder z. B. nur die Pannenhilfe Schweiz, haben Sie noch keinen Annullierungs-

Leistungsvergleich: Die Jahres-Reiseversicherung

Gesellschaft	Produkt	Annullierungskosten	Personen-Assistance bei Reisezwischenfällen Hauptleistungen bei Unfall/Krankheit	Mehrkosten bei Reisezwischenfällen
ACS	Assistance	15 000.- / Person, max. 60 000.-	Repatriierung unbegrenzt; Bergung, Rettung, Suchkosten bis 30 000.-	Bis 5000.-
Allianz	Assistance Plus	10 000.- / Person, max. 20 000.-	Repatriierung, Rettung unbegrenzt; Bergungs-, Suchkosten bis 20 000.-	Bis 500.- / Person
Basler	reisen.b@loise Standard	10 000.-	Repatriierung unbegrenzt; Bergung, Rettung, Suchkosten bis 10 000.-	Bis 1200.- / Person
CSS	Standard-Paket und Annullation	10 000.- / Person, max. 20 000.-	Repatriierung unbegrenzt; Bergung, Rettung, Suchkosten bis 20 000.-	Bis 1500.- / Person
Elvia Reisen	Secure Trip	10 000.- / Person, max. 20 000.-	Ohne Schweiz: Repatriierung unbegrenzt; Bergungs-, Suchkosten bis 20 000.-	Bis 500.- / Person
Europäische	SOS-Paket C	10 000.- / Person, max. 20 000.-	Kosten bis 250 000.-; Suchkosten bis 10 000.-	Bis 1000.- / Person
Europäische	Easy Trip 365	4000.- / Person, max. 10 000.-	Kosten bis 250 000.-; Suchkosten bis 10 000.-	Bis 1000.- / Person
Generali	Le Compagnon Reise	10 000.- / Person, max. 40 000.-	Repatriierung unbegrenzt; Bergungs-, Suchkosten bis 20 000.-	Bis 1000.- / Person
Mobiliar	Mobi Jeunes bis Alter 26	5000.-	Repatriierung, Bergung, Rettung unbegrenzt; Suchkosten bis 20 000.-	Bis 1000.- / Person
Mobiliar	Mobi Tour	10 000.-	Repatriierung, Bergung, Rettung unbegrenzt; Suchkosten bis 20 000.-	Bis 1500.- / Person
TCS	ETI-Schutzbrief	Unbegrenzt (ohne Schweiz)	Ohne Schweiz: Repatriierung unbegrenzt; Bergung, Rettung bis 30 000.-	Bis 1000.- / Person
VCS	VCS-Schutzbrief	10 000.- / Person, max. 20 000.-	Kosten bis 250 000.-; Suchkosten bis 10 000.-	Bis 1000.- / Person
Winterthur	Intertours	40 000.-	Repatriierung unbegrenzt; Bergung, Rettung, Suchkosten bis 10 000.-	Bis 1000.- / Person
Zürich	Relax Assistance Basis	15 000.- / Person, max. 60 000.-	Repatriierung unbegrenzt; Bergung, Rettung, Suchkosten bis 30 000.-	Bis 5000.-
Züritel	Assistance Versicherung	10 000.- / Person, max. 15 000.-	Repatriierung unbegrenzt; Bergung, Rettung, Suchkosten bis 30 000.-	Bis 5000.-

☺ = überdurchschnittlich   😐 = durchschnittlich   ☹ = unterdurchschnittlich

Berücksichtigt wurden die üblichen, von den Gesellschaften am häufigsten verkauften Produktkombinationen für die Deckung im Ausland inkl. Schweiz und Liechtenstein. Was dieses Paket kostet, zeigt die Prämientabelle auf Seite 117.

QUELLE: VZ VERMÖGENSZENTRUM, STAND APRIL 2002

kosten-Schutz und auch keine Personen-Assistance.

Zwischenfälle auf der Reise: Die Assistance hilft

Während einer Reise kann es zu Zwischenfällen kommen. Der Einzelreisende oder ein Familienmitglied wird beispielsweise ernsthaft krank und muss zurück in die Schweiz.

Oder politische Unruhen beziehungsweise Naturkapriolen erzwingen eine vorzeitige Ausreise. Oder eine Überschwemmung macht zusätzliche Hotelaufenthalte nötig.

In solchen Fällen zahlt die so genannte Personen-Assistance. Aus der Tabelle unten ist ersichtlich, dass bei den Zahlungen der Personen-Assistance zwischen «Hauptleistungen» und «Mehrkosten» zu unterscheiden ist:

- **Hauptleistungen:** Bei Unfall oder schwerer Krankheit zahlt die Versicherung die Repatriierung, also die Transportkosten für die frühzeitige Rückkehr in die Schweiz – sogar der ganzen Familie, falls die Fortsetzung der Reise ohne die schwer erkrankte Person nicht zumutbar ist. (Nur *leichte* Erkrankungen sind aber nicht versichert!)

In der Regel ist der Betrag für die Repatriierung unbegrenzt.

Einbruch zu Hause: Viele Versicherungen zahlen die Rückreise

Aus der Tabelle geht hervor, dass im Zusammenhang mit den Hauptleistungen auch (begrenzte) Zahlungen für Suche, Bergung und Rettung der versicherten Person fällig werden.

Diese Beträge versichert zu haben lohnt sich insbesondere angesichts der Tatsache, dass die Leistungen der obligatorischen Versicherungen (Krankenkasse oder Unfallversicherung) bei den Rettungs-, Bergungs- und Repatriierungskosten im Ausland bescheiden sind: Während

mit Weltdeckung (ohne Auto)

Ersatz für abgebrochene Reise	Reisegepäck versichert?	Flugunfall	VZ-Urteil
15 000.- / Person, max. 60 000.-	Nein	Nein	😊
Rückerstattung nicht benutzter Teil, max. 10 000.- / 20 000.- [1]	Nein	Nein	😐
Rückerstattung nicht benutzter Teil, max. 10 000.-	Nein	Nein	☹️
Rückerstattung nicht benutzter Teil, max. 10 000.- / 20 000.- [1]	Zusatz	Nein	😐
Rückerstattung nicht benutzter Teil, max. 10 000.- / 20 000.- [1]	Nein	Nein	😐
Rückerstattung nicht benutzter Teil, max. 10 000.-	Bis 1000.-	250 000.-	😐
Rückerstattung nicht benutzter Teil, 4000.- / 10 000.- [1]	Nein	Nein	☹️
10 000.- / Person, max. 40 000.-	Nein	Nein	😐
Als Zusatzdeckung erhältlich	Zusatz	Nein	☹️
Nein	Nein	Nein	☹️
Rückerstattung nicht benutzter Teil, unbegrenzt (ohne Schweiz)	Zusatz	Nein	😊
Rückerstattung nicht benutzter Teil, max. 10 000.-	1000.- / Person, max. 4000.-	Zusatz	😐
Als Zusatzdeckung erhältlich	Zusatz	Nein	😐
15 000.- / Person, max. 60 000.-	Nein	Nein	😊
Einzelperson 10 000.-; Familie 15 000.-	Nein	Nein	😊

Allfällige Zahlungen an Arzt- und Spitalkosten wurden nicht bewertet (siehe Ausführungen auf Seite 113). Einzig beim Standard-Paket der CSS sind unbegrenzte Heilungskosten automatisch inbegriffen.

[1] Kleinere Zahl gilt für Einzelpersonen, grössere Zahl für Familien.

die KVG-Grundversicherung nur gerade 50 Prozent der Kosten, maximal aber 5000 Franken pro Jahr zahlt, übernimmt der UVG-Versicherer aktuell auch nur maximal 21 360 Franken (Stand 2002).

Die Personen-Assistance springt im Prinzip auch ein, wenn die versicherte Person während der Ferien nur vorübergehend nach Hause muss, weil beispielsweise eine nahe stehende Person gestorben ist oder im Eigenheim eingebrochen wurde.

Viele Gesellschaften zahlen auch, wenn der Stellvertreter am Arbeitsplatz ausfällt.

In der Regel gilt dies dann, wenn «die Anwesenheit des Versicherten zu Hause oder am Arbeitsplatz unerlässlich ist», wie es beispielsweise bei der Mobiliar heisst.

In all diesen Fällen sind – wenn überhaupt – die Zusatzkosten (Bahn- oder Flugbillett) gedeckt.

Wenn die versicherte Person im Ausland im Spital ist, zahlen die meisten Versicherungen auch einen begrenzten Teil der Reisekosten von Angehörigen für einen Spitalbesuch im Ausland. Und sie gewähren *rückzahlbare* Kostenvorschüsse für Arzt- und Spitalkosten.

Die Personen-Assistance zahlt auch, wenn Sie einen Hotelaufenthalt verlängern müssen, weil beispielsweise Unruhen, Epidemien, Naturkatastrophen oder Ausfall der öffentlichen Verkehrsmittel Sie an der Weiterreise hindern.

● **Mehrkosten:** In der Tabelle auf Seite 118 ist auch von «Mehrkosten bei Reisezwischenfällen» die Rede. Gemeint sind zusätzliche allgemeine und unerwartete Aufwendungen im Zusammenhang mit den versicherten und aufgezählten Reisezwischenfällen.

Konkret: Die Versicherungen zahlen unter diesem Titel Mehrkosten, die anfallen, weil die Reisenden ihre Reise nicht wie vorgesehen fortsetzen können (zum Beispiel Telefonspesen oder zusätzliche Kleider).

Reise abgebrochen: Versicherung zahlt Restgeld zurück

Die Reiseversicherung leistet auch Ersatz für eine abgebrochene Reise (siehe Tabelle auf Seite 119). Dabei ist zu unterscheiden:

● ACS, Generali, Zürich und Züritel sind hier besonders grosszügig, weil sie sogar eine Wiederholungsreise zahlen (betragsmässig allerdings begrenzt auf die in der Tabelle genannten Summen). Das bedeutet: Wer seine Ferien abbrechen muss, kann auf Kosten der Versicherung das gleiche Arrangement noch einmal buchen.

● Die anderen Gesellschaften ersetzen den Kunden die Kosten für den nicht benutzten Teil des Ferienarrangements (ebenfalls begrenzt auf bestimmte Frankenbeträge).

Auch hier gilt: Achten Sie darauf, ob der Schutz weltweit gilt oder nur in Europa.

Checkliste für den richtigen Abschluss der Reiseversicherung

● Überlegen Sie zuerst, welches Risiko Sie überhaupt versichern wollen. Das grösste Risiko sind die Heilungskosten für Krankheit oder Unfall in einem teuren Land wie beispielsweise den USA.

● Dann müssen Sie sich entscheiden, ob Sie eine kurzfristige Lösung nur für die Dauer der einen Reise oder ein Jahrespaket wollen. Ab zwei Auslandreisen pro Jahr lohnt sich meist eine Jahres-Reiseversicherung.

● Lassen Sie sich vom Reisebüro keine Versicherung aufschwatzen, die Sie nicht brauchen oder schon anderweitig versichert haben. Sie können solche Deckungen ablehnen, insbesondere die vielfach angebotene angeblich «obligatorische» Annullierungskosten-Versicherung.

● Konkubinatspaare sollten sich erkundigen, ob in der Familienversicherung beide Partner gedeckt sind.

● Wer bereits Mitglied bei einem Verkehrsclub ist, kauft dort mit dem Schutzbrief eine günstige Deckung für Reiseunbill ein.

Unvollständige Angebote haben nur beschränkten Nutzen

Auf dem Gebiet der Reiseversicherung und der Pannenhilfe gibt es immer wieder Angebote, die zwar verlockend klingen – die aber nicht immer sehr tauglich sind:

- Beim Kauf gewisser Automarken erhalten Autokäufer automatisch eine Assistance-Deckung für das Auto (Pannenhilfe) für eine gewisse Zeit geschenkt, teilweise auch eine Personen-Assistance. Achtung: Diese Produkte heissen zwar etwas grossspurig «Mobilitätsversicherung», sie enthalten aber beispielsweise keine Annullierungskosten-Versicherung und können deshalb eine Jahres-Reiseversicherung nicht ersetzen.
- Selbst in der Fachpresse war schon zu lesen, Kreditkarten-Inhaber hätten automatisch eine Annullierungskosten-Versicherung, falls sie die Reise mit der Karte zahlen. Das ist falsch. In der Regel gewähren die Kreditkarten *keine* Annullierungskosten-Deckung. In Einzelfällen können Kreditkarten-Kunden eine kostengünstige Annullierungskosten-Versicherung separat bei ihrer Kreditkarten-Firma abschliessen; diese zahlt dann, wenn sie die Reise mit der Karte begleichen.
- Auch die übrigen Versicherungsangebote der Kreditkarten sind beschränkt und können den vollen Schutz einer Jahres-Reiseversicherung niemals ersetzen. Wenn es in den Kreditkarten-Bedingungen beispielsweise heisst, man habe eine «Kollektiv-Reise- und -Flug-Unfallversicherung» oder so ähnlich, so ist das eben nur eine *Unfall*versicherung und keine Annullierungskosten-Deckung.
- In wenigen Jahres-Reiseversicherungen ist auch ein Unfallkapital eingeschlossen (bei der Europäischen nur Flugunfall), welches nach Tod bzw. Invalidität infolge Unfalls ausbezahlt wird. Das Gleiche gilt für die Reiseunfall-Versicherungen, welche gewisse Kreditkarten-Inhaber haben, wenn sie die Reise mit der Karte zahlen.

Das kann im Einzelfall als Ergänzung zu den staatlichen Sozialversicherungen nützlich sein. Grundsätzlich sollten Sie aber Ihre Risikodeckung so organisieren, dass Sie ganzjährig und auch in der Schweiz gut versichert sind – und nicht nur auf Reisen. Worauf Sie dabei achten müssen, steht im Kapitel zur Risikoversicherung (siehe S. 20 ff.).

Tipp: Bei CSS, Winterthur, Zürich und Züritel können Sie bei der Jahres-Reiseversicherung die Personen-Assistance allein und separat abschliessen (wenn Sie sonst nichts brauchen).

Achtung: Die so genannte «obligatorische» Annullierungskosten-Versicherung der Reisebüros gilt nur für Ereignisse *vor* der Abreise. Zwischenfälle während der Reise hingegen (Kosten für frühzeitige Rückreise oder die Rückerstattung des nicht «benützten» Arrangementspreises) sind wie geschildert nur über die Jahres-Reiseversicherung oder mit einem Schutzbrief gedeckt.

Der Rechtsschutz im Ausland

Bei allen Schutzbriefen und bei einigen Jahres-Reiseversicherungen ist ein weltweiter Verkehrsrechtsschutz dabei oder Sie können ihn günstig dazuversichern. Das kann nützlich sein, wenn Sie im Ausland mit dem Mietauto einen Unfall verursachen.

Die Chance, dass man im Inland in einen Rechtshändel verstrickt wird, ist aber genauso gross wie im Ausland. Grundsätzlich gilt deswegen: Wer vom Nutzen eines Rechtsschutzes überzeugt ist, sollte eine «normale» Police bei einer spezialisierten Gesellschaft abschliessen (siehe Seite 104 ff.). Dann ist man ganzjährig auch in der Schweiz vollumfänglich versichert.

Reisegepäck: Besser über die Hausratpolice versichern!

Bei den Schutzbriefen der Verkehrsclubs ist das Gepäck nicht versichert, bei den meisten Jahres-Reiseversicherungen der Privatgesellschaften und beim TCS kann man diese Deckung separat gegen Mehrprämie (und nur für die Dauer der Reise) versichern.

Auch die Reisebüros bieten zeitlich beschränkte Reisegepäck-Versicherungen an.

Diese Reisegepäck-Versicherungen zahlen nicht nur bei *Diebstahl*, sondern auch bei *Verlust* und *Beschädigung* des Reisegepäcks.

Einige Gesellschaften zahlen auch 1000 Franken für Ersatzkleider, wenn das eigene Gepäck am Ferienziel verspätet ausgeliefert wird. Das ist zwar nett, aber ein Risiko, das man notfalls auch selber tragen kann.

Achtung: Die Fluggesellschaften müssen für verlorenes Gepäck nur 36 Franken pro Kilo zahlen.

Grundsätzlich gilt aber: Wenn Sie Ihre Siebensachen gegen Diebstahl und Verlust versichern wollen, dann sollten Sie das über die Hausratversicherung tun; dort gibt es zu diesem Zweck den Baustein «einfacher Diebstahl auswärts» mit der prämienpflichtigen Zusatzdeckung für Verlust und Beschädigung von Reisegepäck (siehe Details auf Seite 85 ff.).

Ihr Hab und Gut ist dann während des ganzen Jahres und auch in der Schweiz geschützt – und nicht nur während der Auslandferien.

Sollten Sie Ihr Reisegepäck trotzdem via Reisebüro zeitlich beschränkt gegen Diebstahl, Verlust und Beschädigung versichern, müssen Sie daran denken, dass die speziellen Reisegepäck-Versicherungen juristisch als Transportversicherung gelten.

Das heisst: Falls es in den Geschäftsbedingungen so erwähnt ist, darf die Gesellschaft hier schon bei leichter Fahrlässigkeit des Besitzers die Schadenzahlung verweigern oder kürzen, was sie hingegen bei der Hausratversicherung nicht darf.

Dieser Umstand wurde beispielsweise einem Touristen zum Verhängnis, dem in der Transithalle des Flughafens Bukarest eine Videoausrüstung im Wert von 4700 Franken gestohlen wurde. Nach seinen eigenen Anga-

Buchen im Reisebüro:
Achten Sie auf die Reisegarantie!

Wichtig: Buchen Sie Pauschalreisen nur in Reisebüros, welche ihre Kundengelder abgesichert haben.

Viele Reiseveranstalter foutieren sich nämlich um die Vorschrift des Pauschalreise-Gesetzes, für den Fall von Zahlungsunfähigkeit oder Konkurs vorzusorgen und die von den Kunden bezahlten Leistungen inklusive Rückreise abzusichern.

Ob Ihr Reisegeld abgesichert ist, können Sie mit diesen Angaben herausfinden:
● Der Schweizerische Reisebüro-Verband nimmt nur Mitglieder auf, die ihre Kundengelder abgesichert haben. Reisende können sich direkt beim Verband informieren, ob ihr Reisebüro Mitglied ist oder ob es auf der Liste der nicht versicherten Büros aufgeführt ist: Tel. 01 487 30 50. Die rund 980 versicherten Verbandsmitglieder finden Sie auch im Internet auf der Seite www.srv.ch

● Der Verband der Reiseverkäufer (Star) verlangt von seinen Mitgliedern, die Kundengelder abzusichern. Dazu bietet er eine eigene Absicherungslösung an: die Swiss Travel Security. Auskunft über die ungefähr 200 versicherten Reisebüros gibt es unter der Telefonnummer 01 439 60 66 oder im Internet unter www.star.ch

● Viele Reiseveranstalter haben Kundengeld-Absicherungen beim Garantiefonds der Schweizer Reisebranche abgeschlossen. Auch dort können Sie sich über die rund 1490 versicherten Reisebüros erkundigen: Tel. 01 488 10 70, www.garantiefonds.ch

● Car-Unternehmen sind meistens beim Schweizerischen Nutzfahrzeugverband (Astag) versichert (derzeit 81 Firmen). Auskunft erhalten Sie über Tel. 031 370 85 50 oder bei www.car-garantiefonds.ch

ben war der Tourist kurz eingedöst, er hatte dabei aber die Trageriemen der Videotasche um sein Bein geschlauft.

Das Gericht kam zum Schluss, der Reisende habe nicht «für eine gehörige Sicherung der Videotasche gesorgt» – und die Reisegepäck-Versicherung der Elvia musste nicht zahlen.

Dabei spielte auch die Tatsache eine Rolle, dass die Elvia in ihren Bedingungen eine Zahlung nicht nur bei grober Fahrlässigkeit ausschliesst, sondern auch dann, wenn «Ausserachtlassung der allgemein gebotenen Sorgfaltspflicht durch die versicherte Person» vorliegt.

Das Obergericht Zürich kam zum Schluss, das sei eine gültige Umschreibung der leichten Fahrlässigkeit.

Ein anderer Gerichtsfall zeigt allerdings, dass es sich lohnen kann, eine Leistungsverweigerung der Gesellschaft wegen leichter Fahrlässigkeit gerichtlich zu bekämpfen.

Einem Mann war in einem Flughafen in Argentinien eine teure Fotoausrüstung gestohlen worden, obwohl er ständig neben seinem Gepäck stand und nur für rund eine halbe Minute in Richtung Flughafen-Ausgang geschaut hatte.

Das Bundesgericht korrigierte die Zahlungsverweigerung der Elvia mit dem Argument, das sei keine leichte Fahrlässigkeit; man könne nicht verlangen, dass Reisende ihren Blick permanent auf das Gepäck richten, wenn sie danebenstehen.

Die Pannenhilfe für Touristen, die mit dem Auto verreisen

Autofahrer, die bereits Mitglied bei einem Verkehrsclub sind, haben (ausser beim VCS) die Pannenhilfe in der Schweiz automatisch mitversichert. Wenn diese Clubmitglieder mit dem Auto ins Ausland fahren, lösen sie am besten noch den Schutzbrief dazu; dann haben sie die Pannenhilfe in ganz Europa mitversichert.

Beim ACS ist die Pannenhilfe europaweit im Mitgliederbeitrag eingeschlossen.

Dazu kommen noch gewisse Extraleistungen im Rahmen der Pannenhilfe wie zum Beispiel Kostenersatz für verlängerten Aufenthalt, Abschleppkosten, Speditionskosten für Ersatzteile, Heimschaffungskosten des Fahrzeuges oder Ersatzwagen für die Weiterreise.

Denjenigen Auto-Auslandfahrern, die nicht bei einem Verkehrsclub sind, stehen die Privatversicherungen als Alternative zur Verfügung. Sie bieten auf Wunsch in ihren Paketen ebenfalls die Pannenhilfe (auch in der Schweiz) sowie die übrigen Dienstleistungen der Auto-Assistance an.

Nicht-Autobesitzer hingegen und Autofahrer, die während der Ferien das Auto zu Hause lassen und auf jeden Fall mit Zug oder Flugzeug verreisen (und zwar mehrmals pro Jahr), müssen die Auto-Assistance nicht dazuversichern; sie zahlen so bei der Jahres-Reiseversicherung weniger. K

Die Versicherung für Ihr Auto:

Themen in diesem Kapitel:

- Alles Wissenswerte über die obligatorische Autohaftpflicht-Versicherung
- Prämienvergleich Autohaftpflicht-Versicherung
- Warum Ihr persönliches Risikoprofil so entscheidend ist
- Die Details des Bonus-Malus-Systems
- So verhandeln Sie Ihren Bonus
- Die Prämien der freiwilligen Teilkasko-Versicherung
- Die Prämien der freiwilligen Vollkasko-Versicherung
- Das Bonus-Malus-System in der Vollkasko-Versicherung
- Die Parkschaden-Versicherung – mit Prämienvergleich
- Warum die Insassen-Unfallversicherung meist unnötig ist
- Was die Versicherung für Roller kostet

Die Auto-haftpflicht-Versicherung

Wer an seine Krankenkasse denkt, stöhnt bestimmt über die Höhe der Prämie. Eines aber muss man der Krankenversicherung zugute halten: Die Tarife der einzelnen Kassen sind klar und verständlich, die Rabatte übersichtlich, die Prämiensparmöglichkeiten transparent.

Bei der Autoversicherung ist es umgekehrt. Sie kostet nicht so viel wie die Krankenkasse, dafür herrscht puncto Tarife und Bedingungen ein ziemliches Chaos.

Denn die Autoversicherer verlangen nicht national einheitliche Tarife, sondern nehmen jeden Kunden genau unter die Lupe. Das ergibt ein individuelles Profil für jeden einzelnen Antragsteller, nach welchem sich dann die massgeschneiderte Grundprämie richtet – sowohl bei der obligatorischen Autohaftpflicht-Versicherung als auch bei der freiwilligen Kaskoversicherung (siehe Teil 2 dieses Kapitels auf Seite 139ff.).

Das war nicht immer so. Bis Ende 1995 galt noch für alle Anbieter von Autohaftpflicht-Versicherungen die staatliche Aufsicht mit einheitlichem Tarif und identischen Versicherungsbedingungen: Prämien sowie Prämienrabatte bei Schadenfreiheit waren bei allen Gesellschaften gleich.

Seit Januar 1996 ist das völlig anders: Nach In-Kraft-Treten der so genannten Deregulierung auf Anfang 1996 können die Gesellschaften jetzt Prämien und Bedingungen für die Autoversicherung in Eigenregie festlegen.

Folge: Gewiefte Versicherungskunden – in erster Linie gute Autofahrerinnen und Autofahrer – können günstige Angebote wählen und so viel Prämiengeld sparen.

Die Versicherungsprodukte unterscheiden sich allerdings stark und machen einen Quervergleich mühsam. In der unübersichtlichen Flut von neuen Angeboten den Überblick zu bewahren ist eine echte Herausforderung geworden.

Individuelle Risikofaktoren bestimmen die Prämie

Wie bereits gesagt: In der Autohaftpflicht-Versicherung (wie auch in der Kaskoversicherung) richtet sich die Prämie in entscheidendem Masse nach dem Schadenrisiko des einzelnen Kunden – genauer: des häufigsten Lenkers oder der häufigsten Lenkerin.

Fortsetzung auf Seite 126

So zahlen Sie nicht zu viel

Die Autoversicherungen: Welche Police zahlt welche Schäden?

- Die **Autohaftpflicht-Versicherung** (1. Teil dieses Kapitels) ist obligatorisch und zahlt dann, wenn der Halter oder ein anderer berechtigter Lenker mit dem versicherten Fahrzeug fremde Sachen beschädigt und/oder einer Drittperson – z. B. Mitfahrer (auch Ehepartner), Velofahrer, Fussgänger oder anderer Autofahrer – einen Körperschaden zufügt.

Nebst diesen Sach- und Personenschäden sind auch Vermögensschäden gedeckt, also beispielsweise der Lohnausfall oder die Invalidenrente einer geschädigten Person.

Die Autohaftpflicht-Versicherung wehrt für den Versicherten auch unbegründete Ansprüche ab und zahlt Anwalts-, Gerichts- und Expertisekosten.

Dieser Deckungsbereich ist gesetzlich vorgeschrieben und bei allen Gesellschaften gleich.

Achtung: Sachschäden des Halters selber oder seiner Familienangehörigen sind nicht versichert. Wenn also der Halter sein eigenes Garagentor demoliert und dabei auch noch Spielsachen seiner Kinder zerstört, so ist das nicht versichert.

Die Deckungssumme muss mindestens 3 Millionen betragen. Wählen Sie aber unbedingt die unbegrenzte Garantiesumme, der Prämienaufschlag ist bescheiden.

Die Selbstbehalte sind bei den meisten Anbietern einheitlich: Junge Fahrer bis 25 Jahre haben einen obligatorischen Selbstbehalt von 1000 Franken. Für Neulenker über 25, die den Fahrausweis noch nicht zwei Jahre lang haben, gilt normalerweise ein obligatorischer Selbstbehalt von 500 Franken.

Alle übrigen Fahrer müssen in der Autohaftpflicht-Versicherung in der Regel keinen Selbstbehalt zahlen – es sei denn, sie haben ihn freiwillig vereinbart oder er ist ihnen von der Gesellschaft aufgezwungen worden.

Schäden am *eigenen* Auto zahlt die Autohaftpflicht-Versicherung nicht (dazu braucht es eine Kaskoversicherung).

- Anders als die obligatorische Haftpflichtpolice ist die **Kaskoversicherung** freiwillig (siehe Seite 139ff.). Hier ist hauptsächlich zu unterscheiden zwischen Teilkasko- und Vollkasko-Versicherung.

- Die **Parkschaden-Versicherung** übernimmt Beschädigungen, die unbekannte Personen (Vandalen) oder Fahrzeuglenker an Ihrem parkierten Fahrzeug verursachen (soweit diese Schäden nicht anderweitig gedeckt sind, siehe Details auf Seite 152ff.). Mit dieser Zusatzversicherung entfallen bei solchen Schäden der in der Vollkasko vereinbarte Selbstbehalt sowie die Bonusrückstufung.

- Eine **Insassen-Unfallversicherung** ist meist unnötig (Details auf Seite 154f.).

- Ein **Verkehrsrechtsschutz** ist empfehlenswert, weil bei Verkehrsunfällen häufig rechtliche Schwierigkeiten auftauchen. Mehr zum Rechtsschutz steht auf Seite 104ff.

- Wie Sie die **Pannenhilfe** im In- und Ausland am besten organisieren, steht auf Seite 123.

- Die Versicherung gegen **Führerausweisentzug** zahlt Chauffeur oder Taxispesen, wenn der Fahrer das «Billett» abgeben musste. Sie ist nur sinnvoll für Leute, die beruflich auf ein Auto angewiesen sind. Kritiker halten dieses Angebot für unmoralisch.

- Wer kein eigenes Auto hat und in Ausnahmefällen von Bekannten ein Auto ausleiht, kann sich bei der Privathaftpflicht-Versicherung die **Zusatzdeckung «Gelegentliches Fahren fremder Autos»** zulegen. Mehr dazu im Kapitel zur Privathaftpflicht-Versicherung auf Seite 71f.

Autoversicherung

Fortsetzung von Seite 124

Um die Prämie festzulegen, ordnet der Versicherer den häufigsten Lenker einer Risikogruppe zu, von der er aufgrund interner Statistiken weiss, wie sie sich verhält und wie oft sie die Versicherung in Anspruch nimmt.

Nach welchem Rezept das genau geschieht – darüber geben die Versicherer keine präzisen Auskünfte. Immerhin sind die Risikofaktoren mehr oder weniger bekannt, nach denen die Versicherer ihre Kunden röntgen und ihnen eine Prämie massschneidern. Für die Haftpflichtversicherung (und in den meisten Fällen auch für die Kaskoversicherung) sind es die folgenden:

 Änderungen Ihres persönlichen Risikoprofils sollten Sie unbedingt Ihrer Versicherungsgesellschaft melden!

Wenn Sie beim Abschluss der Autoversicherung falsche Angaben machen, kann das fatale Folgen haben: Bauen Sie einen Unfall, kann die Versicherung rückwirkend vom Vertrag zurücktreten – und Sie müssen den Schaden selber zahlen (siehe auch Seite 10 f.).

Das gilt auch, wenn Versicherungswechsler Angaben zu den Bedingungen ihres bisherigen Vertrages machen müssen. Achten Sie also beispielsweise darauf, dass Sie die Bonusstufe Ihres bisherigen Vertrages korrekt angeben. Oft tauschen die Versicherungen diese Informationen untereinander aus.

Beachten Sie deshalb diese Tipps:
● Füllen Sie das Antragsformular wahrheitsgetreu aus.
● Lassen Sie sich nicht vom Versicherungsagenten zu irgendwelchen Unwahrheiten verleiten unter dem Motto «Das ist nicht so wichtig». Der Antrag trägt Ihre Unterschrift.
● Machen Sie eine Kopie des Antragsformulars oder verlangen Sie nachträglich eine Kopie Ihres Antrages bei der Versicherung. Dann wissen Sie, welche Angaben Sie bei Vertragsabschluss gemacht haben.
● Kundenfreundliche Gesellschaften notieren auf der Police die prämienbestimmenden Merkmale. Dann können Kundinnen und Kunden jederzeit nachschauen, was sie bei Vertragsabschluss unterschrieben haben.
● Sollten sich prämienbestimmende Faktoren ändern, müssen Sie dies unbedingt mit eingeschriebenem Brief melden. Beispiel: Der Versicherte gibt bei Vertragsabschluss an, er fahre pro Jahr nicht mehr als 10 000 Kilometer; dafür belohnt ihn die Versicherung mit einem Rabatt. Später verursacht er einen Unfall. Dabei bemerkt die Versicherung, dass der Kunde inzwischen mehr fährt, diesen Umstand aber nie gemeldet hat. Nun kann die Versicherung die Zahlung kürzen.
● Allerdings gibt es Gesellschaften, die in solchen Fällen kulant sind oder für die Prämienberechnung nur Faktoren heranziehen, die sich während der Vertragsdauer nicht ändern können, ohne dass es die Versicherung erfährt. Darauf zu bauen kann aber trügerisch sein. Melden Sie deshalb der Versicherung Änderungen der Faktoren. Das kostet Sie vielleicht ein paar Prämienfranken mehr, kann Ihnen aber viel Ärger ersparen. Unter Umständen resultiert durch die Meldung sogar eine Prämien*reduktion* (wenn Sie zum Beispiel weniger fahren).
● Fragen Sie im Zweifelsfall beim Abschluss, welche Änderungen des persönlichen Risikoprofils Sie melden müssen.
● Wenn Sie während einer mehrjährigen Vertragsdauer eine Änderung melden und dadurch mehr Prämie zahlen müssen, gibt Ihnen diese spezielle Prämienerhöhung keine Kündigungsmöglichkeit. Schliessen Sie deshalb nur Einjahresverträge ab, denn sonst müssen Sie die vereinbarte Vertragsdauer wohl oder übel absitzen.
● Wenn Sie Änderungen melden, kann die Versicherung den Vertrag innert 14 Tagen kündigen. Reagiert sie nicht, so gilt die Änderung als genehmigt.

- **Alter.** Jüngere zahlen mehr als Ältere, weil sie gemäss Statistik häufiger Unfälle verursachen und damit für die Versicherung ein schlechteres Risiko darstellen.
- **Geschlecht.** Einige Anbieter geben Frauenrabatte – je nach Risiko zwischen 5 und 20 Prozent. Von den im Test berücksichtigten Gesellschaften sind das Allianz, Alpina, Coop Versicherung, Zürich und Züritel.
- **Beruf.** Pflichtbewusste und sicherheitsorientierte Lokführer sind Traumkunden der Assekuranz und zahlen weniger als beispielsweise Bauhandwerker.
- **Häufigster Lenker.** Der Halter des Autos ist der eigentliche Versicherungsnehmer. Für die Prämie massgebend ist aber der häufigste Lenker. Das mag in sehr vielen Fällen die gleiche Person sein, kann aber dann prämienmässig interessant werden, wenn der Familienvater die Gattin als häufigste Lenkerin einsetzt. Das darf er aber nur, wenn die Frau auch tatsächlich häufiger fährt. Ebenso sollten Familienväter nicht als Versicherungsnehmer für ihre erwachsenen Söhne oder Töchter fungieren (sonst kann die Versicherung die Bezahlung eines allfälligen Schadens ablehnen).
- **Nationalität.** Bei Antragstellern aus osteuropäischen oder südlichen Ländern können die Prämien geradezu explodieren, weil diese Versichertengruppe gemäss Statistik häufiger Unfälle verursacht. Und: Es kann sein, dass Ausländer mit B-Bewilligung prinzipiell keine Vollkasko-Deckung erhalten.
- **Wohnort.** Einzelne Versicherer haben die Prämien auch nach Kantonen differenziert. Schlechtere Risiken sind grundsätzlich Kunden, die in der Westschweiz, im Tessin, in einer Grenzregion oder in der Stadt wohnen. Und: Es kann passieren, dass eine Gesellschaft einen bestimmten Kanton schärfer als Risikokanton einstuft als die Konkurrenz.
- **Fahrkilometer pro Jahr.** Wer viel abspult, zahlt mehr als Sonntagsfahrer. Die Anzahl Kilometer ist bei folgenden Gesellschaften ein Prämienkriterium (in Klammer die massgebende Kilometergrenze pro Jahr): Allianz (8000), Auto-TCS (10 000), Basler (10 000), Mobiliar (7000), La Suisse (10 000) und Winterthur (7500).
- **Verwendung.** Wer das Auto nur privat einsetzt, zahlt weniger als Fahrer, die mit dem Privatauto auch an den Ar-

Unschuldig in einen Unfall verwickelt: Warum bin ich trotzdem haftbar?

Frage: In der Innenstadt ist mir ein ungeübter Inline-Skater seitlich in den Wagen gefahren. Die Reparatur meines Autos kostete über 500 Franken, der Skater war verletzt.

Jetzt erfahre ich, dass die Privathaftpflicht-Versicherung des Inline-Skaters den Schaden an meinem Auto nicht vollständig ersetzen will. Mehr noch: Meine eigene Autohaftpflicht-Versicherung muss sogar noch einen Teil der Arztkosten des Inline-Skaters übernehmen, obwohl ich doch völlig unschuldig bin. Warum ist das so?

Antwort: Autos stellen generell eine grosse Gefahr für schwächere Verkehrsteilnehmer dar. Weil dieses Gefährdungspotenzial des Autos massiv ist, müssen alle Autofahrer nach Gesetz einen Teil der Haftung quasi automatisch übernehmen, sobald sie sich mit dem Auto auf die Strasse begeben und so eine Gefahrenquelle in die Welt setzen.

Oder anders ausgedrückt: Autos sind schon an sich eine Gefahr. Die Juristen sprechen in diesem Zusammenhang von Betriebsgefahr und Gefährdungshaftung.

Fazit: Bei allen Zusammenstössen zwischen Autos und schwächeren Verkehrsteilnehmern (auch mit Tieren) bleibt in den allermeisten Fällen ein Teil des Schadens am Automobilisten beziehungsweise an seiner Autoversicherung hängen – selbst wenn er unschuldig ist.

Stichwort: Grundprämie

Die Grundprämie (in den Tabellen auch Bruttoprämie genannt) ist die 100-%-Ausgangsbasis, von der aus die Gesellschaft die Prämie des einzelnen Kunden berechnet. Für diese Grundprämie sind die Risikofaktoren des Halters sowie das Auto selber bestimmend.

Die 100-%-Grundprämie ist aber selten das, was der Kunde effektiv zahlt. Genauso ausschlaggebend ist das Bonus-Malus-System.

Erst diese beiden Faktoren zusammen machen den Frankenbetrag aus, den die versicherte Person auf ihrer Prämienrechnung effektiv vorfindet.

---

beitsort fahren oder gar beruflich unterwegs sind. Ausserdem kann man vereinzelt die Grundprämie vergünstigen, indem man sich dazu verpflichtet, das Auto keinem Fahrer unter 26 zu überlassen. (Wer es dann trotzdem tut und der junge Fahrer baut einen Unfall, muss bei der Schadenübernahme mit drastischen Kürzungen rechnen.)

● **Autotyp.** Neben den genannten persönlichen Faktoren bestimmen natürlich auch Marke, Hubraum und Anzahl PS des Autos die Grundprämie. Grössere und stärkere Wagen kosten mehr.

Eine bessere Sicherheitsausstattung (beispielsweise ABS, Airbag oder für die Diebstahlversicherung eine Wegfahrsperre) kann den Tarif senken.

Vor allem in der Kaskoversicherung zählen noch:
● **Alter und Katalogpreis** des Fahrzeuges.
● **Garage.** Entscheidend ist auch, ob das Fahrzeug nachts in einer geschützten Garage steht oder im Freien. Das hat einen Einfluss auf das Diebstahl- und Marderrisiko.

Die Aufzählung der vielen Faktoren zeigt: Der Fantasie sind keine Grenzen gesetzt. Grundlage bleibt jedoch immer das effektive Fahr- und Unfallverhalten der einzelnen Versichertengruppe innerhalb der gesamten Kund-

Was Töfffahrer speziell beachten sollten

Bei der Motorradversicherung gelten die gleichen Grundsätze wie bei der Autoversicherung. Auch hier richtet sich die Prämie stark nach dem individuellen Risikoprofil des Fahrers.

Beachten Sie aber zwei Besonderheiten:
● Bei der obligatorischen Haftpflichtversicherung gibt es neuerdings Angebote, welche mit einer tieferen Prämie berücksichtigen, dass der Töff in den Wintermonaten meistens nur in der Garage herumsteht.

Wer sich so versichert, muss die Schilder nicht mehr hinterlegen und kann die dadurch anfallenden Gebühren beim Strassenverkehrsamt sowie die Spesen für die Sistierung der Versicherungspolice sparen.

Das hat oft auch den Vorteil, dass man an einem schönen Wintertag trotzdem ausfahren kann und dabei versichert ist (das ist aber nicht bei allen Produkten der Fall, erkundigen Sie sich vorher!).

Solche Angebote haben beispielsweise Allianz, Alpina, Generali, Helvetia-Patria, Mobiliar, National, Winterthur, Zürich und Züritel.
● Wer im Winter nicht fährt, kann in dieser Zeit auch die Kaskoversicherung stilllegen lassen; das ergibt eine Prämienreduktion. Sie müssen diesen Wunsch aber der Gesellschaft melden; sonst passiert nichts.

Beachten Sie jedoch, dass Ihr Töff während der Sistierungszeit zwar wohl in einer Garage steht, dort aber dennoch gestohlen werden oder brennen kann – und dann bekommen Sie wegen der Sistierung keinen Schadenersatz.
● Prämienvergleich für **Roller**: Seite 155f.

schaft der einzelnen Versicherungsgesellschaft.

Die Transparenz ist unter die Räder geraten

Wichtig zu wissen ist auch, dass die einzelnen Gesellschaften die aufgezählten Risikofaktoren unterschiedlich gewichten. Es ist also nicht so, dass beispielsweise die Zahl der gefahrenen Kilometer bei sämtlichen Gesellschaften die Grundprämie gleich stark beeinflusst. Zudem gibt es Gesellschaften, die nur weniger der aufgezählten Kriterien berücksichtigen.

Fazit für Kundinnen und Kunden: Es gibt keine Transparenz. Und: Das persönliche Risikoprofil kann bei jedem Versicherer anders ausfallen.

Es kann auch sein, dass eine Gesellschaft Personen mit bestimmten Risikomerkmalen gar nicht versichert.

Und es gibt Gesellschaften, die bestimmte Risikogruppen abwimmeln, indem sie prohibitiv hohe Prämienofferten erstellen. Das ist zum Beispiel bei der Züritel der Fall, die ganz offensichtlich keine Junglenker will.

So kommen Sie zur richtigen Versicherung

Für die richtige Auswahl der Auto*haftpflicht*-Versicherung ergeben sich aus dem bisher Gesagten die folgenden Eckpunkte:

1. Der Deckungsumfang ist – weil gesetzlich vorgeschrieben – bei allen Gesellschaften mehr oder weniger gleich. Dieser Punkt ist also für die Wahl der Gesellschaft unwesentlich. Sie können diesbezüglich nichts falsch machen.

2. Holen Sie konkrete Offerten von 3 bis 4 günstigen Gesellschaften ein.

3. Achten Sie darauf, ob die Gesellschaft darauf verzichtet, ihre Leistungen zu reduzieren, falls Sie den Unfall grob fahrlässig verursacht haben (siehe Ausführungen auf Seite 134).

4. Entscheidend ist auch, welche Bonusstufe Sie offeriert erhalten und wie das Bonus-Malus-System der Gesellschaft ausgestaltet ist (siehe Stichwort auf Seite 132).

Sie sollten also auch das Bonus-Malus-System derje-

Autoversicherung: So lesen Sie die drei Tabellen in diesem Kapitel

Die Prämienvergleiche für Autos (Seiten 130, 140 und 152) zeigen jeweils die offerierten Netto-Jahresprämien für Einjahresverträge in Franken für bisher unfallfreie Neukunden mit einem Neuwagen.

Die Prämien sind präzis auf die fünf definierten persönlichen Fahrerprofile mit dem jeweiligen Beispielfahrzeug zugeschnitten. Es handelt sich also um **Näherungswerte**: Schon bei kleinsten Abweichungen im Profil des häufigsten Lenkers oder beim Autotyp könnte die Prämie anders ausfallen.

Die Prozentzahl neben der Prämie gibt an, auf welcher Bonusstufe die offerierte Prämie für das jeweilige Fahrerprofil basiert. Für die effektive Prämie ist also entscheidend, auf welche Rabattstufe die Gesellschaften Neuzüger setzt. Wichtig für die effektive Prämie ist auch, wie grosszügig die Gesellschaft das Bonus-Malus-System ausgebaut hat (siehe Seiten 132 und 146).

Beim TCS kommen noch die Mitgliedsgebühren dazu, je nach Sektion zwischen 73 und 88 Franken.

Die Prämien der Garanta beinhalten einen 5-prozentigen Neuwagen-Rabatt sowie einen Service-Rabatt von ebenfalls 5 Prozent; diesen Service-Rabatt erhalten nur Versicherte, die jedes Jahr in einer AGVS-Verbandsgarage einen Service machen lassen (Autogewerbe-Verband der Schweiz).

Berücksichtigt wurden für alle Tabellen in diesem Kapitel die 10 grössten Gesellschaften sowie 5 bekannte kleinere Anbieter.

Individuelle Prämienvergleiche können Sie sich auch im Internet unter www.comparis.ch erstellen lassen. Sie erhalten dort Zahlen von 8 grossen Gesellschaften (ohne Allianz und Generali, Stand März 2002).

nigen Gesellschaften studieren, von denen Sie prämienmässig attraktive Offerten erhalten haben (Ausführungen dazu auf Seite 130ff.). Ihre Wahl sollten Sie erst dann treffen, wenn Sie auch wissen, was punkto Bonus und Malus auf Sie zukommen kann.

Raffinierte Rabatte: Das Bonus-Malus-System

Die Tabelle auf Seite 132 zeigt die Einzelheiten dieser ausgeklügelten Rabattordnung in der Autohaftpflicht-Versicherung. Die Details sind bei jeder Gesellschaft anders:

- Zu sehen ist, wie sich die Prämienstufe nach jedem unfallfreien Jahr nach unten anpasst.
- Ebenfalls zu erkennen ist die höchstmögliche Rabattstufe, die ein Kunde nach mehrjährigem unfallfreiem Fahren überhaupt erreichen kann. Gemäss Schätzungen sind über 50 Prozent aller Versicherten auf der maximalen Rabattstufe.
- Die Tabelle zeigt auch, wie viele Jahre es dauert, bis der unfallfreie Kunde auf die tiefste Rabattstufe kommt. Ob das 9 Jahre dauert wie bei Coop Versicherung und Züritel oder 15 Jahre wie bei der Vaudoise, ist insbesondere für Neulenker von Interesse, weil diese grundsätzlich auf einer ungünstigeren Bonusstufe beginnen müssen.
- Die Attraktivität der besten Bonusstufe allein ist jedoch noch keine Gewähr für eine günstige Prämie. Mitentscheidend ist auch die Höhe der 100-%-Grundprämie, von welcher der prozentuale Rabatt abgezogen wird.
- Langjährige Kunden, die auf der Bonusskala schon auf dem günstigsten Platz mit dem maximalen Rabatt stehen, wollen natürlich wissen, wie man sie nach einem Unfall behandelt. Dazu ist aus der Tabelle auf Seite 133 ei-

Bemerkungen zur Tabelle

Die Selbstbehalte entsprechen (mit Ausnahmen) der Branchenusanz: 1000 Franken für Junglenker bis 25, 500 Franken für Neulenker mit weniger als 2 Jahren Fahrpraxis, kein Selbstbehalt für die übrigen Lenker.

Die Versicherungssumme ist unbegrenzt. Die Prämien sind ohne Bonusschutz gerechnet (Ausnahmen Seite 131) und ohne Verzicht auf Regress bei Grobfahrlässigkeit (Ausnahmen im Kasten auf Seite 134).

In den Prämien sind die gesetzlichen Abgaben enthalten: 5 % Stempelsteuer, 0,75 % Schadenverhütungsbeitrag sowie Fr. 4.20 für den Garantiefonds (siehe Seite 152).

Beachten Sie bitte zum besseren Verständnis der Tabelle die Erläuterungen im Kasten auf Seite 129.

Prämien im Vergleich:

Prämie für einen Junglenker

Schweizer, 20-jährig, ledig, kfm. Angestellter, Wohnort: Wil SG, Ausweis seit 2000, 25 000 Kilometer pro Jahr, Parkplatz im Freien, Verwendung des Autos für private Fahrten und regelmässig für Fahrten zur Arbeit (inkl. Ausland).
Fahrzeug: Opel Corsa 1.2i 16V Comfort Neuwagen (Fr. 18 350.-)
Selbstbehalt: Fr. 1000.-

Alpina	636.-	65 %
Zürich	716.-	55 %
La Suisse	774.-	80 %
Winterthur[2]	778.-	80 %
Garanta	782.-	80 %
Generali	790.-	100 %
Mobiliar	790.-	80 %
Allianz	845.-	80 %
Auto-TCS[1]	886.-	80 %
Vaudoise	922.-	80 %
Helvetia-Patria[1]	952.-	80 %
National	952.-	80 %
Coop Vers.	1090.-	80 %
Basler[1]	1167.-	100 %
Züritel	1602.-	100 %

[1] Selbstbehalt 500.-

Prämie für einen Familienvater

Schweizer, 30-jährig, verheiratet, Bauingenieur, Wohnort: Biel BE, Ausweis seit 1990, 15 000 Kilometer pro Jahr, Garage am Wohnort, Verwendung des Autos für private Fahrten und regelmässig für Fahrten zur Arbeit (inkl. Ausland).
Fahrzeug: VW Passat Variant 1.8 T Trend Neuwagen (Fr. 41 110.-)
Selbstbehalt: Fr. 0.-

Garanta	392.-	35 %
Auto-TCS	408.-	30 %
La Suisse	418.-	34 %
Züritel	448.-	30 %
National	477.-	35 %
Allianz	482.-	35 %
Zürich	498.-	30 %
Mobiliar	513.-	39 %
Winterthur	529.-	40 %
Alpina	539.-	45 %
Helvetia-Patria	542.-	35 %
Generali	549.-	45 %
Coop Vers.	564.-	40 %
Vaudoise	582.-	40 %
Basler	616.-	40 %

nerseits ersichtlich, um wie viele Stufen die Gesellschaft den Kunden nach einem Schadenfall zurücksetzt (falls man den Schaden überhaupt anmeldet, statt ihn selber zu bezahlen, siehe Seite 139).

Ein Lesebeispiel: Bei Basler und Auto-TCS erfolgt die Rückstufung nach einem Unfall von 30 Prozent um vier Stufen auf 50 Prozent.

• Die Tabelle zeigt auch, wie sich diese Rückstufung in der nächsten Prämienrechnung als prozentuale Prämienerhöhung auswirkt. Bei Basler und Auto-TCS beispielsweise erhöht sich die Prämie nach einem Unfall um 67 Prozent. (Zahlenbeispiel: Bei Grundprämie 1000.– zahlt der Kunde bei Maximalbonus 300.–; nach einer Rückstufung von 30 auf 50 Prozent zahlt er 500.–, und das ist ein Prämienaufschlag um 67 Prozent.)

• Auffallend in diesem Zusammenhang: Bei Alpina, Helvetia-Patria und National ergibt sich nach einem Schaden für Versicherte auf der besten Bonusstufe überhaupt keine Prämienerhöhung, weil die fünf letzten Stufen jeweils 45 Prozent bzw. 35 Prozent betragen. Das ist der so genannte Bonusschutz nach dem Motto «*Ein* Schaden ist kein Schaden». (Bei der Helvetia-Patria reduziert sich überdies mit einer besseren Bonusstufe auch ein allfälliger Selbstbehalt.)

• Auch bei den meisten anderen Gesellschaften (Ausnahme Coop Versicherung)

Autohaftpflicht-Versicherung

Prämie für einen Vielfahrer
Schweizer, 45-jährig, verheiratet, Informatiker, Wohnort: Zug, Ausweis seit 1977, 30 000 Kilometer pro Jahr, Garage am Wohnort, Verwendung des Autos für private Fahrten und regelmässig für Fahrten zur Arbeit (inkl. Ausland).

Fahrzeug: BMW 530i Neuwagen (Fr. 62 900.–)
Selbstbehalt: Fr. 0.–

Gesellschaft	Prämie	%
Garanta	429.–	30 %
Helvetia-Patria	542.–	35 %
Winterthur	560.–	40 %
National	586.–	35 %
Coop Vers.	593.–	40 %
Auto-TCS	604.–	30 %
Mobiliar	615.–	35 %
Generali	643.–	40 %
Züritel	654.–	30 %
La Suisse	672.–	34 %
Basler	680.–	30 %
Allianz	686.–	35 %
Zürich	690.–	30 %
Vaudoise	702.–	40 %
Alpina	705.–	45 %

² Junglenker erhalten eine tiefere Bonusstufe, falls sie einen Verkehrssicherheitskurs besuchen.

Prämie für eine Hausfrau
Schweizerin, 55-jährig, verheiratet, Hausfrau, Wohnort: Basel, Ausweis seit 1967, 7000 Kilometer pro Jahr, Garage am Wohnort, Verwendung des Autos für private Fahrten (inkl. Fahrten ins Ausland).

Fahrzeug: VW Golf 1.6 Comfort Generation Neuwagen (Fr. 26 030.–)
Selbstbehalt: Fr. 0.–

Gesellschaft	Prämie	%
Garanta	341.–	30 %
Auto-TCS	350.–	30 %
Züritel	390.–	30 %
Basler	397.–	30 %
Coop Vers.	399.–	40 %
La Suisse	405.–	34 %
Allianz	421.–	35 %
National	451.–	35 %
Winterthur	453.–	40 %
Mobiliar	460.–	35 %
Alpina	476.–	45 %
Generali	484.–	40 %
Vaudoise	486.–	40 %
Zürich	494.–	30 %
Helvetia-Patria	499.–	35 %

Prämie für einen Rentner
Schweizer, 65-jährig, verheiratet, Rentner, Wohnort: Küsnacht ZH, Ausweis seit 1957, 10 000 Kilometer pro Jahr, Garage am Wohnort, Verwendung des Autos für private Fahrten (inkl. Ausland).

Fahrzeug: Mercedes-Benz S 320 Neuwagen (Fr. 99 200.–)
Selbstbehalt: Fr. 0.–

Gesellschaft	Prämie	%
Garanta	450.–	30 %
Helvetia-Patria	553.–	35 %
Auto-TCS	587.–	30 %
Winterthur	589.–	40 %
Züritel	610.–	30 %
Basler	612.–	30 %
Allianz	613.–	35 %
Coop Vers.	631.–	40 %
La Suisse	640.–	34 %
Generali	643.–	40 %
Mobiliar	647.–	35 %
National	656.–	35 %
Zürich	676.–	30 %
Alpina	683.–	45 %
Vaudoise	738.–	40 %

QUELLE: VZ VERMÖGENSZENTRUM, STAND FEBRUAR 2002

Autoversicherung

Stichwort: Bonus-Malus-System

Der Bonus ist ein Rabatt, den die Kundschaft bezogen auf die 100-%-Grundprämie erhält. Die Bonusstufe (ausgedrückt in Prozent) ist derjenige Wert, den Sie in Prozent der Grundprämie effektiv noch zahlen.

Beispiel: Ein Fahrer, der nach ein paar unfallfreien Jahren auf der Bonusstufe 60 Prozent angelangt ist, zahlt nur 60 Prozent der Grundprämie. Er erhält somit einen Prämienrabatt von 40 Prozent.

Pro schadenfreies Jahr erreicht der Kunde automatisch die nächstbessere Bonusstufe, bis der maximale Rabatt erreicht ist.

Wer hingegen einen Unfall hat, verliert (je nach aktueller Stufe) den Bonus teilweise oder ganz oder landet sogar im Malus – und zwar unabhängig davon, ob der Schaden teuer war oder nicht. Wer im Malus ist, zahlt entsprechend mehr als 100 Prozent der Grundprämie.

Entscheidend ist also, ob die Versicherung für Sie zahlen muss oder nicht. Unfallfreie Fahrer profitieren, die anderen blechen.

Wichtig: Die Bonusstufe ist auch Verhandlungssache (siehe Kasten rechts)! Und achten Sie auf den Bonusschutz (siehe S. 131 ff.).

ist ein solcher Bonusschutz erhältlich – aber nur gegen Aufpreis.

Vorteil auch hier: Der Kunde muss nach einem oder evtl. auch nach mehreren Unfällen mit keiner oder nur mit einer geringen Prämienerhöhung rechnen. Dieser Zusatz könnte sich also lohnen. Erkundigen Sie sich nach Modalitäten und Aufpreis.

Bei den fünf Fahrertypen gemäss Tabelle kostet der Zusatz je nach Gesellschaft zwischen 29 und 144 Franken.

Der Bonusschutz ist jedoch bei vielen Gesellschaften nur

Autohaftpflicht-Versicherung: Die Details des Bonus-Malus-Systems

	Prämienstufe nach ... Jahren in Prozent														Rückstuf.	
	0	1	2	3	4	5	6	7	8	9	10	11	12	13	14	15
Allianz	100	90	80	75	70	65	60	55	50	45	40	35	35	35	35	
Alpina	100	90	80	75	70	65	60	55	50	45	45	45	45	45		
Auto-TCS	100	90	80	75	70	65	60	55	50	45	40	35	30			
Basler	100	90	80	75	70	65	60	55	50	45	40	35	30			
Coop Versicherung	100	90	80	70	60	50	45	45	45	40						
Garanta	100	90	80	75	70	65	60	55	50	45	40	40	35	35	30	
Generali	100	90	80	75	70	65	60	55	50	45	45	45	45	40		
Helvetia-Patria	100	90	80	70	60	50	45	40	35	35	35	35	35			
La Suisse	100	90	80	75	70	65	60	55	50	45	40	38	36	34		
Mobiliar	100	90	80	75	70	65	60	55	50	45	43	41	39	37	35	
National	100	90	80	75	70	65	60	55	50	45	40	35	35	35	35	35
Vaudoise	100	95	90	85	80	75	71	67	63	59	55	52	49	46	43	40
Winterthur [1]	100	90	80	75	70	65	60	55	50	45	40					
Zürich	100	90	80	75	70	65	60	55	50	45	40	35	30			
Züritel	100	90	80	70	60	50	45	40	35	30						

[1] Nach 5 aufeinander folgenden Jahren auf Bonusstufe 40% reduziert sich Prämie um einen Zusatzrabatt von 10% von Stufe 40% auf 36%; bei einem Schadenfall erfolgt die Rückstufung nur um 2 Stufen auf Stufe 45%.

[2] Falls Fahrer auf der untersten Prämienstufe war, in Prozent der Jahresprämie ausgedrückt.

QUELLE: VZ VERMÖGENSZENTRUM, STAND FEBRUAR 2002

Betrachten Sie den Bonus als Verhandlungssache! So können Sie viel Prämiengeld sparen

Es gibt Gesellschaften, die auch bei jüngeren Kunden und bei älteren Neulenkern ohne grosse Fahrpraxis im Extremfall bis auf 60 Prozent der Grundprämie heruntergehen. 80 Prozent als Einstiegsstufe sind heute weitgehend üblich.

Es kann auch sein, dass Sie bei einem Wechsel zu einer anderen Gesellschaft bonusmässig besser eingestuft werden als bei Ihrer jetzigen Gesellschaft.

Dabei ziehen die Versicherungen auch in Betracht, ob der Kunde noch andere Policen bei ihr hat (zum Beispiel eine Hausrat- oder eine Lebensversicherung).

Achten Sie deshalb genau auf die jeweilige Prozentangabe in der Offerte und lassen Sie sich nicht mit dem erstbesten Vorschlag abspeisen. «Märten» Sie! Betonen Sie diejenigen Eigenschaften, die Sie als gutes Risiko darstellen könnten. Und scheuen Sie sich nicht, mit der offerierten Bonusstufe der Gesellschaft A zur Gesellschaft B zu gehen – die sie vielleicht unterbietet.

Die Gesellschaften liefern sich einen unerbittlichen Kampf um die «guten» Autofahrer. Machen Sie sich diesen Umstand zu Nutze.

Gute Risiken mit 7- bis 10-jähriger unfallfreier Fahrpraxis sollten sich nur mit der maximalen Bonusstufe zufrieden geben.

Aber: Ein attraktiver Einsteigerrabatt bei einer Gesellschaft mit hohen Grundprämien ist letztlich ein Lockvogel!

---

erhältlich, wenn Sie bereits auf der für Sie besten Bonusstufe stehen.

Tipp: Fragen Sie, ob der Bonusschutz sowohl für die Haftpflicht- als auch für die allenfalls mitversicherte Vollkasko-Deckung gilt.

- Die maximale Malusstufe für Crash-Piloten beträgt gemäss Tabelle (links) je nach Gesellschaft zwischen 140 und 350 Prozent. Dieser Wert ist aber insofern unwichtig, als die Gesellschaften Policen von unliebsamen Strassen-Rowdys ohnehin nach jedem Schaden kündigen können. Unfallfahrer kommen dann nur noch unter erschwerten Bedingungen und zu hohen Prämien wieder zu einem Versicherungsschutz.

Wie die Autohaftpflicht-Versicherung Schäden vergütet

Wenn die Autohaftpflicht-Versicherung nach einem Zusammenstoss den Schaden am fremden Auto vergütet, gelten folgende Grundsätze:

Prämienerhöhung im Schadenfall	Maximale im Schadenfall [2]	Malusstufe
+4 Stufen	+14 %	240 %
+4 Stufen	+ 0 %	270 %
+4 Stufen	+67 %	270 %
+4 Stufen	+67 %	270 %
+4 Stufen	+25 %	295 %
+4 Stufen	+33 %	200 %
+4 Stufen	+13 %	270 %
+4 Stufen	+ 0 %	140 %
+4 Stufen	+32 %	270 %
+4 Stufen	+23 %	270 %
+4 Stufen	+ 0 %	300 %
+5 Stufen	+38 %	200 %
+4 Stufen	+50 %	350 %
+4 Stufen	+67 %	150 %
+4 Stufen	+67 %	150 %

Die Angaben gelten für die üblichen Produkte, ohne den oft gegen Aufpreis erhältlichen Bonusschutz. Lesen Sie zum besseren Verständnis der Tabelle die Ausführungen auf Seite 131 ff.

Die Kürzung bei grober Fahrlässigkeit

Hat ein Autofahrer einen Unfall grob fahrlässig verursacht, kann die Gesellschaft ihre Zahlungen je nach Schwere des Verschuldens kürzen – genauer: Die *Geschädigten* erhalten zwar alles, was sie zur Deckung ihres Schadens zugut haben, aber die Haftpflichtversicherung kann auf ihren Versicherten Rückgriff (Regress) nehmen und bei ihm einen Teil des ausbezahlten Geldes eintreiben.

Der «Täter» muss also in einem solchen Fall einen Teil des von ihm verursachten Schadens selber zahlen (gleich wie beim Selbstbehalt, falls ein solcher vereinbart ist).

Grob fahrlässige Unfallverursacher müssen also unter Umständen mit happigen Geldforderungen von Seiten ihrer Haftpflichtversicherung rechnen.

Zu solchen Kürzungen führen beispielsweise das Missachten des Vortrittsrechts, gewagtes Überholen, Überfahren einer Sicherheitslinie, zu schnelles Fahren bei Regen (Aquaplaning), Fahren mit Alkohol bzw. Drogen im Blut oder mit völlig vereisten Scheiben. Auch beim Fahren ohne gültigen Führerausweis dürfen die Haftpflichtversicherer auf den Fahrer Regress nehmen.

Deutsche Gerichte haben auch schon das Fahren mit dem Handy am Ohr als grob fahrlässig eingestuft; solche Urteile dürften in der Schweiz nicht anders ausfallen.

Kürzungen wegen Grobfahrlässigkeit gibt es übrigens nicht nur in der Autohaftpflicht-Versicherung, sondern auch in der Kaskoversicherung.

Einige wenige Gesellschaften verzichten gemäss ihren Bedingungen auf solche Regresse. Dieser Schutz gegen Regress bei Grobfahrlässigkeit schützt aber niemals vor Leistungskürzungen nach Unfällen, bei denen Alkohol oder Drogenmissbrauch im Spiel war.

Bei Helvetia-Patria und La Suisse ist der Regress-Verzicht in der Haftpflicht immer automatisch inbegriffen, bei National und Vaudoise auch in der allfällig mitversicherten Kaskoversicherung. Bei einigen Gesellschaften kann man sich gar gegen eine Mehrprämie gegen solche Rückgriffe und Kürzungen versichern. Achten Sie aber darauf, ob diese Deckung sowohl für den Haftpflicht- als auch für den Kaskobereich gilt.

Von den 15 getesteten Gesellschaften bieten Alpina, Auto-TCS, Basler und Coop Versicherung diese Deckung gar nicht an. Diese Anbieter sind der Meinung, eine solche Rückversicherung der Grobfahrlässigkeit komme einer Unterstützung von verantwortungslosem Verhalten im Strassenverkehr gleich und sei damit unethisch.

- Der geschädigte und unschuldig in den Unfall verwickelte Autolenker hat nicht automatisch Anspruch darauf, ein neues Auto kaufen zu können. Der geschädigte Fahrer hat «nur» Anspruch auf kostenlose Wiederherstellung seines Autos (und allenfalls auf eine Minderwertentschädigung, siehe Details auf Seite 135).
- Der Anspruch auf Reparatur gilt dann, wenn die veranschlagten Reparaturkosten unter dem Zeitwert des Autos des Geschädigten liegen. (Der Geschädigte kann sich die Reparaturkosten und die Minderwertentschädigung auch bar auszahlen lassen und das Auto in beschädigtem Zustand verkaufen.)
- Übersteigen aber die Reparaturkosten (inkl. Minderwertentschädigung) den vor dem Unfall massgebenden Zeitwert des Autos des Geschädigten, so wird Totalschaden angenommen, und das Auto wird nicht mehr repariert (ausser bei ganz raren Modellen).

Der Geschädigte erhält in diesem Fall von der Haftpflichtversicherung des Unfallverursachers (nur) den Zeitwert des Autos bar ausbezahlt. Hat der Geschädigte selber eine Vollkasko-Versicherung, so ersetzt ihm diese Versicherung die Differenz zwischen Zeitwert und Zeitwertzusatz – und zwar ohne Bonusverlust.

In der Regel entspricht der Zeitwert den Richtgrössen der Eurotax-Bewertungsrichtlinien; bei seltenen Modellen kann der Wert aber höher sein.

Der Grundsatz dahinter: Die Haftpflichtversicherung muss diejenige Summe zahlen, die der Geschädigte zum Kauf eines gleichwertigen Autos auslegen muss.

Lässt der Geschädigte das Auto gleichwohl reparieren, erhält er auch in diesem Fall nur den Zeitwert als Schadenersatz. (Mehr Ausführungen zum Zeitwert finden Sie im Kasten auf Seite 149.)

Die Entschädigung für den Minderwert des Unfallautos

Wird ein Unfallauto repariert, so hat der geschädigte Autobesitzer – je nach Alter des Autos und Art der Beschädigung – noch Anspruch auf eine Minderwertentschädigung.

Dies deshalb, weil ein repariertes Fahrzeug nach grösseren Beschädigungen als Unfallwagen gilt und bei einem allfälligen Verkauf auch als solcher zu deklarieren ist – was den Preis mindert (Ausnahmen sind Bagatellschäden wie Kratzer, kleine Beulen oder Transportschäden).

Allerdings gilt das nur für jüngere Autos; betrug der Wert des Autos vor dem Unfall weniger als 60 Prozent des Katalogpreises, ist eine Minderwertentschädigung in der Regel ausgeschlossen.

Eine dem Minderwert entsprechende Entschädigung wird in der Regel nach folgenden Grundsätzen errechnet:

• Wurden sekundär tragende Teile wie z. B. kleinere Quer- und Längsträger, geklebte oder eingeschweisste Heck- bzw. Frontbleche beschädigt, sind bis zu drei Prozent des gegenwärtigen Zeitwerts als Minderwertentschädigung üblich.

• Wurden jedoch primär tragende, das heisst zur Sicherheit der Fahrgastzelle beitragende Aufbauelemente (etwa Chassis, Türpfosten, Dachholm, Querträger) beschädigt, beträgt der Minderwert bis zu zehn Prozent des Zeitwerts.

Entschädigung des Minderwerts: Verhandeln Sie!

Tipp: Erkundigen Sie sich als Geschädigter beim Garagisten nach der Art des Schadens. Das ermöglicht Ihnen, danach kritisch auf den Vorschlag der Gesellschaft einzugehen; dies gilt vorab bei Beschädigung primär tragender Teile.

Betrachten Sie die von der Haftpflichtversicherung des Schuldigen genannte Minderwertentschädigung als unverbindliche Offerte und machen Sie einen Gegenvorschlag.

Wenn beispielsweise bei einem Zeitwert von 20 000 Franken eine Minderwertentschädigung von nur 1000 Franken (also fünf Prozent) offeriert wurde, so gehen Sie ruhig bis zur oberen Grenze von zehn Prozent (ergibt 2000 Franken). Irgendwo dazwischen werden Sie sich dann wohl einigen.

Die Autoversicherung kündigen: Das sind die Möglichkeiten

Wer die Versicherung wechseln will, muss Folgendes wissen (gilt sowohl für Autohaftpflicht als auch für Kasko):

• Sie können jede Versicherung bis drei Monate vor Ablauf kündigen. Sie finden diesen Termin in Ihrer Police; er muss nicht mit dem Jahreswechsel übereinstimmen.

Achtung: Wenn Sie nicht kündigen, verlängert sich die Police trotz «Ablauf» stillschweigend um ein weiteres Jahr (siehe Seite 16 im Kapitel «Der Weg zum Vertrag»).

• Bei langjährigen Verträgen kommt dieser «Ablauf» erst nach dem Ende der beispielsweise 5-jährigen Vertragsdauer. Sie bleiben also im Grundsatz gebunden und können nicht von günstigeren Konkurrenzofferten profitieren – auch dann nicht, wenn Sie während der Vertragsdauer ein neues Auto kaufen.

• Prämienerhöhungen und Änderungen des Selbstbehaltes oder des Prämienstufensystems geben Ihnen ebenfalls ein Kündigungsrecht. Solche Änderungen teilt die Gesellschaft vor dem In-Kraft-Treten (meist auf Beginn eines neuen Versicherungsjahres) rechtzeitig mit – zum Beispiel mit einer Frist von 25 Tagen. Sie können dann in der Regel bis zum letzten Tag vor Prämienverfall kündigen – das heisst, die Kündigung muss am letzten Tag bei der Gesellschaft eingetroffen sein, also rechtzeitig abschicken!

Diese Ausstiegsmöglichkeit auf Ende des Vertragsjahres gilt auch bei langjährigen Verträgen – ausser wenn die Prämienerhöhung auf eine Änderung Ihres persönlichen Risikoprofils (Seite 126) oder auf eine Änderung Ihrer Bonusstufe nach einem Unfall zurückzuführen ist.

Checkliste für den richtigen Abschluss der obligatorischen Autohaftpflicht-Versicherung

- Beachten Sie die allgemeinen Tipps zum Vertragsabschluss auf Seite 9 ff.
- Halten Sie sich beim Ausfüllen des Antrags an die Wahrheit.
- Schieben Sie als Mann nicht zum Prämiensparen einen anderen häufigsten Lenker vor (zum Beispiel Ehefrau oder Konkubinatspartnerin), wenn Sie selber am meisten fahren. Lügen bei den jährlich gefahrenen Kilometern haben ebenfalls kurze Beine.
- Holen Sie mehrere Offerten ein. Prämienunterschiede bis zu 50 Prozent sind keine Seltenheit. Achten Sie darauf, ob in den offerierten Prämien die gesetzlichen Abgaben (siehe Kästchen Seite 130) inbegriffen sind. Sonst müssen sie diese Zuschläge für einen korrekten Vergleich dazuzählen.
- Achten Sie bei Prämienvergleichen darauf, dass die Angebote auf der gleichen Grundlage basieren.
- Verhandeln Sie über Ihre Bonusstufe. Die Gesellschaften können Ihnen entgegenkommen – insbesondere wenn Sie etliche schadenfreie Jahre und bei dieser Gesellschaft noch andere Policen haben.
- Achten Sie auf die Ausgestaltung des Bonus-Malus-Systems. Fragen Sie nach dem Bonusschutz, falls Sie schon den maximalen Rabatt haben.
- Freiwillige Selbstbehalte sind bei der Autohaftpflicht-Versicherung nicht empfehlenswert; die Prämieneinsparung ist gering.
- Schliessen Sie nur Einjahresverträge ab, die sich anschliessend automatisch um je ein weiteres Jahr verlängern. Grund: Falls Sie später das Fahrzeug wechseln, wird die Gesellschaft die Prämie anpassen; wenn Sie dann bei einer teuren Versicherung sind, können Sie nicht kündigen. Meiden Sie deshalb Gesellschaften, die auf eine längere Vertragsdauer pochen und/oder für Einjahresverträge einen Zuschlag verlangen.
- Prüfen Sie, ob die Gesellschaft Ihrer Wahl auf die Kürzung bei Grobfahrlässigkeit verzichtet oder ob sie diesen Verzicht gegen Mehrprämie anbietet.
- In der Regel ist es möglich, die Haftpflicht- und die Kaskoversicherung bei verschiedenen Gesellschaften abzuschliessen. Diese Trennung ermöglicht Ihnen, das jeweils beste Angebot auszusuchen. Ein weiterer möglicher Vorteil der Trennung: Während Ihnen nach einem Unfall beispielsweise die Haftpflichtversicherung einen Abzug wegen grober Fahrlässigkeit macht, kürzt die Kaskoversicherung vielleicht weniger oder gar nicht.
- Junglenker sollten sich nach speziellen Produkten erkundigen, wie sie beispielsweise Auto-TCS anbietet. Sie profitieren dann zum Beispiel von Prämienreduktionen, reduziertem Selbstbehalt oder geringerem Bonusverlust im Schadenfall bei Absolvierung eines Verkehrssicherheits-Kurses.
- Einige grössere Firmen und Vereine haben Kollektivverträge mit Gesellschaften abgeschlossen. Mitarbeiter oder Vereinsmitglieder profitieren so von besseren Konditionen.
- Lesen Sie die Vertragsbedingungen.

Nach dem Abschluss:
- Beachten Sie die Meldepflicht im Schadenfall (siehe Versicherungsbedingungen).
- Melden Sie eine Änderung Ihrer Risikomerkmale (siehe Seite 126).

- Nach einem Schadenfall können beide Parteien kündigen. Kündigt die Gesellschaft, muss sie den nicht verbrauchten Teil der vorausbezahlten Jahresprämie zurückzahlen (ausser bei einigen Gesellschaften, falls der Vertrag noch kein Jahr lang gelaufen ist). Kündigt hingegen der Versicherte, verliert er den Rest der nicht «verbrauchten», aber für ein Jahr vorausbezahlten Prämie.

Vorsicht vor schleichenden Vertragsänderungen

Wie schon gesagt: Wer sein altes Auto weggibt und ein neues Auto kauft, muss trotzdem bei seiner bisherigen Versicherung bleiben – bei Kurzfristverträgen bis zum Ende des laufenden Versicherungsjahres, bei langjährigen Verträgen bis zum ersten ordentlichen Ablauf.

Da ist Vorsicht am Platz: Die Gesellschaften schicken dann einen neuen Vertrag, und sie benutzen solche Vertragsänderungen sehr oft, um eine schleichende Erhöhung der Prämien vorzunehmen. Das müssen Sie wohl oder übel akzeptieren.

Nicht akzeptieren müssen Sie aber eine Unsitte, die leider sehr häufig ist: Viele Gesellschaften versuchen nämlich in diesem Zusammenhang, dem Kunden eine neu beginnende langjährige Vertragsdauer unterzujubeln.

Das müssen Sie nicht akzeptieren; bestehen Sie darauf, dass Ihnen Ihr bisheriger Versicherer bei der Police für das neue Auto das ursprüngliche Versicherungsablaufdatum «mitgibt».

Kontrollieren Sie deshalb den Versicherungsablauf auf den neuen Versicherungspapieren genau! Wenn Sie damit nicht einverstanden sind, müssen Sie beim Versicherer eine Korrektur verlangen – meist innerhalb von 30 Tagen nach Erhalt der neuen Versicherungspolice.

Tipp für Kunden mit langjährigen Verträgen: Bitten Sie Ihren Versicherer, bei einem neuen Auto nur noch einen Einjahresvertrag zu machen. Bei kundenfreundlichen Gesellschaften nützt es.

Umschreiben auf die Frau: Gesellschaften reagieren skeptisch

In der Praxis ist der fingierte Halterwechsel häufig, wenn ein Autohalter aus einem langjährigen Vertrag aussteigen will. Das Fahrzeug wird in einem solchen Fall vom Ehemann auf die Ehefrau oder umgekehrt umgeschrieben.

Immer mehr Gesellschaften klären aber bei einem solchen Halterwechsel die genauen Umstände ab.

Kommt die Gesellschaft zum Schluss, dass der Halterwechsel nur vorgenommen wurde, um die Versicherung zu wechseln, erhalten die Beteiligten die vorausbezahlte, aber nicht verbrauchte Jahresprämie nicht zurück.

Verträge von weniger als 1 Jahr: Kein Geld zurück

Und das gilt, wenn Sie das Auto verkaufen und längere Zeit keines mehr anschaffen wollen:

- Wer auswandert oder das Autofahren wegen Krankheit oder aus Finanz-, Alters- oder anderen Gründen aufgibt und das Auto verkauft, erhält von den Gesellschaften die Restprämie zurück.

Viele Gesellschaften sind aber skeptisch und lassen den Kunden eine Erklärung unterschreiben, dass die Versicherung die Restprämie zurückverlangen kann, falls der Kunde innert zwei Jahren doch ein neues Auto einlöst

Stichwort: Direktes Forderungsrecht

Vergessen Sie nie: Geschädigte haben gegenüber der Haftpflichtversicherung des Unfallverursachers ein direktes Forderungsrecht. Das heisst: Sollte sich der Unfallverursacher als unwilliger Querulant erweisen, brauchen Sie nur das Kontrollschild abzulesen, auf dem Strassenverkehrsamt nach dem Namen der Versicherung zu fragen – und Sie können Ihre Forderung direkt an die Versicherung richten.

und es bei einer anderen Gesellschaft versichert.
- Ausnahme: Ist der Vertrag noch kein ganzes Jahr lang gelaufen, geben die meisten Gesellschaften die Restprämie nicht zurück. Für dieses Vorgehen haben sie sich in den Geschäftsbedingungen abgesichert.

Nach einem Unfall: Die Polizei ist nicht immer nötig

Nach einem Unfall stellt sich die wichtige Frage: Soll man die Polizei rufen oder nicht? Und wie soll man vorgehen?

Beachten Sie in diesem Zusammenhang die folgenden Grundsätze:
- Bei reinen Blechschäden und klarem Verschulden ist es nicht nötig, die Polizei zu rufen.
- In folgenden Fällen verlangt aber das Gesetz, dass die Polizei vor Ort erscheint: wenn ein Unfall Tote oder Verletzte gefordert hat (ausser bei unbedeutenden Prellungen oder Schürfungen), wenn der Unfallverursacher nicht sofort alle Geschädigten benachrichtigen kann und wenn Verkehrssignale beschädigt wurden.
- Wenn die Polizei kommt, so setzt das in der Regel Bussen ab für einen oder beide Beteiligten.
- Wichtig: Rufen Sie die Polizei, wenn Sie auch nur den kleinsten Verdacht haben, dass jemand verletzt sein könnte. Das gilt insbesondere nach Schlägen auf den Kopf und nach einer Überdehnung des Nackens, deren oft schlimme Nachwirkungen (Schleudertrauma) sich manchmal erst einige Stunden oder Tage nach dem Unfall manifestieren.

Gehen Sie sofort zum Arzt, falls Sie nachträglich Augenflimmern, Schwindel, Übelkeit oder Kopf- bzw. Nackenschmerzen verspüren.
- Rufen Sie auch dann die Polizei, wenn das «gegnerische» Auto ein ausländisches Kontrollzeichen hat.
- Wenn Sie die Polizei nicht rufen, ist es sehr wichtig, dass die Beteiligten das Europäische Unfallprotokoll sehr genau ausfüllen und unterschreiben. Skizzieren Sie falls möglich die Unfallsituation mit Kreide am Boden und machen Sie Fotos. Bestehen auch nur die kleinsten Unstimmigkeiten, sollten Sie die Polizei kommen lassen.
- Ein Unterzeichnen des Europäischen Unfallprotokolls gilt nur als Feststellung des Sachverhalts und nicht als Schuldanerkennung. Unterschreiben Sie auf keinen Fall weitere Papiere, die als voreilige Schuldanerkennung gelten könnten.
- Bauen Sie nicht auf das mündliche Versprechen des Unfall-«Gegners», er zahle

Mit dem Auto ins Ausland

Der Versicherungsschutz der Schweizer Autohaftpflicht-Versicherer gilt praktisch in ganz Europa sowie in allen Mittelmeer-Randstaaten.

Die Grüne Karte als Bestätigung der Versicherung müssen Sie auf Autofahrten in die unmittelbaren Nachbarländer nicht obligatorisch mitnehmen. Sie ist aber trotzdem empfehlenswert, weil Sie darauf alle nötigen Adressen finden, die Sie bei einem Unfall im Ausland dabei haben sollten. Im Feld Nummer 8 finden Sie die Telefonnummer Ihres Versicherers.

Aber: Wenn Sie eine Fernreise planen, also weiter wollen als nur an die Gestade des Mittelmeeres, sollten Sie zur Sicherheit Ihre Versicherung fragen. In den weiter östlich liegenden Ländern ist nämlich der Versicherungsschutz nicht bei allen Gesellschaften gleich.

Fahren Sie grundsätzlich nie ohne das Europäische Unfallprotokoll – auch nicht ins Ausland.

Nach einem Unfall im Ausland sollten Sie unbedingt die Polizei rufen, wenn Sie das Gefühl haben, der «Unfallgegner» sei am Unfall schuld. Versäumen Sie es auch nicht, sofort Ihren Versicherer anzurufen.

Weitere Informationen über das Versicherungssystem im internationalen Strassenverkehr finden Sie im Internet unter www.trans2000.org

alles ohne Probleme. Benutzen Sie trotzdem das Unfallprotokoll.

• Versuchen Sie, allfällige Zeugen des Unfalls anzusprechen, damit sie sich für Zeugenaussagen zur Verfügung stellen.

• Melden Sie den Unfall unverzüglich Ihrer Versicherung. Melden Sie ihn auch dann, wenn Sie nach dem Unfall entscheiden, dass Sie die Kosten selber übernehmen, um einen Bonusverlust zu verhindern (siehe unten).

• Bei Fahrerflucht zahlt der so genannte Nationale Garantiefonds (Adresse im Anhang auf Seite 163).

Manchmal lohnt es sich, den Schaden selber zu zahlen

Nach einem Unfall steigt die Haftpflichtprämie gemäss dem Bonus-Malus-System in den meisten Fällen. Deshalb kann es von Vorteil sein, einen Schaden nicht der Versicherung zu überbürden, sondern selber zu zahlen – und zwar immer dann, wenn die aus dem Bonusverlust resultierenden Mehrprämien der nächsten Jahre höher sind als die Reparaturkosten.

Die Berechnung der Kosten einer solchen Bonusrückstufung ist allerdings nicht so einfach. Sie hängt einerseits von der aktuellen Prämienstufe ab, auf der sich der Versicherte befindet, sowie von der Anzahl Jahre, die der Versicherte benötigt, bis er auf derjenigen Bonusstufe ist, die er ohne Unfall viel früher erreicht hätte.

Zudem stellt sich auch die Frage, ob jeweils noch ein Selbstbehalt zu zahlen ist, und wer es genau nimmt, müsste auch noch den Zinsverlust miteinberechnen.

Deshalb die Tipps:

• Zahlt Ihre Versicherung einen Haftpflichtschaden, teilt sie Ihnen mit der Abrechnung gleichzeitig auch mit, wie sich dies auf Ihren Bonus-Malus-Stand auswirken wird.

• Lassen Sie sich von der Versicherung vorrechnen, ob es sich lohnt, den Schaden selber zu zahlen oder nicht.

• Falls Sie den Schaden doch selber übernehmen, haben Sie 30 Tage Zeit, um die Schadensumme der Versicherung zurückzuzahlen. So vermeiden Sie eine Bonus-Rückstufung.

• Das Gesagte gilt auch für die Kaskoversicherung.

• Im Internet können Sie auf der Seite www.comparis.ch den so genannten Crash-Calculator benutzen. Er rechnet Ihnen vor, ob es für Sie günstiger ist, den Schaden anzumelden, oder ob Sie die Kosten selber übernehmen sollten, um Ihre Bonusstufe nicht zu verlieren.

Die freiwillige Autokasko-Versicherung

Die Teilkasko-Versicherung deckt im Prinzip die vom Fahrer nicht selbst verschuldeten Schäden am eigenen Auto. Hier können Sie also – freiwillig – diejenigen Risiken versichern, die Sie als Fahrzeughalter selber gar nicht oder nur zum Teil beeinflussen können:

• Zu den eher grösseren Teilkasko-Risiken gehören Feuer (Brand, Explosion, Kurzschluss), Diebstahl sowie Elementarschäden (etwa Steinschlag, Hagel, Sturm, Lawinen).

• Zu den kleineren gedeckten Teilkasko-Schäden zählen Glasschäden (zum Beispiel Bruch oder Beschädigung von Scheiben oder Dachfenster), Kollision mit Tieren, Marderschäden inklusive Folgekosten eines dadurch verursachten Unfalls sowie Vandalenakte (böswillige Beschädigung, aber nicht Zerkratzen).

Zubehör bis 10 % ist automatisch mitversichert

Fest eingebautes Zubehör oder Ausrüstungsgegenstände, die über die serienmässige Normalausrüstung hinausgehen (zum Beispiel Autoradio, Klimaanlage, Schiebedach), sind in der Regel bis zu einem Wert von zehn Prozent des Fahrzeug-Katalogpreises gratis mitversichert; der Wert des Zubehörs muss im Versicherungsantrag aber trotzdem deklariert werden. Wer mehr Zubehör versichern will, zahlt einen Aufpreis.

Tipp: Melden Sie sich bei Ihrer Gesellschaft, wenn Sie nachträglich besonders teure Zubehörteile einbauen.

Was für Reisegepäck und Handys gilt, steht auf S. 148 f.

Ein Ersatzauto für die Zeit während der Reparatur oder nach einem Diebstahl zahlen die meisten Gesellschaften in der Kaskoversicherung nur gegen einen prämienpflichtigen Zusatz. (Aber: Zahlt die Autohaftpflicht-Versicherung des Unfall-«Gegners» nach einem Unfall, kann der Geschädigte ein Ersatzauto der ungefähr gleichen Preisklasse verlangen, falls er beispielsweise beruflich darauf angewiesen ist – wobei in einem solchen Fall die Versicherung

Fortsetzung auf Seite 142

Bemerkungen zur Tabelle

Bei den Teilkaskoschäden beträgt der Selbstbehalt (mit Ausnahmen) 0 Franken, bei Kollisionsschäden meist 1000 Franken.

Umfang der Teilkasko-Deckung: Feuer-/Elementarschäden, Diebstahl, Glasbruch, Marderschäden (inkl. unbegrenzte Folgeschäden), Kollision mit Tieren, Vandalenschäden.

Alle Prämien sind mit Zeitwertzusatz und inklusive 5 % Stempelsteuer gerechnet, aber ohne Bonusschutz (Ausnahmen S. 131 ff.) und ohne Verzicht auf Regress bei Grobfahrlässigkeit (Ausnahmen im Kasten auf S. 134).

Beachten Sie bitte zum besseren Verständnis der Tabelle die Erläuterungen im Kasten auf Seite 129.

Prämien im Vergleich:

Teilkasko – nur vier Gesellschaften kennen hie

Prämie für einen Junglenker
Angaben siehe Seite 130

Gesellschaft	Prämie	
Mobiliar	212.-	
Generali	248.-	
National	254.-	
Vaudoise [1]	258.-	
Allianz [2]	259.-	
Winterthur	266.-	
Garanta [3]	269.-	
La Suisse	281.-	
Alpina	294.-	60 %
Coop Vers.	303.-	
Auto-TCS	304.-	
Helvetia-Patria [4]	320.-	90 %
Züritel [5]	322.-	100 %
Basler	348.-	
Zürich [5]	363.-	80 %

Prämie für einen Familienvater
Angaben siehe Seite 130

Gesellschaft	Prämie	
Auto-TCS	431.-	
Vaudoise [1]	432.-	
Helvetia-Patria	456.-	60 %
Züritel [5]	456.-	60 %
Mobiliar	458.-	
Basler	494.-	
Garanta [3]	495.-	
Coop Vers.	496.-	
Generali	549.-	
La Suisse	551.-	
National	570.-	
Zürich [5]	570.-	60 %
Allianz [2]	573.-	
Alpina	579.-	45 %
Winterthur	582.-	

Vollkasko (inklusive Teilkasko)

Prämie für einen Junglenker
Angaben siehe Seite 130

Gesellschaft	Prämie	
Alpina	802.-	60 %
Vaudoise [1]	843.-	80 %
Garanta [3]	933.-	80 %
Auto-TCS	980.-	80 %
Winterthur [6, 8]	1001.-	80 %
Zürich	1043.-	60 %
Mobiliar	1046.-	80 %
Allianz [2]	1113.-	80 %
Generali	1159.-	100 %
La Suisse [6]	1264.-	80 %
Helvetia-Patria [4]	1285.-	80 %
National	1370.-	80 %
Coop Vers.	1376.-	80 %
Basler	1452.-	100 %
Züritel	1773.-	100 %

Prämie für einen Familienvater
Angaben siehe Seite 130

Gesellschaft	Prämie	
Garanta [3]	592.-	40 %
Mobiliar	661.-	35 %
Auto-TCS	729.-	30 %
Coop Vers.	760.-	40 %
La Suisse [6]	767.-	34 %
Allianz [2]	779.-	35 %
Züritel	820.-	30 %
Winterthur [6]	831.-	35 %
Vaudoise [1]	852.-	30 %
National	889.-	35 %
Generali	918.-	40 %
Helvetia-Patria	948.-	35 %
Zürich	974.-	30 %
Alpina	992.-	45 %
Basler	1065.-	40 %

[1] Selbstbehalt bei Diebstahl 300.– (bei Diebstahl im Ausland 10 Prozent des Entschädigungswertes, mind. aber 300.–), bei übrigen Teilkasko-Schäden 0.–.

[2] Marderschäden (inkl. Folgeschäden) nur bis 3000.– gedeckt, unbegrenzte Deckung kostet 40.– Aufpreis (empfehlenswert!).

[3] 10 Prozent Selbstbehalt (mind. 1000.–) bei Diebstahl im Ausland, falls Fahrzeug nicht mit einer von der Garanta anerkannten elektronischen

Teil- und Vollkasko

ein Bonus-Malus-System

Prämie für einen Vielfahrer
Angaben siehe Seite 131

Versicherung	Prämie	Bonus
Vaudoise[1]	576.-	
Züritel[5]	595.-	60%
Coop Vers.	602.-	
Helvetia-Patria	628.-	60%
Auto-TCS	631.-	
Mobiliar	692.-	
Zürich[5]	694.-	60%
Basler	727.-	
Alpina	779.-	45%
Garanta[3]	832.-	
La Suisse	837.-	
Generali	844.-	
Allianz[2]	860.-	
National	872.-	
Winterthur	884.-	

Prämie für eine Hausfrau
Angaben siehe Seite 131

Versicherung	Prämie	Bonus
Coop Vers.	225.-	
Züritel[5]	263.-	60%
Alpina	282.-	45%
Helvetia-Patria	283.-	60%
Mobiliar	290.-	
Vaudoise[1]	317.-	
Garanta[3]	329.-	
Winterthur	329.-	
Auto-TCS	337.-	
Zürich[5]	339.-	60%
La Suisse	343.-	
Generali	353.-	
National	361.-	
Allianz[2]	369.-	
Basler	387.-	

Prämie für einen Rentner
Angaben siehe Seite 131

Versicherung	Prämie	Bonus
Züritel[5]	802.-	60%
Vaudoise[1]	841.-	
Helvetia-Patria	913.-	60%
Coop Vers.	993.-	
Zürich[5]	1022.-	60%
Alpina[7]	1106.-	45%
Mobiliar	1166.-	
Garanta[3]	1253.-	
La Suisse	1273.-	
Generali	1304.-	
Allianz[2]	1365.-	
National	1375.-	
Winterthur	1388.-	
Auto-TCS	1396.-	
Basler	1448.-	

Prämie für einen Vielfahrer
Angaben siehe Seite 131

Versicherung	Prämie	Bonus
Garanta[3]	959.-	40%
Coop Vers.	975.-	40%
Allianz[2]	1152.-	35%
Auto-TCS	1229.-	30%
Helvetia-Patria	1230.-	35%
Mobiliar	1257.-	35%
Vaudoise[1]	1276.-	30%
Züritel	1304.-	30%
Zürich	1306.-	30%
Generali	1341.-	40%
La Suisse[6]	1359.-	34%
Winterthur[6]	1454.-	35%
National	1470.-	35%
Alpina	1483.-	45%
Basler	1572.-	30%

Prämie für eine Hausfrau
Angaben siehe Seite 131

Versicherung	Prämie	Bonus
Allianz[2]	488.-	35%
Winterthur[6]	517.-	35%
Coop Vers.	545.-	40%
Vaudoise[1]	577.-	30%
Auto-TCS	594.-	30%
Züritel	620.-	34%
Garanta[3]	622.-	35%
Mobiliar	661.-	35%
National	693.-	40%
Helvetia-Patria	697.-	35%
Zürich	698.-	45%
Generali	730.-	40%
Alpina	730.-	40%
La Suisse[6]	744.-	30%
Basler	754.-	35%

Prämie für einen Rentner
Angaben siehe Seite 131

Versicherung	Prämie	Bonus
Coop Vers.	1351.-	40%
Allianz[2]	1474.-	35%
Generali	1510.-	40%
La Suisse[6]	1563.-	34%
Winterthur[6]	1591.-	35%
Züritel	1619.-	30%
Zürich	1650.-	30%
Helvetia-Patria	1664.-	35%
Vaudoise[1]	1926.-	30%
National	1939.-	35%
Mobiliar	1984.-	35%
Garanta[3]	2025.-	40%
Auto-TCS	2090.-	30%
Alpina[7]	2122.-	45%
Basler	2316.-	30%

Wegfahrsperre gesichert ist.
[4] Selbstbehalt bei allen Teilkasko-Schäden 200.–.
[5] Bonussystem nur für Diebstahlrisiko.
[6] Selbstbehalt bei Kollisionsschäden 1500.–, falls Lenker, der Schaden verursacht hat, unter 25 Jahren war (bei der Winterthur gilt dieser Selbstbehalt auch für ältere Lenker, die den Führerausweis seit weniger als zwei Jahren haben).
[7] Selbstbehalt bei Diebstahl 10 Prozent, bei übrigen Teilkasko-Schäden 0.–, zudem bei Diebstahl nur Zeitwert.
[8] Junglenker erhalten eine tiefere Bonusstufe, falls sie einen Verkehrssicherheitskurs besuchen.

QUELLE: VZ VERMÖGENSZENTRUM, STAND FEBRUAR 2002

Auto-versicherung

Kaskoversicherung ist freiwillig – auch für die Gesellschaft

Die Teilkasko-Versicherung ist in den meisten Fällen empfehlenswert. Aber nicht alle Antragsteller kriegen sie: Es kann zum Beispiel sein, dass die Gesellschaft ältere Autos nicht versichert. Oder dass sie teure Autos nur mit horrenden Selbstbehalten akzeptiert.

Punkto Entschädigung gelten die gleichen Grundsätze wie bei der Autohaftpflicht-Versicherung (siehe S. 133): Der Halter hat entweder Anspruch auf Reparatur (inklusive Abschleppen) oder bei Totalverlust bzw. Diebstahl auf den Zeitwert des Autos (allenfalls kommt hier aber noch der Zeitwertzusatz ins Spiel, siehe Seite 151).

Und auch in der Kaskoversicherung können die Gesellschaften bei Grobfahrlässigkeit bzw. Selbstverschulden die Zahlungen kürzen.

Je nach Anbieter kommen in der Kaskodeckung noch beschränkte Zahlungen für Pannenhilfe, Rücktransport und weitere Gelder für besondere Auslagen nach einem Unfall dazu.

Achtung: Wenn die Garage bei einer Reparatur ein ohnehin verschlissenes Einzelteil durch ein neues ersetzen muss, erhält der Kunde einen Mehrwert – und die Gesellschaft kann ihre Entschädigung um diesen Mehrwert kürzen, sofern dies so in den Bedingungen steht.

Dieser Abzug «neu für alt» gilt etwa, wenn nach einem Unfall die ganze Karosserie neu lackiert werden muss

Ein Stein beschädigte meine Windschutzscheibe: Wer zahlt die Reparaturkosten?

Frage: Kürzlich fuhr ich hinter einem Lastwagen her, der übervoll beladen war mit Steinen. Es kam, wie es kommen musste: Ein paar Steine fielen vom Lastwagen herunter und einer davon flog direkt gegen meine Windschutzscheibe. Die Folge war ein zehn Zentimeter langer Sprung in der Scheibe, die ich in der Garage ersetzen lassen musste.

Ich frage mich nun: Muss das Lastwagenunternehmen den Schaden übernehmen?

Antwort: Ja. Im Strassenverkehrsgesetz steht, dass «die Ladung so anzubringen ist, dass sie nicht herunterfallen kann». Passiert es trotzdem, haftet die Firma als Halterin des Lastwagens für die Reparaturkosten. Die Firma kann den Schaden ihrer eigenen Haftpflichtversicherung melden.

In der Praxis stellt sich allerdings häufig ein Beweisproblem: Würde das Lastwagenunternehmen nämlich bestreiten, dass der Stein von seinem Fahrzeug heruntergefallen, könnten Sie Ihren Anspruch kaum durchsetzen.

Für solche Fälle ist eine Teilkasko-Versicherung nützlich. Sie deckt auch Glasbruchschäden – und zwar ungeachtet der Ursache.

Diese Versicherung würde auch dann zahlen, wenn Sie vor lauter Schreck vergessen hätten, den Namen der Firma oder die Nummer des Lastwagens zu notieren.

Die Versicherung zahlt auch dann, wenn ein Stein unter dem Pneu eines fremden Fahrzeugs hervorspickt und Ihre Autoscheibe beschädigt. In diesem Fall ist nämlich der Halter des anderen Fahrzeuges nicht haftbar.

Allerdings: Was alles unter Glasbruch fällt, definiert jede Gesellschaft für die Teilkasko-Versicherung anders. Front-, Seiten- und Heckscheiben sowie Glasdächer sind in der Regel immer gedeckt, Schäden an Scheinwerfern und Hecklichtern hingegen meist nicht (ausser bei Garanta oder bei anderen Gesellschaften allenfalls gegen Aufpreis).

Übrigens: *Blech*beulen wegen eines herumfliegenden Steines sind in der TeilkaskoVersicherung nicht versichert, weil solche «Steinschläge» kein Elementarereignis sind.

oder wenn abgefahrene Reifen durch neue ersetzt werden.

Auch für die Kündigungsmodalitäten gilt das Gleiche wie für die Autohaftpflicht-Versicherung (siehe Details auf Seite 135 ff.).

Der Umfang der freiwilligen Teilkasko-Deckung ist nicht gesetzlich vorgeschrieben, sondern ergibt sich einzig aus dem Vertrag bzw. aus den Allgemeinen Versicherungsbedingungen (AVB).

Entscheidend ist demnach, welche versicherten Schäden dort aufgezählt sind und wie der Schaden vergütet wird.

Und da gibt es unter den Gesellschaften beträchtliche Unterschiede:

- Wenn die Kollision mit Tieren nur «auf öffentlichen Strassen» versichert ist, sind Sie nicht geschützt, wenn Sie ein Reh auf einer Privatstrasse anfahren.

Achtung: Damit die Kollision mit einem Reh versichert ist, braucht es einen «echten» Zusammenstoss.

Wenn Sie hingegen einem Reh ausweichen und deswegen im Strassengraben landen, so ist dieser Schaden mit

Wenn die Versicherung nicht zahlen will

Insbesondere bei Diebstählen im Ausland haben die Versicherungen in letzter Zeit die Schraube angezogen. Das ist zwar verständlich, wenn man an die zahlreichen Versicherungsbetrüger denkt, die Diebstähle nur vortäuschen – aber im Einzelfall müssen auch unbescholtene Versicherungskunden darunter leiden.

Wer seiner Versicherung angibt, das Auto sei im Ausland gestohlen worden, muss sich heutzutage mit Geduld wappnen und sich damit abfinden, dass die Gesellschaft mit Misstrauen reagiert, weil sie einen fingierten Diebstahl vermutet. In der Regel stellen die Gesellschaften – trotz Polizeiprotokoll – eigene Recherchen an. Und das kann dauern.

Als Grundsatz gilt, dass Sie auf jeden Fall nach einem Diebstahl 30 Tage lang auf die Auszahlung der Entschädigung warten müssen. Sie erhalten Ihr Geld erst, wenn das Auto innert dieser Frist nicht wieder zum Vorschein gekommen ist.

Wer allerdings einen teuren Porsche in einem Ostblockland in einer Seitenstrasse abstellt, obwohl das Hotel sichere Parkplätze in der Tiefgarage anbietet, und dann das Auto als gestohlen meldet, darf sich nicht wundern, wenn die Versicherung «Zweifel an der Sachverhaltsschilderung» anmeldet und die Zahlung verweigert.

Unter Umständen müssen sich Geschädigte vor Gericht wehren. In einem konkreten Fall hat das Bundesgericht die Basler in die Schranken gewiesen, weil sie für einen 123 000-fränkigen Mercedes 560 SEC nicht zahlen wollte, der am helllichten Tag für 10 bis 12 Minuten an einer stark befahrenen Strasse unbewacht parkiert worden war und gestohlen wurde. Der Fahrer habe nicht grob fahrlässig gehandelt, urteilten die obersten Richter.

Wann die Gesellschaften bei grober Fahrlässigkeit kürzen dürfen, steht im Kasten auf Seite 134.

Probleme kann es auch beim Gepäckdiebstahl aus dem Auto geben: Wenn es in den Bedingungen für die Versicherung von mitgeführten Effekten heisst, die Deckung gelte nur, «wenn der Dieb durch Aufbrechen des abgeschlossenen Fahrzeugs oder Kofferraums sich ihrer bemächtigt», so ist das für das Opfer ungünstig.

Raffinierte Diebe öffnen heute nämlich fast jedes Auto, ohne Spuren zu hinterlassen. Und so können sich die Gesellschaften elegant aus der Affäre ziehen, indem sie einen Experten bestätigen lassen, dass keine Einbruchspuren nachzuweisen sind.

Fazit: Ohne Spuren kein «Aufbrechen», ohne «Aufbrechen» kein Geld. Selbst das vorhandene Polizeiprotokoll nützt dem Kunden hier nichts. Er ist jetzt der Versicherung relativ machtlos ausgeliefert und kann nur noch auf eine Kulanzlösung hoffen.

der Teilkasko-Police nicht versichert (aber mit einer eventuell vorhandenen Vollkasko-Police).

Tipp: Rufen Sie nach einer Kollision mit einem Reh auf jeden Fall die Polizei oder einen Jagdaufseher.

- Wenn gemäss Bedingungen die Kollision «mit Tieren» versichert ist, dann ist es egal, was für ein Tier in Ihr Auto rennt.

Wenn hingegen nur Wildtiere versichert sind, ist die Kollision mit Hunden oder Pferden nicht versichert, weil das keine Wildtiere sind.

- Wenn es bei den Vandalenakten heisst, die Aufzählung sei «abschliessend», so ist nur das versichert, was in der Aufzählung steht.

Beispiel: «Das bös- und mutwillige Abbrechen von Antennen, Rückspiegel, Scheibenwischer oder Original-Ziervorrichtungen, Zerstechen von Reifen oder Hineinschütten von schädigenden Stoffen in den Treibstofftank.»

In dieser Aufzählung sind zum Beispiel Zerkratzen und Sprayereien nicht dabei (aber oft in der Vollkasko- oder Parkschaden-Deckung inbegriffen). Auch das Herumspringen auf dem Dach ist dann nicht versichert, ebenso wenig das Zerschneiden von Cabrio-Dächern.

- Wenn bei den Glasschäden die Scheinwerfergläser nicht aufgeführt sind (was meistens der Fall ist), haben Sie Pech, wenn ein aufgeworfener Stein Ihr Scheinwerfer-

Vollkasko lohnt sich vor allem für Neuwagen

Wer ein neues Auto kauft, zahlt dafür viel Geld – und verliert alles, wenn der Lenker es durch eigenes Verschulden zu Schrott fährt. Das ist ein hohes finanzielles Risiko.

Dagegen hilft die Vollkasko-Versicherung. Sie deckt in Ergänzung zur Teilkasko-Versicherung solche Kollisionsschäden am eigenen Auto durch selbst verschuldete Unfälle.

Die Vollkasko-Versicherung ist allerdings selbst dann von Nutzen, wenn Sie unschuldig in einen Unfall verwickelt sind. Denn der schuldige Unfallverursacher beziehungsweise seine Versicherung muss Ihnen gemäss Gesetz nur den entstandenen Schaden ersetzen, das heisst lediglich den Zeitwert Ihres beschädigten Fahrzeuges (siehe «Stichwort Zeitwertzusatz» auf der Seite 149).

Hier kann die Vollkasko-Versicherung einspringen. Sie zahlt – falls Sie den so genannten Zeitwertzusatz versichert haben – die Differenz zwischen dem Zeitwertzusatz und dem enttäuschenden Zeitwert. Und das können je nach Fahrzeugalter mehrere tausend Franken sein. (Den Bonusverlust und den Selbstbehalt übernimmt die Haftpflichtversicherung des Unfall-«Gegners».)

Weil der Wert eines Autos mit zunehmendem Alter rapide abnimmt, lohnt sich der Abschluss einer Vollkasko-Versicherung mit Zeitwertzusatz vor allem während der ersten zwei bis vier Betriebsjahre. Danach ist ein Totalverlust finanziell besser verkraftbar.

Sie können die Vollkasko-Deckung auch während einer langen Vertragsdauer auf Teilkasko reduzieren (normalerweise auf das Ende des Versicherungsjahres).

Für Lenker, die sich in der Vollkasko auf der besten Bonusstufe befinden, kann sich die Weiterführung der Vollkasko auch noch länger lohnen, da jetzt die Prämie schon fast auf Teilkasko-Niveau heruntergekommen ist.

Variante: Sie begnügen sich mit der Teilkasko-Versicherung und schliessen beim TCS nur für die Ferien eine zusätzliche Ferien-Kollisionskasko-Versicherung ab.

Das ist möglich – aber vielleicht nicht empfehlenswert: Zählen Sie die Jahresprämie Ihrer jetzigen Teilkasko und den Preis für die kurzfristige Ferienkasko-Prämie zusammen und vergleichen Sie dann dieses Resultat mit der Ihnen offerierten Netto-Jahresprämie für eine Vollkasko-Versicherung: Oftmals stellt sich heraus, dass die Mehrkosten für eine ganzjährige volle Deckung nicht viel höher ausfallen.

glas zerstört (siehe Kasten auf Seite 142). In der Regel sind Glas-Ersatzstoffe den Gläsern gleichgestellt.

● Wenn es bei den Marderschäden (wie etwa in der Grunddeckung der Allianz) heisst, der Schaden sei gesamthaft nur bis 3000 Franken versichert, so kann das ein Nachteil sein, falls ein angeknabberter Bremsschlauch zu einem Totalschaden führt.

Möglich ist auch, dass der Marderschaden in einer abgespeckten Teilkasko-Police gar nicht gedeckt ist, sondern nur mit einer prämienpflichtigen Zusatzversicherung.

● Wenn gemäss Vertragsbedingungen die Diebstahldeckung nur in der Schweiz gilt, sollten Sie besser nicht ins Ausland fahren – sonst erhalten Sie keinerlei Entschädigung, falls Ihnen das Fahrzeug im Ausland gestohlen wird.

● Gewisse Verträge gewähren keinen Schutz bei Fahrten in besonders gefährliche Länder, beispielsweise nach Osteuropa (oder evtl. nur mit vergleichsweise hohen Selbstbehalten).

● Bei sehr teuren Fahrzeugen (meist ab 100 000 Franken Katalogpreis) müssen Sie bei einigen Gesellschaften bei Diebstahl im Ausland einen höheren Selbstbehalt berappen – oder die Gesellschaft zahlt dann nur den reinen Zeitwert, auch wenn für alle übrigen Schäden der so genannte Zeitwertzusatz (siehe Stichwort auf Seite 149) entschädigt wird.

Die Vollkasko-Police deckt Schäden am eigenen Auto

Die ebenso freiwillige Vollkasko-Versicherung deckt im Grundsatz neben den Teilkasko-Schäden (Ausführungen auf Seite 139) auch noch die Kollisionsschäden am eigenen Auto, die aus eigenem Verschulden entstanden sind.

Ein konkretes Beispiel: Sie verursachen einen Auffahrunfall oder Sie fahren ohne Fremdeinwirkung gegen eine Mauer. In diesem Zusammenhang ist in den Bedingungen oft von der Kollisionskasko die Rede.

Eine Vollkasko-Deckung ist vor allem für neuere Autos sinnvoll (in der Regel zwei bis vier Jahre lang) sowie allenfalls für ungeübte Fahrer.

Der Grund liegt darin, dass der Totalverlust eines neuen Autos ein grosses finanzielles Risiko ist (siehe Kasten auf Seite 144).

Bei gewissen Gesellschaften erhalten Ausländer mit B-Bewilligung prinzipiell keine Vollkasko-Deckung.

Massgeschneiderte Versicherung dank Modulsystem

Die meisten Gesellschaften haben die traditionellen Produkte Teilkasko und Vollkasko im Angebot. In der Vollkasko-Police ist dann die Teilkasko-Deckung automatisch inbegriffen.

Es gibt aber auch Versicherungsgesellschaften mit Modulsystem. Diese Anbieter betrachten Teil- und Kollisionskasko als separate Bausteine, die man individuell zusammenstellen kann.

Kundinnen und Kunden können so prämiensparend auf Deckungen verzichten, die sie gar nicht brauchen, die jedoch in den bisherigen Standarddeckungen meistens inbegriffen sind.

Wer sich im Baukastensystem versichert, muss aber genau überlegen, welche Deckung er braucht und welche nicht.

So kann man etwa die Kollision mit Tieren, den Glasbruch, die Marderschäden, Vandalenschäden oder sogar den Diebstahl ausschliessen.

Für die Automobilisten bedeutet das Modulsystem, dass sie sich einerseits eine massgeschneiderte Versicherungsdeckung im Baukastensystem zusammenstellen können – dass aber andererseits Vorsicht geboten ist.

Das Modulsystem bietet Chancen – aber auch Gefahren

● Ein Vorteil des Modulsystems: Die Teilkasko-Prämie bleibt unverändert, wenn wegen einer selbst verschuldeten Kollision die Kollisionsdeckung teurer wird. Im traditionellen System hingegen ist es so, dass nach einem Selbstunfall auch die Teilkasko teurer wird – was aus Sicht des Kunden unfair ist.

● Das Baukastensystem erlaubt es, einzelne Deckungen

separat mit einem Selbstbehalt zu belegen, während für andere Bausteine kein Selbstbehalt gilt.

Das Gleiche gilt für die Bonusstufe beim Abschluss der Police.

- Ebenso ist es möglich, bei einzelnen Bausteinen eine Entschädigung nach Zeitwert beziehungsweise nach Zeitwertzusatz zu vereinbaren.
- Das Modulsystem hat aber auch Nachteile: Wer eine Deckung ausschliesst (zum Beispiel Auslandschutz) und dann genau in diesem Bereich trotzdem einen Schaden hat, wird sich sehr ärgern. Es ist also nicht ohne Risiko, wegen eines Prämienvorteils Deckungsausschlüsse einzugehen.

Diebstahlsicherung und Garage beeinflussen Prämie

Auch bei der Kaskoversicherung sind die Grundprämien (wie bei der Haftpflicht) bei einigen Versicherern vom individuellen Risikoprofil des Kunden abhängig.

Bedeutend stärker fallen hier aber Neupreis sowie Marke und Typ des Autos ins Gewicht und allenfalls auch noch das Vorhandensein einer abschliessbaren Garage bzw. einer tauglichen Diebstahlsicherung (das vermindert das Diebstahlrisiko).

Und: Gleich wie bei der Haftpflichtversicherung verzichten einige Gesellschaften auch in der Kaskodeckung auf Leistungskürzungen bei Grobfahrlässigkeit – entweder ist diese Deckung automatisch inbegriffen oder sie kann gegen Aufpreis wahlweise eingeschlossen werden (Details siehe Kasten S. 134).

Das Bonus-Malus-System spielt in der Teilkasko-Versicherung lediglich bei Alpina, Helvetia-Patria, Zürich und Züritel eine Rolle: Nach ein paar Jahren ohne Schäden gewähren diese Gesellschaften einen Prämienrabatt auf der Teilprämie für das Diebstahlrisiko (Zürich und Züritel) beziehungsweise für die gesamte Teilkasko-Deckung (Alpina und Helvetia-Patria).

Dafür kann man aber hier auch in den Malus-Bereich rutschen.

Vollkasko-Versicherung: Die Details des Bonus-Malus-Systems

	Prämienstufe nach ... Jahren in Prozent													Rückstufu		
	0	1	2	3	4	5	6	7	8	9	10	11	12	13	14	15
Allianz	100	90	80	70	60	50	45	40	35	35	35	35				
Alpina	100	90	80	70	60	50	45	45	45	45						
Auto-TCS	100	90	80	75	70	65	60	55	50	45	40	35	30			
Basler	100	90	80	75	70	65	60	55	50	45	40	35	30			
Coop Versicherung	100	90	80	70	60	50	45	45	45	40						
Garanta	100	90	80	70	60	50	45	40								
Generali	100	90	80	70	60	50	45	45	45	45	40					
Helvetia-Patria	100	90	80	70	60	50	45	40	35	35	35	35	35			
La Suisse	100	90	80	70	60	50	45	40	38	36	34					
Mobiliar	100	90	80	70	60	50	45	43	41	39	37	35				
National	100	90	80	75	70	65	60	55	50	45	40	35	35	35	35	35
Vaudoise	100	90	80	70	62	54	50	46	42	38	34	30				
Winterthur	100	90	80	70	60	50	45	43	41	39	37	35				
Zürich	100	90	80	70	60	50	45	40	35	30						
Züritel	100	90	80	70	60	50	45	40	35	30						

QUELLE: VZ VERMÖGENSZENTRUM, STAND FEBRUAR 2002

[1] Erhöhung um 3 Stufen bei Schaden unter 3000 Franken, um 4 Stufen bei Schaden über 3000 Franken.
[2] Erhöhung um 2 Stufen bei Schaden unter 2000 Franken, um 3 Stufen bei Schaden zwischen 2000 und 3000 Franken, um 4 Stufen bei Schaden über 5000 Franken. Grundsätzlich gilt: nach Schadenfall Rückstufung auf mindestens Stufe 45%.
[3] Falls der Fahrer auf der untersten Prämienstufe war, in Prozent der Jahresprämie ausgedrückt.

Die anderen aufgeführten Gesellschaften kennen in der Teilkasko-Versicherung keinen Bonus, hier verändert sich also die Prämie nicht aufgrund des Schadenverlaufs – mit der Überlegung, dass die Teilkasko-Versicherung ja Schäden deckt, für die der Kunde nichts kann (zum Beispiel Unwetterschäden).

In der Vollkasko-Versicherung hingegen operieren alle Gesellschaften mit Bonus-Malus-System.

Auch hier gilt: Was Sie konkret mit Ihrem Auto aufgrund Ihres individuellen Risikoprofils und des offerierten Bonusrabatts zahlen müssen, können Sie erst wissen, wenn Sie Offerten eingeholt haben.

Bonus und Malus in der Vollkasko: Das sind die Details

Die Tabelle unten zeigt, wie die Gesellschaften das Bonus-Malus-System in der Vollkasko-Versicherung ausgestaltet haben.

Die Erläuterungen zu den einzelnen Punkten finden Sie im Umfeld der entsprechenden Tabelle für die Haftpflichtversicherung auf Seite 130 ff.

Auch hier gibt es Anbieter, bei denen der Bonusschutz automatisch mitversichert ist, sofern der Versicherte auf der für ihn günstigsten Bonusstufe angelangt ist. Und auch hier ist es bei einigen anderen Versicherern möglich, einen Bonusschutz separat und gegen Aufpreis mit zu versichern (siehe S. 131 ff.).

Beachten Sie: Die Bonussysteme der Autohaftpflicht- und der Kaskoversicherung können bei der gleichen Gesellschaft unterschiedlich ausgestaltet sein.

Ein markanter Unterschied besteht darin, dass viele Gesellschaften in der Kasko zwar einen Bonus für unfallfreie Jahre, aber nicht alle einen Malus kennen. Der Halter zahlt dann auch nach mehreren selbst verschuldeten Unfällen nie mehr als die 100-%-Grundprämie.

Allerdings ist dies nur ein scheinbarer Vorteil: Die Gesellschaften können unliebsame und teure Kunden nach jedem Schadenfall aus dem Vertrag rausschmeissen und ihnen dann schlechtere Bedingungen vorschlagen (zum Beispiel höhere Selbstbehalte oder eine schlechtere Entschädigung).

Und: Etliche Gesellschaften wenden den Bonus nur für die Teilprämie des Kollisionsrisikos an – die allerdings den weitaus grössten Teil der Gesamtprämie ausmacht. Die anderen (billigeren) Deckungen bleiben prämienmässig gleich.

Deckungsbereich: Die wichtigsten Unterschiede

Weil die Gesellschaften bei der Ausgestaltung der Deckung bei der Kasko (im Gegensatz zur Haftpflicht)

Prämienerhöhung im Schadenfall	Maximale im Schadenfall [3]	Malusstufe
+4 Stufen	+14 %	100 %
+4 Stufen	+ 0 %	120 %
+4 Stufen	+67 %	120 %
+4 Stufen	+67 %	100 %
+4 Stufen	+25 %	295 %
+4 Stufen	+75 %	120 %
+4 Stufen	+13 %	120 %
+4 Stufen	+ 0 %	140 %
+4 Stufen	+32 %	100 %
+3 Stufen	+17 %	120 %
+4 Stufen	+ 0 %	140 %
+3 Stufen / +4 [1]	+40 % / +53 %	130 %
+2 Stufen / +3 / +4 [2]	+29 %	100 %
+4 Stufen	+67 %	150 %
+4 Stufen	+67 %	150 %

Angaben gelten für übliche Produkte, ohne den oft gegen Aufpreis erhältlichen Bonusschutz. Lesen Sie zum Verständnis der Tabelle die Ausführungen auf Seite 130 ff. Achtung: Hat die Gesellschaft auch in der Teilkasko-Versicherung ein Bonus-System, so sind die Details dort anders geregelt.

die volle Handlungsfreiheit haben, sollten Sie vor dem Abschluss auch einen Blick auf die Bedingungen werfen (und allenfalls noch auf die so genannten Assistance-Angebote wie zum Beispiel die kostenlose Pannenhilfe).

Zwar kann man generell feststellen, dass sich die Produkte stark gleichen. Grössere Differenzen sind lediglich bei den mitgeführten persönlichen Effekten, bei der Deckung von Marderschäden sowie beim Zeitwertzusatz auszumachen (siehe Tabelle unten). Differenzen gibt es auch beim Kriterium, ob die Gesellschaft bei Grobfahrlässigkeit ihre Leistungen kürzt oder nicht.

Persönliche Waren: Die Hausratpolice ist besser geeignet

● An mitgeführte persönliche Effekten (Beispiel Kleider) zahlen nur einige wenige Gesellschaften in der Grunddeckung 1000 oder 2000 Franken.

Bei den meisten Anbietern braucht es aber für persönliche Effekten eine Zusatzversicherung. Diese Zusatzdeckung kostet beispielsweise für eine versicherte Summe von 2000 Franken rund 20 Franken.

Achtung: Oft sind in diesen Deckungen Schmuck, Bargeld, CDs, EDV-Hard- und -Software und immer öfter auch Handys nicht oder nur beschränkt versichert.

Tipp: Beachten Sie, dass persönliche Effekten oft bereits über die Hausratversicherung gedeckt sind, und zwar über den Zusatz «einfacher Diebstahl auswärts» (siehe Seite 80).

Wer diesen Zusatz in der Hausratversicherung hat, braucht keine Zusatzdeckung

Zeitwertzusatz: Die Details der Entschädigung

Die Tabelle zeigt die Entschädigung bei Totalschaden oder Diebstahl in % des Katalogpreises (zur Zeit der Fahrzeugherstellung). Mehr als den bezahlten Kaufpreis erhalten Sie aber nie.

		Entschädigung im x-ten Betriebsjahr in Prozent							
		1. Jahr	2. Jahr	3. Jahr	4. Jahr	5. Jahr	6. Jahr	7. Jahr	ab 8. Jahr
Allianz		90	90–85	85–80	80–70	70–60	60–50	50–40	ZW
Alpina [2]		95	95–90	90–80	80–70	70–60	60–50	50–40	ZW
Auto-TCS	Kollision	Zeitwert + 20 % des Katalogpreises [3]							
	Diebstahl	100	100–88	88–76	76–67	67–60	60–54	54–48	[4]
Basler	Kollision	Zeitwert + 20 % des Katalogpreises [3]							
	Diebstahl	100	100–88	88–76	76–67	67–60	60–54	54–48	[4]
Coop Ver.		95	95–90	90–80	80–70	70–60	60–50	50–40	ZW
Garanta		90	90–80	80–70	70–60	60–50	50–40	40–30	ZW
Generali		95	95–90	90–80	80–70	70–60	60–50	50–40	ZW
Helvetia-Patria		95–90	90–80	80–70	70–60	60–50	50–45	45–40	ZW
La Suisse		95–90	90–80	80–70	70–60	60–50	50–45	45–40	ZW
Mobiliar		95	95–90	90–80	80–70	70–60	60–50	50–40	ZW
National [5]		90	90–85	85–75	75–65	65–55	55–45	45–35	ZW
Vaudoise		Zeitwert + 20 % des Katalogpreises							
Winterthur		95–90	90–80	80–70	70–60	60–50	50–45	45–40	ZW
Zürich		95–90	90–85	85–75	75–65	65–55	55–45	45–40	ZW
Züritel		95–90	90–85	85–75	75–65	65–55	55–45	45–40	ZW

☺ = überdurchschnittlich
😐 = Standard
☹ = unterdurchschnittlich
ZW = Zeitwert

[1] Ab ca. 20 000 bis 25 000 km pro Jahr.
[2] Gilt nur für Deckungsvariante «Maxi».
[3] Ab 11. Betriebsjahr: Zeitwert + 10 % des Katalogpreises.
[4] Im 8. Betriebsjahr 48–44 %, im 9. Betriebsjahr 44–40 %, im 10. Betriebsjahr 40–36 %, ab 11. Betriebsjahr Zeitwert.

in seiner Autokasko-Versicherung.

Die Zusatzdeckung für «einfacher Diebstahl auswärts» der Hausratversicherung ist sowieso vorteilhafter, weil dann persönliche Effekten (auch Natels) beispielsweise auch bei Zugreisen gedeckt sind und nicht nur bei Diebstahl aus dem Auto.

Dazu kommt, dass Diebstahlopfer beim erwähnten Zusatz in der Hausratversicherung keine Einbruchspuren nachweisen müssen (siehe Kasten auf Seite 143).

Mehr noch: Die Hausratversicherung vergütet den Neuwert, die Autoversicherung vereinzelt nur den Zeitwert (dafür kennt die Autoversicherung hier – anders als die Hausratversicherung – keinen Selbstbehalt).

- Marder können Kabelbrände verursachen, deren Reparatur mehrere Tausend Franken kostet. Und noch schlimmer: Ein angeknabberter Bremsschlauch kann während der Fahrt zu einem Bremsversagen führen – und damit unter Umständen zu einem Totalschaden.

Solche Folgeschäden sind heute in den Marderdeckungen meist inbegriffen – teilweise aber mit Einschränkungen. So sind etwa bei der Allianz in der Grunddeckung

VZ-Bewertung

Wenig- und Durchschnittsfahrer	Vielfahrer [1]

[5] Schlechtere Entschädigungstabelle, falls jährliche Fahrleistung grösser als 18 000 km.

✳ Stichwort: Zeitwertzusatz

Der Wert eines neuen Autos sinkt rapide. Schon im ersten Betriebsjahr kann der so genannte Zeitwert 20 bis 30 Prozent vom ursprünglichen Kaufpreis abweichen – insbesondere wenn Sie viel fahren.

Diese übermässige Abschreibung kann man versichern – mit dem Zeitwertzusatz. Dieser garantiert bei Diebstahl (Teilkasko) oder Totalschaden (Kollisionskasko) eine bessere Entschädigung durch die Kaskoversicherung als gemäss dem reinen Zeit- oder Marktwert.

Ein Beispiel: Während der Zeitwert eines Fahrzeugs gemäss den Eurotax-Bewertungsrichtlinien nach dem ersten Betriebsjahr schon auf 75 Prozent des Neuwerts sinken kann, beträgt die Entschädigung gemäss Zeitwertzusatz in der Regel immer noch 90 bis 95 Prozent des Neuwerts (aber niemals mehr als den Kaufpreis, den Sie effektiv bezahlt haben).

Tipp: Vielfahrer sollten eine Gesellschaft wählen, die beim Festlegen der Zeitwertzusatz-Entschädigungsskala nur das Alter des Autos berücksichtigt, aber nicht die Zahl der gefahrenen Kilometer (siehe Hinweise in der Tabelle links).

Beachten Sie auch: Gewisse Gesellschaften geben Ausländern mit B-Bewilligung oder Bewohnern von Grenzkantonen oder für sehr teure Autos prinzipiell keinen Zeitwertzusatz.

Nach 7 Jahren nützt der Zeitwertzusatz in der Regel nichts mehr; die Entschädigung richtet sich dann in jedem Fall nur noch nach dem Zeitwert (Marktwert).

Wichtig: Es gibt Gesellschaften, die in der Kaskoversicherung auch nach Ablauf der 7 Jahre noch die höhere Prämie für den Zeitwertzusatz kassieren. Dort müssen Sie sich melden, damit Sie eine Prämienreduktion erhalten – sonst zahlen Sie künftig zu viel.

Autoversicherung

Checkliste für den richtigen Umgang mit der Kaskoversicherung

- Beachten Sie die Checkliste zur Autohaftpflicht-Versicherung auf Seite 136. Die allermeisten der dort aufgeführten allgemeinen Grundsätze gelten auch hier.
- In der Regel müssen Sie Teil- und Kollisionskasko bei der gleichen Gesellschaft abschliessen.
- Die Teilkasko-Versicherung ist empfehlenswert, weil Sie so gegen Schadenursachen versichert sind, die Sie selber kaum beeinflussen können. Bedenken Sie: Eine defekte Frontscheibe kostet auch für ein 10-jähriges Auto gleich viel wie für ein neues.
- Die Vollkasko-Versicherung ist vor allem für neuere Autos (bis 4 Jahre) wichtig.
- Beachten Sie, dass etliche Gesellschaften mehrere Produktelinien mit unterschiedlicher Ausgestaltung haben. Wählen Sie das teurere Produkt nur, falls es Zusatzleistungen enthält, die Sie wirklich brauchen. Oft genügt auch eine «Mager»-Variante.
- Schliessen Sie Teil- und Vollkasko wenn immer möglich nur mit Zeitwertzusatz ab. Der Prämienaufschlag zur Variante «Nur Zeitwert» ist in der Regel gering.
- Fragen Sie, ob und welche Einschränkungen beim Zeitwertzusatz gelten (zum Beispiel bei Diebstahl im Ausland).
- Betrachten Sie den Bonus auch bei der Vollkasko-Police als Verhandlungssache.
- Prüfen Sie, ob Sie – allenfalls in Teilbereichen – einen (höheren) freiwilligen Selbstbehalt zum Prämiensparen wollen.
- Prüfen Sie, ob die Gesellschaft in ausgewählten Teilbereichen einen obligatorischen oder einen erhöhten Selbstbehalt verlangt, der nicht branchenüblich ist. Das kann zum Beispiel bei Glasschäden der Fall sein oder bei Diebstahl des Autos im Ausland.
- Prüfen Sie, ob das Zerkratzen und Besprayen versichert ist. Diese Deckung kann in der Vollkasko-(evtl. Teilkasko-)Police inbegriffen sein, vielleicht brauchen Sie dazu aber eine Parkschaden-Zusatzversicherung.
- Beachten Sie vor dem Abschluss die Bedingungen für Marderbiss (Folgeschäden!), Zeitwertzusatz und Bonus-Malus-System – und ob die Gesellschaft bei Grobfahrlässigkeit kürzen kann (siehe Kasten auf S. 134).
- Fragen Sie nach weiteren Sparmöglichkeiten. Bei der Coop Versicherung zum Beispiel fahren Sie zehn Prozent günstiger, falls Sie sich verpflichten, im Schadenfall nur bestimmte Garagen aufzusuchen, mit denen die Versicherung spezielle Konditionen ausgehandelt hat.

Nach dem Abschluss:
- Melden Sie auch Kaskoschäden stets der Versicherungsgesellschaft. Sie können anschliessend immer noch entscheiden, ob Sie den Schaden selber zahlen wollen, um so einen allfälligen Bonus nicht zu verlieren.
- Überprüfen Sie von Zeit zu Zeit (zum Beispiel wenn die Prämienrechnung kommt), wie Sie versichert sind beziehungsweise welche Bausteine Sie nicht haben – damit Sie nicht plötzlich eine Deckung beanspruchen, die Sie gar nicht besitzen.
- Melden Sie Veränderungen Ihrer persönlichen Risikofaktoren (siehe Seite 126 f.).
- Behalten Sie Belege und Quittungen von allen Zubehörteilen auf, die Sie nachträglich einbauen lassen. Melden Sie den Einbau und fragen Sie, ob diese nachträglich eingebauten Zubehörteile gratis mitversichert sind.
- Prüfen Sie nach einem Unfall, welche besonderen Auslagen gemäss Versicherungsbedingungen zusätzlich gedeckt sind.

Marderschäden (inklusive mögliche Folgeschäden) nur bis 3000 Franken versichert. Den Allianz-Versicherten ist die Zusatzversicherung für unbegrenzte Deckung (40 Franken pro Jahr) sehr zu empfehlen.

Beachten Sie bei Gesellschaften mit Baukastensystem, dass sie den Marderschaden miteinschliessen, falls Ihr Auto häufig im Freien steht.

Zeitwertzusatz garantiert bessere Entschädigung

● Das wichtigste Merkmal neben Prämien und Bonussystem ist in der Kaskoversicherung der Zeitwertzusatz.

Wer das Auto so versichert, erhält in den ersten Jahren nach einem Totalschaden oder nach einem Diebstahl (Teilkasko) im Durchschnitt deutlich mehr Geld als den reinen Zeitwert (siehe Ausführungen im Kasten auf Seite 149).

Aber: Diese nach dem Alter des Autos abgestuften Entschädigungsskalen sind nicht bei allen Gesellschaften gleich grosszügig. Die Tabelle auf der Seite 148 zeigt, welche Gesellschaften in diesem Punkt brillieren und welche nicht.

Einer der Gründe für die unterschiedliche Bewertung: Einige Gesellschaften berücksichtigen bei der Festlegung des Entschädigungswertes nebst dem reinen Fahrzeugalter auch die gefahrenen Kilometer. Für Vielfahrer sind solche Entschädigungssysteme nachteilig (das geht aus der VZ-Gesamtbewertung auf Seite 149 hervor).

Vielfahrer sollten deshalb eine Gesellschaft wählen, die unabhängig von der Anzahl der gefahrenen Kilometer eine fixe Entschädigung in Prozenten des Katalogpreises (zur Zeit der Fahrzeugherstellung) vorsieht.

Beachten Sie auch: Beim Diebstahl im Ausland kann das Zeitwertzusatz-Reglement der Versicherung einen tieferen Entschädigungswert vorsehen als bei einer selbst verschuldeten Kollision.

Es kann auch sein, dass der Zeitwertzusatz bei Diebstahl im Ausland gemäss Versicherungsbedingungen gar nicht zum Tragen kommt; das ist vor allem bei teureren Fahrzeugen (ab ungefähr 100 000 Franken Neuwert) der Fall. Die Gesellschaft zahlt in einem solchen Fall immer nur den reinen Zeitwert.

Wo sich ein höherer Selbstbehalt lohnt – und wo nicht

Ein freiwilliger Selbstbehalt in der *Teilkasko*-Versicherung lohnt sich angesichts der relativ tiefen Prämien kaum.

Beispiel: Bei einer Grundprämie von 300 Franken pro Jahr und einer Prämienersparnis von 25 Prozent mit einem Selbstbehalt von 500 Franken erzielen Sie eine jährliche Einsparung von 75 Franken.

Das ist wenig angesichts der Tatsache, dass Sie nach einem Schadenfall gleich 500 Franken hinblättern müssen.

Beachten Sie: Einige Gesellschaften verlangen in Teilbereichen einen obligatorischen Selbstbehalt.

Die Vaudoise zum Beispiel wendet bei Diebstahl eines Autos generell einen Selbstbehalt von 300 Franken an. Und die Garanta verlangt bei Diebstahl im Ausland generell einen Selbstbehalt von 10 Prozent (mindestens aber 1000 Franken), falls das Fahrzeug nicht mit einer von der Garanta anerkannten elektronischen Wegfahrsperre gesichert ist.

Der Selbstbehalt in der *Vollkasko*-Versicherung beträgt in der Regel obligatorisch 500 Franken. Diesen Selbstbehalt hinaufzusetzen lohnt sich angesichts der hohen Prämien eher.

Tipp: Der 1000-Franken-Selbstbehalt bietet in der Vollkasko das beste Preis-Leistungs-Verhältnis.

Für die Vollkasko-Prämien in der Tabelle auf Seite 140 hat deshalb das VZ VermögensZentrum Prämien mit einem Selbstbehalt von 1000 Franken offerieren lassen.

Bei sehr teuren Fahrzeugen kann sich ein Selbstbehalt in der Höhe von 2000 Franken lohnen – oder er wird von der Gesellschaft in dieser Höhe sogar diktiert.

Parkschaden- und Insassen-Versicherung

Böswillig angebrachte Kratzer durch Vandalen sind häufig. Ebenso oft kommt es vor, dass ungeübte Parkierer Ihr Auto streifen.

Besonders Fahrer, deren Auto regelmässig im Freien steht, müssen sich deshalb bewusst sein, dass Zerkratzen in der Teilkasko in den allermeisten Policen nicht gedeckt ist. Und dass eine Vollkasko-Deckung zwar zahlen würde, wenn Dritte an Ihrem Auto eine Parkbeule hinterlassen, dass hier aber in der Regel eine Bonusrückstufung erfolgt und ein Selbstbehalt zu tragen ist.

Es könnte sich also lohnen, Kratzer und andere Schäden am parkierten Auto mit einer Parkschaden-Versicherung zu versichern (siehe «Stichwort Parkschaden» auf Seite 153).

Aber: Bedenken Sie vor dem Abschluss, dass es in der Schweiz den Nationalen Garantiefonds gibt, in den sämtliche versicherten Autohalter Fr. 4.20 (Stand 2002) pro Jahr einzahlen.

Der Garantiefonds übernimmt (nur in der Schweiz und in Liechtenstein) Parkbeulen von unbekannten Dritten und nach Fahrerflucht – allerdings nach Abzug eines generellen Selbstbehalts von 1000 Franken. Und nur unter der Voraussetzung, dass keine andere Versicherung (Vollkasko- oder Parkschaden-Versicherung) dafür aufkommt.

Geschädigte melden sich unter der Gratisnummer 0800 831 831 des Nationalen Garantiefonds; es wird ein Polizeiprotokoll verlangt.

Parkschäden ohne Bonusverlust und Selbstbehalt

Wer sich für eine Parkschaden-Versicherung interessiert, sollte Folgendes beachten:

● Die Parkschaden-Versicherung hat den Vorteil, dass sie Schäden am parkierten Fahrzeug durch Unbekannte (meistens inklusive Zerkrat-

Bemerkungen zur Tabelle

Angaben für eine Parkschaden-Versicherung als Zusatz zur Vollkasko-Police. Wo nichts anderes vermerkt ist, werden Schäden am parkierten Fahrzeug (inkl. Zerkratzen) in unbegrenzter Höhe und unbegrenzter Anzahl pro Jahr ohne Selbstbehalt übernommen.

Bei einigen Gesellschaften ist es auch möglich, eine Parkschaden-Versicherung als Zusatz zur Teilkasko-Versicherung abzuschliessen. Die Leistungen sind dann aber oft reduziert.

Die Prämien sind inklusive 5% Stempelsteuer gerechnet.

Einige Anbieter kennen auch hier ein Bonus-Malus-System, dessen Details allerdings nicht gleich wie bei Haftpflicht oder Teil-/Vollkasko.

Beachten Sie bitte zum besseren Verständnis der Tabelle die Erläuterungen im Kasten auf Seite 129.

Prämienvergleich: Parkschaden

Prämie für einen Junglenker
Angaben siehe Seite 130

Gesellschaft	Prämie	
Allianz [1,6]	189.–	
Zürich [2]	251.–	80%
Mobiliar [6]	256.–	80%
Alpina	262.–	
Coop Vers.	263.–	
Winterthur	269.–	70%
Auto-TCS	273.–	
Vaudoise [6]	299.–	
Helvetia-Patria [5,7]	306.–	90%
Garanta [3,7]	319.–	
Züritel [4]	345.–	100%
Basler	362.–	
La Suisse [6]	365.–	
Generali	385.–	100%
National [6]	588.–	80%

Prämie für einen Familienvater
Angaben siehe Seite 130

Gesellschaft	Prämie	
Mobiliar [6]	112.–	35%
Zürich [2]	163.–	45%
Helvetia-Patria [7]	175.–	60%
Allianz [1,6]	231.–	
Züritel [4]	231.–	60%
Garanta [3,7]	262.–	
Coop Vers.	263.–	
Auto-TCS	273.–	
Vaudoise [6]	299.–	
Winterthur	302.–	35%
Alpina	345.–	
Generali	345.–	40%
Basler	362.–	
La Suisse [6]	365.–	
National [6]	499.–	35%

[1] Kostenübernahme pro Schaden max. 1000.– (gegen 42.– Aufpreis 5000.–), Zerkratzen nur gegen Aufpreis (88.–) versichert; beides zusammen kostet 124.– Aufpreis.
[2] Parkschäden, die nicht durch unbekannte Motorfahrzeuge oder Fahrräder verursacht wurden (z.B. Zerkratzen), sind auf max. 1000.– begrenzt

zen) in der Regel ohne Bonusverlust in der Kasko und – je nach Gesellschaft – auch ohne Selbstbehalt zahlt.
- Der Abschluss ist nur in Verbindung mit einer bestehenden Kaskoversicherung bei der gleichen Gesellschaft und nur für relativ neuere Fahrzeuge möglich (maximal 3 bis 6 Jahre alt, je nach Gesellschaft). Die Generali gewährt diese Deckung gar nur für Autos, die nicht älter als 3 Monate sind.
- Die Prämien sind recht hoch, wie die Tabelle unten zeigt. Einige Gesellschaften bieten die Parkschaden-Versicherung auch mit Bonussystem an.

Stichwort: Parkschaden

Damit aus Sicht der Versicherung ein Parkschaden vorliegt, braucht es die folgenden Voraussetzungen:
- Das Auto musste parkiert sein, durfte also nicht in Bewegung sein.
- Der Schaden muss durch unbekannte Dritte verursacht worden sein, also in der Regel durch andere Autofahrer (Blechbeule) oder durch Vandalen bzw. Fussgänger (Zerkratzen bzw. Fusstritte).
- Wenn Sie also selber beim Parkiermanöver beispielsweise eine Mauer streifen, so gilt das nicht als Parkschaden.
- Für die Erledigung des Schadens verlangen die meisten

- Achten Sie vor einem Abschluss auf Leistungseinschränkungen. Einige Gesellschaften zahlen pro Jahr maximal zwei Schäden, einige begrenzen die Deckungssumme auf 1000 oder 2000 Franken pro Schaden, und es

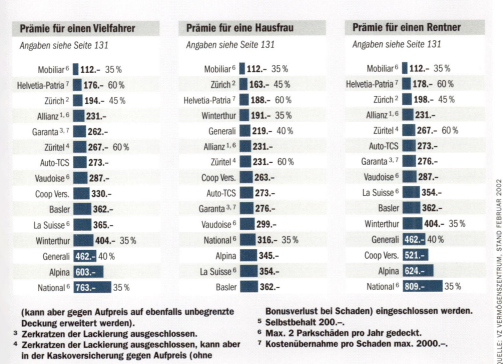

(kann aber gegen Aufpreis auf ebenfalls unbegrenzte Deckung erweitert werden).
[3] Zerkratzen der Lackierung ausgeschlossen.
[4] Zerkratzen der Lackierung ausgeschlossen, kann aber in der Kaskoversicherung gegen Aufpreis (ohne Bonusverlust bei Schaden) eingeschlossen werden.
[5] Selbstbehalt 200.–.
[6] Max. 2 Parkschäden pro Jahr gedeckt.
[7] Kostenübernahme pro Schaden max. 2000.–.

QUELLE: VZ VERMÖGENSZENTRUM, STAND FEBRUAR 2002

Autoversicherung

kann sein, dass das Zerkratzen der Karosserie nicht versichert ist (zum Beispiel bei der Garanta).
- Falls Sie bereit sind, einen allfälligen Parkschaden selber zu tragen, brauchen Sie keine zusätzliche Versicherung. Haben Sie Vollkasko, so sind die «böswilligen Beschädigungen Dritter» oft dort versichert (zum Beispiel der Fusstritt in die Autotüre).

Aber eben: Bei der Kaskodeckung ist in der Regel mit einem Bonusverlust und einem Selbstbehalt zu rechnen, so gesehen ist die Parkschaden-Versicherung unter Umständen die günstigere Variante.

Ein Spezialfall ist hier die Coop Versicherung: Sie verzichtet auch ohne Parkschaden-Versicherung auf eine Bonusrückstufung, wenn der Parkschaden über die Vollkasko abgewickelt wird. Den vereinbarten Selbstbehalt muss man ohne Parkschaden-Versicherung aber trotzdem bezahlen.

Die Insassen-Unfallversicherung ist meist überflüssig

Mancher Familienvater stellt sich die Frage: Wie bin ich und wie sind meine Familienangehörigen eigentlich gegen Unfall versichert? Und wie gegen Invalidität infolge Krankheit?

Was man bei ungenügendem Versicherungsschutz tun kann, steht ausführlich im Kapitel zur Risikoversicherung auf Seite 20 ff. Die dort beschriebenen Grundsätze weisen den richtigen Weg, um die finanziellen Folgen von Unfall und Krankheit zu versichern.

Werktätige Schweizerinnen und Schweizer sind gegen Unfall relativ gut versichert – und das gilt nicht nur für Unfälle am Arbeitsplatz, sondern auch für Unfälle in der Freizeit.

Der Versicherungsschutz bei Unfall umfasst im Wesentlichen Arzt- und Spitalkosten, Taggelder, Erwerbsunfähigkeitsrenten und die Integritätsentschädigung. Ein Erwerbsausfall ist also bis zu einem gewissen Mass ebenfalls versichert.

Nicht-Erwerbstätige (zum Beispiel Hausfrauen, Kinder und Studenten) sowie Selbständige sind über die Krankenkasse obligatorisch gegen Unfallfolgen versichert, dort allerdings nur für die Heilungskosten (Arzt und Spital).

Aber: Nicht-Erwerbstätige (zum Beispiel Hausfrauen und Studenten) und Selbständige, die nicht den vollen Schutz der obligatorischen Unfallversicherung geniessen (also keine Taggelder, Renten und Integritätsentschädigungen erhalten), können bei ihrer Krankenkasse günstig ein Unfalltodes- und Invaliditätskapital dazuversichern.

Vorteil dieser Lösung: So sind sämtliche Unfälle versichert, nicht nur die Autounfälle. Nachteil: Invalidität infolge Krankheiten und der Lohnausfall sind so auch nicht versichert.

Die von den Gesellschaften angebotene Insassen-Unfallversicherung deckt hingegen nur einen Teilbereich ab, nämlich die Autounfälle.

Aus dem Gesagten ergibt sich, dass diese Versicherung der falsche Weg ist, um sich gegen Schicksalsschläge zu versichern.

Die Jahresprämie von – je nach Versicherungsvariante – bis zu 150 Franken können Sie sich also sparen.

Kürzungen auch bei der Insassenversicherung

Vorsicht: Befürworter der Insassen-Unfallversicherung argumentieren oft, diese Versicherung mache keine Kürzungen bei Grobfahrlässigkeit. Das ist falsch.

In einem internen Argumentarium der Winterthur stand einmal, in der Insassen-Unfallversicherung werde bei Regressen lediglich ein «weniger strenger Massstab» angelegt. Diese Formulierung ist sehr schwammig.

Eine Insassen-Unfallversicherung kann aber in den folgenden Fällen sinnvoll sein:
- Sie chauffieren oft ausländische Gäste mit ungenügendem Versicherungsschutz.
- Sie chauffieren öfters Geschäftskunden. Die Insassen-Unfallversicherung macht keine langwierigen Abklärungen der Verschuldensfrage, sondern zahlt im Prinzip

sofort. Das kann der Kundenbeziehung förderlich sein.
• Sie sind sehr viel mit dem Auto unterwegs und sind daher einem grösseren Autounfall-Risiko ausgesetzt.

Die Versicherung für den Roller

Roller – oft auch Scooter genannt – sind «in». Besonders bei Jugendlichen. Sie dürfen die flotten Kleinmotorräder der Kategorie F bis 50 ccm bereits ab 16 Jahren fahren.

Auch beim 50-ccm-Roller lohnt es sich, für die Versicherung mehrere Offerten einzuholen. Denn die Unterschiede zwischen den Gesellschaften sind auch hier gross.

Die beiden Tabellen (unten und Seite 156) zeigen die Prämien für einen 16-jährigen Neulenker sowie für eine 26-jährige Frau, die bislang ohne Unfall oder Führerscheinentzug durch den Strassenverkehr kam.

Auch bei der Rollerversicherung sind die Prämien massgeblich vom Profil des Fahrers (und vom Fahrzeug) abhängig.

Ein paar Besonderheiten:
• Etliche Gesellschaften kennen weder bei der Haftpflicht- noch bei der Teilkaskoversicherung ein Bonus-Malus-System, sondern haben Fixprämien. Diese Gesellschaften sind in der Tabelle am Eintrag «Fix» zu erkennen.

Prämienvergleich: **Haftpflicht und Teilkasko für Roller**
Prämie für einen 16-Jährigen

Schweizer, 16-jährig, Wohnort: Laufen BL, Fahrausweis Kat. B seit 1.4.2002, 1000 Kilometer pro Jahr, keine Garage, Verwendung nur für private Fahrten. Angaben in Franken, inkl. 5% Stempelsteuer, 0,75% Schadenverhütungsbeitrag und Fr. 2.10 für den Garantiefonds.
Fahrzeug: Yamaha YQ 50 Aerox R Max, 50 ccm (Kategorie F), Neufahrzeug, Katalogpreis Fr. 4690.–

Gesellschaft	Haftpflichtversicherung [1]			Teilkasko-Versicherung [2]			Kombiprämie [3]
	Jahres-Netto-prämie	Bonus-stufe	Selbst-behalt	Jahres-Netto-prämie	Bonus-stufe	Selbst-behalt	
Allianz	47.–	Fix	200.–	105.–	Fix	0.–	152.–
Mobiliar	105.–	80%	200.–	64.–	Fix	0.–	169.–
Auto-TCS	90.–	Fix	200.–	105.–	Fix	0.–	195.–
Basler	103.–	Fix	200.–	111.–	Fix	0.–	214.–
Winterthur	120.–	Fix	200.–	105.–	Fix	0.–	225.–
Zürich	120.–	Fix	200.–	110.–	100%	0.–	230.–
Vaudoise	147.–	80%	1000.–	123.–	Fix	200.– [4]	270.–
Helvetia-Patria	146.–	100%	500.–	129.–	100%	200.–	275.–
National	180.–	100%	1000.–	123.–	Fix	0.–	303.–
Generali	157.–	100%	500.–	175.–	Fix	200.– [4]	332.–

[1] Unbegrenzte Versicherungssumme, inklusive Sozius, Einjahresvertrag.
[2] Deckung für Feuer, Elementar, Diebstahl, Glas, Marder (inkl. Folgeschäden), Tierkollision, Vandalenschäden.
[3] Haftpflicht- und Teilkaskoprämie.
[4] Nur bei Diebstahl.

QUELLE: VZ VERMÖGENSZENTRUM, STAND APRIL 2002

Autoversicherung

- Ein paar Anbieter berechnen die Prämien auch anhand eines Bonus-Malus-Systems. Das wirkt sich vor allem bei den Prämien für die 26-jährige Frau aus.
- Wer ab und zu jemanden auf seinem Roller mitnimmt, braucht dazu einen zusätzlichen Haftpflichtschutz. Diese Zusatzdeckung ist in den Prämien in den Tabellen inbegriffen. Wer nie jemanden mitnimmt und deshalb auf diesen Zusatzschutz verzichten will, kann rund 50 Franken Jahresprämie sparen.
- Fragen Sie vor dem Abschluss, ob die Gesellschaft den prämiensparenden Sistierungsverzicht kennt. Die Vorteile eines solchen Angebots sind im Kasten auf Seite 128 beschrieben. Von den im Rollervergleich aufgeführten Anbietern kennen nur Allianz, Helvetia-Patria, Mobiliar und Zürich dieses System.
- Eine Vollkaskodeckung haben nicht alle Versicherer im Angebot. Sie ist in der Regel im Verhältnis zum Wert des Rollers zu teuer.
- Die jährliche Strassenverkehrssteuer für Roller der Kategorie F mit maximal 50 ccm Hubraum kostet je nach Kanton zwischen 60 und 110 Franken. K

Prämienvergleich: Haftpflicht und Teilkasko für Roller
Prämie für eine 26-jährige Frau

Schweizerin, 26-jährig, ledig, kfm. Angestellte, Wohnort: Zürich, Fahrausweis Kat. B seit 1.4.1992, 1000 Kilometer pro Jahr, keine Garage, Verwendung nur für private Fahrten, keine Unfälle. Angaben in Franken, inkl. 5% Stempelsteuer, 0,75% Schadenverhütungsbeitrag und Fr. 2.10 für den Garantiefonds.
Fahrzeug: Yamaha YQ 50 Aerox R Max, 50 ccm (Kategorie F), Neufahrzeug, Katalogpreis Fr. 4690.–

Gesellschaft	Haftpflichtversicherung [1]			Teilkasko-Versicherung [2]			Kombiprämie [3]
	Jahres-Nettoprämie	Bonusstufe	Selbstbehalt	Jahres-Nettoprämie	Bonusstufe	Selbstbehalt	
Helvetia-Patria	49.–	35%	0.–	61.–	60%	0.–	110.–
Mobiliar	57.–	43%	0.–	64.–	Fix	0.–	121.–
Allianz	42.–	Fix	0.–	105.–	Fix	0.–	147.–
Auto-TCS	90.–	Fix	200.–	105.–	Fix	0.–	195.–
Vaudoise	81.–	40%	0.–	126.–	Fix	200.– [4]	207.–
National	91.–	50%	0.–	123.–	Fix	0.–	214.–
Basler	103.–	Fix	200.–	111.–	Fix	0.–	214.–
Zürich	90.–	Fix	0.–	132.–	60%	0.–	222.–
Winterthur	120.–	Fix	0.–	105.–	Fix	0.–	225.–
Generali	75.–	45%	0.–	175.–	Fix	200.– [4]	250.–

[1] Unbegrenzte Versicherungssumme, inklusive Sozius, Einjahresvertrag.
[2] Deckung für Feuer, Elementar, Diebstahl, Glas, Marder (inkl. Folgeschäden), Tierkollision, Vandalenschäden.
[3] Haftpflicht- und Teilkaskoprämie.
[4] Nur bei Diebstahl.

Die saldo-Ratgeber:
Kompetent, aktuell und günstig.

Das aktuelle Mietrecht im Überblick
Vom Mietantritt
bis zur Kündigung
- So schützen Sie sich gegen unberechtigte Mietzinserhöhungen
- Unzulässige Kündigung
- Die Voraussetzungen einer Erstreckung

**Arbeitsrecht:
Was Angestellte
wissen müssen**
Ihre Rechte am Arbeitsplatz
- Von der Bewerbung bis zum Vertrag
- Stellensuche übers Internet
- Gültige und ungültige Kündigungen
- Arbeitszeugnisse im Klartext

**Krankheit oder Unfall:
Wer zahlt?**
Krankenkassen, Unfall- und Haftpflichtversicherungen
- Die Krankenkassenprämien
- Leistungen der Kranken- und Unfallversicherungen
- Wann und wie viel zahlen die Haftpflichtversicherungen?

**Die drei Säulen:
Gut vorsorgen**
AHV, Pensionskasse und
3. Säule auf einen Blick
- So kontrollieren Sie die Gutschriften für AHV und Pensionskasse
- So berechnen Sie die Altersrenten von AHV und Pensionskasse

Neues Scheidungsrecht
Von der Trennung
bis zur Scheidung
- So wird das Vermögen und das Pensionskassenguthaben aufgeteilt
- So berechnen Sie die geschuldeten Unterhaltsbeiträge
- Unterhaltsbeiträge für Kinder

Erben und Vererben
Vom Testament
bis zur Erbteilung
- Was nach einem Todesfall sofort zu tun ist
- Berechnung der Pflichtteile
- Erbvorbezug und Darlehen
- Grundsätze der Erbteilung
- Erbschafts- und Schenkungssteuer

Rechte von Eltern und Kind
Von der Schwangerschaft
bis zur Mündigkeit
- Was zahlen Krankenkassen und Arbeitgeber bei der Geburt?
- Wann machen sich Kinder und Jugendliche strafbar?
- Wie geht man bei einer Adoption vor?

Die eigene Website
Handbuch zum Erstellen
einer eigenen Homepage
- Planung und Aufbau
- Gestaltung
- Homepage erweitern mit Links
- Bilder einbauen
- Interaktive Seiten
- Aufschaltung der Site

Ich bestelle folgende saldo-Ratgeber

- ☐ Das aktuelle Mietrecht im Überblick
- ☐ Arbeitsrecht: Was Angestellte wissen müssen
- ☐ Krankheit oder Unfall: Wer zahlt?
- ☐ Die drei Säulen: Gut vorsorgen
- ☐ Neues Scheidungsrecht
- ☐ Die Rechte von Eltern und Kind
- ☐ Medienrecht für die Praxis
- ☐ Erben und Vererben
- ☐ Wegweiser durchs Internet
- ☐ Die eigene Website

Sie haben drei Möglichkeiten, um zu bestellen:
übers Internet www.saldo.ch
per Fax 01 254 32 30 oder mit diesem Coupon.
Die **saldo-Ratgeber** kosten je 28 Franken
(inkl. Versand und MwSt.),
der Ratgeber **Medienrecht** kostet 39 Franken.

Vorname/Name

Strasse

PLZ/Ort   KDV

Coupon einsenden an: saldo-Ratgeber, Postfach 723, 8024 Zürich

Lebensversicherungen und Steuern: So hat der

	Säule 3a (gebunden)
Sparversicherung mit Jahresprämie	
Einzahlung der Prämien	Abzugsfähig bis zum Maximalbetrag [1]
Kapitalerträge [3]	Steuerfrei
Vermögen	Steuerfrei
Kapitalauszahlung	Steuerbar zu reduziertem Einkommenssteuertarif, getrennt vom übr. Eink.
Rentenauszahlung	Zu 100 % als Einkommen steuerbar, zusammen mit übr. Einkommen
Fondsgebundene Sparversicherung (Fondspolice) mit Jahresprämien	
Einzahlung der Prämien	Abzugsfähig bis zum Maximalbetrag [1]
Kapitalerträge [3]	Steuerfrei
Vermögen	Steuerfrei
Kapitalauszahlung	Steuerbar zu reduziertem Einkommenssteuertarif, getrennt vom. übr. Eink.
Rentenauszahlung	Zu 100 % als Einkommen steuerbar, zusammen mit übr. Einkommen
Reine Todesfallrisiko-Versicherung mit Jahresprämien [2]	
Einzahlung	Abzugsfähig bis zum Maximalbetrag [1]
Kapitalerträge	–
Vermögen	–
Kapitalauszahlung	Steuerbar zu reduziertem Einkommenssteuertarif, getrennt vom übr. Eink.
Reine Erwerbsunfähigkeits-Versicherung (Invalidenrente) mit Jahresprämien [2]	
Einzahlung	Abzugsfähig bis zum Maximalbetrag [1]
Kapitalerträge	–
Vermögen	–
Rentenauszahlung	Zu 100 % als Einkommen steuerbar, zusammen mit übr. Einkommen
Einmaleinlage (siehe Stichwort auf Seite 47)	
Einzahlung	–
Kapitalerträge [3]	–
Vermögen	–
Kapitalauszahlung	–
Rentenauszahlung	–
Fondsgebundene Einmaleinlage	
Einzahlung	–
Kapitalerträge [3]	–
Vermögen	–
Kapitalauszahlung	–
Rentenauszahlung	–
Sofort beginnende Leibrente mit einmaliger Einzahlung	
Einzahlung	–
Kapitalerträge [3]	–
Vermögen	–
Rentenauszahlung	–

Fiskus die Hand im Spiel

Säule 3b (freie Vorsorge)

Im Rahmen der Abzugspauschalen für Versicherungsprämien
Steuerfrei, sofern die Laufzeit mindestens 5 Jahre beträgt
Steuerbar zum Rückkaufswert (inklusive Überschüsse)
Steuerfrei (inkl. techn. Zinsen + Überschüsse), sofern Laufzeit mind. 5 Jahre
Zu 40 % als Einkommen steuerbar, zusammen mit übrigen Einkünften

Im Rahmen der Abzugspauschalen für Versicherungsprämien
Steuerfrei, sofern die Laufzeit mindestens 10 Jahre beträgt
Steuerbar zum Rückkaufswert (inklusive Überschüsse)
Steuerfrei (inkl. techn. Zinsen + Überschüsse), sofern Laufzeit mind. 10 Jahre
Zu 40 % als Einkommen steuerbar, zusammen mit übrigen Einkünften

Im Rahmen der Abzugspauschalen für Versicherungsprämien
–
–
Steuerbar zu reduziertem Einkommenssteuertarif, getrennt vom übrigen Einkommen

Im Rahmen der Abzugspauschalen für Versicherungsprämien
–
–
Zu 100 % als Einkommen steuerbar, zusammen mit übrigen Einkünften

Im Rahmen der Abzugspauschalen für Versicherungsprämien
Steuerfrei, sofern Laufzeit mind. 5 Jahre, Auszahlung ab vollendetem 60. Altersjahr und Abschluss vor Vollendung des 66. Altersjahres
Steuerbar zum Rückkaufswert
Steuerfrei, sofern Laufzeit mind. 5 Jahre, Auszahlung ab vollendetem 60. Altersjahr und Abschluss vor Vollendung des 66. Altersjahres
Zu 40 % als Einkommen steuerbar, zusammen mit übrigen Einkünften

Im Rahmen der Abzugspauschalen für Versicherungsprämien
Steuerfrei, sofern Laufzeit mind. 10 Jahre, Auszahlung ab vollendetem 60. Altersjahr und Abschluss vor Vollendung des 66. Altersjahres
Steuerbar zum Rückkaufswert
Steuerfrei, sofern Laufzeit mind. 10 Jahre, Auszahlung ab vollendetem 60. Altersjahr und Abschluss vor Vollendung des 66. Altersjahres
Zu 40 % als Einkommen steuerbar, zusammen mit übrigen Einkünften

Im Rahmen der Abzugspauschalen für Versicherungsprämien
Steuerfrei
Steuerfrei, falls *ohne* Rückgewähr abgeschlossen [4]
Zu 40 % als Einkommen steuerbar, zusammen mit übrigen Einkünften

Wie werden Lebensversicherungen steuerlich behandelt? Die Tabelle beantwortet die folgenden Fragen – und zwar je für Anlagen in der gebundenen dritten Säule (Säule 3a) beziehungsweise in der freien Vorsorge (Säule 3b):

- Kann man die Prämienzahlung (Einzahlung) steuerlich vom Einkommen absetzen?
- Wie sind die Erträge, also technische Zinsen und Überschüsse, zu versteuern?
- Wie ist das Vermögen während der Laufzeit zu versteuern?
- Wie sieht es bei der Auszahlung des Kapitals bzw. der Rente aus?

[1] 5933.– für Angestellte, 29 664.– für Selbständige, siehe «Stichwort Säule 3a» auf Seite 49.
[2] Angaben gelten nur für Versicherungen, bei denen Überschüsse zur Prämienreduktion verwendet werden.
[3] Setzt sich aus technischen Zinsen und Überschüssen zusammen.
[4] In einigen Kantonen steuerbar, falls *mit* Rückgewähr abgeschlossen.

Sparen fürs Alter: So viel müssen Sie monatlich

Hier können Sie grob berechnen, wie viel Einkommen Ihnen im AHV-Alter dereinst fehlt. Und Sie können feststellen, mit welchem monatlichen Sparbetrag Sie diese Lücke bis zum Erreichen des AHV-Alters füllen können – abhängig von Ihrem jetzigen Alter.

1. Schritt: Definieren des Zieleinkommens
Definieren Sie das Zieleinkommen für die Zeit nach der Pensionierung, also die Summe, die Sie im AHV-Alter pro Jahr ausgeben wollen.

2. Schritt: Berechnen des Fehlbetrages
Im AHV-Alter haben Sie eine AHV-Rente und eine Rente der Pensionskasse zugut:

- Ob Sie dereinst von der AHV die maximale Rente erhalten, hängt stark von Ihrem massgebenden durchschnittlichen Jahreseinkommen ab. Aus der Tabelle A können Sie herauslesen, bei welchem massgebenden durchschnittlichen Jahreseinkommen welche Rente resultiert (immer unter der Voraussetzung, dass Sie keine Beitragslücken haben). Lassen Sie sich von Ihrer AHV-Zweigstelle helfen, falls Sie diese Zahl nicht selbst ermitteln können.

Als Faustregel gilt: Wenn Sie – wie die meisten Schweizerinnen und Schweizer – ein konstantes Berufsleben führen, können Sie den Durchschnitt der letzten fünf Jahre nehmen.

Ehepaare müssen ihre beiden Einkommen zusammenzählen.

- Wie viel Sie dereinst von Ihrer Pensionskasse erhalten, sollte aus Ihrem Versicherungs-

Tabelle A: AHV-Rente
So viel AHV erhalten Sie (je nach Einkommen, bei voller Beitragsdauer, Stand 2002)

Massgebendes durchschnittl. Jahreseinkommen	AHV-Altersrenten pro Jahr für Einzelpersonen	für Ehepaare
bis 12 360.-	12 360.-	18 540.-
16 068.-	13 320.-	19 980.-
21 012.-	14 604.-	21 906.-
25 956.-	15 900.-	23 850.-
30 900.-	17 184.-	25 776.-
35 844.-	18 468.-	27 702.-
40 788.-	19 380.-	29 070.-
45 732.-	20 172.-	30 258.-
50 676.-	20 964.-	31 446.-
55 620.-	21 756.-	32 634.-
60 564.-	22 548.-	33 822.-
65 508.-	23 340.-	35 010.-
70 452.-	24 132.-	36 198.-
74 160.- u. mehr	24 720.-	37 080.-

Alle Angaben in Franken
Detaillierte Zahlen finden Sie im Internet unter www.avs-ai.ch/Skala44-2001.pdf

Berechnung des Altersvorsorge-Bedarfs

Notwendiges Einkommen ab Alter 65 [2]

AHV-Rente ab Alter 65 / 62 (siehe Tabelle A)

Pensionskassenrente ab Alter 65 / 62 [3]

Summe aus AHV und Pensionskasse

Fehlendes Renteneinkommen ab Alter 65

Notwendiges Sparkapital, um das fehlende Renteneinkommen ab Alter 65 / 62 zu finanzieren

Berechnung des Sparbetrages pro Monat

Anzahl der verbleibenden Jahre bis Alter 65 / 62

Zugeordneter Faktor (aus Tabelle B)

Notwendiger Sparbetrag pro Jahr

Notwendiger Sparbetrag pro Monat

p.a. = pro Jahr
p.m. = pro Monat

Tabelle B: Umrechnungsfaktor

Anzahl Jahre bis Pensionierung	1	2	3	4	5	6	7	8	9	10	11	12	13
Faktor*	1,0	2,0	3,1	4,2	5,4	6,6	7,9	9,2	10,6	12,0	13,5	15,0	16,6

aufwenden, um ein definiertes Ziel zu erreichen

ausweis unter der Rubrik «Voraussichtliche jährliche Altersrente» hervorgehen.

Zählen Sie diese zwei Renten (auf den Jahresbetrag umgerechnet) zusammen.

Ziehen Sie nun diese Summe von dem in Schritt 1 definierten Zieleinkommen für die Zeit nach Ihrer Pensionierung ab. Resultat: das fehlende Renteneinkommen ab Alter 65/62.

Um das notwendige Sparkapital zu ermitteln, welches Sie brauchen, um das fehlende Renteneinkommen zu beschaffen, multiplizieren Sie das fehlende jährliche Renteneinkommen mit der Zahl 18. Das ist eine Faustregel, die sich bewährt hat. (Sollten Sie bereits jetzt Sparkapital auf der Seite haben, verringert sich das ermittelte notwendige Sparkapital entsprechend um diese Summe.) Wenn Sie im Zeitpunkt der Pensionierung dieses Sparkapital beisammen haben, können Sie daraus bis an Ihr Lebensende das fehlende Renteneinkommen finanzieren – etwa indem Sie das Kapital dosiert ausgeben oder eine Leibrente kaufen (siehe Seite 56 ff.).

3. Schritt: Berechnen des Sparbetrages

Wenn Sie das benötigte Sparkapital definiert haben, können Sie mit der Formel berechnen, wie viel Sie ab jetzt jeden Monat sparen müssen, um dieses Ziel zu erreichen. Die Beispielrechnung zeigt, wie es gemacht wird.

Der Tabelle B müssen Sie dazu einen Umrechnungsfaktor entnehmen, der von Ihrem jetzigen Alter beziehungsweise den verbleibenden Jahren bis zur Pensionierung abhängig ist.

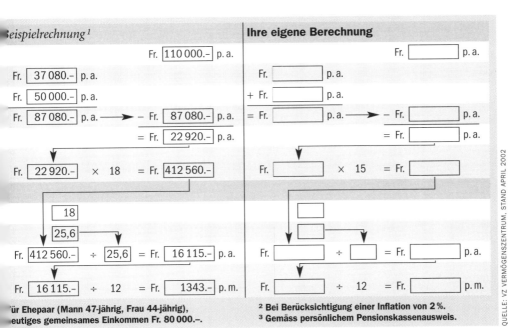

[1] für Ehepaar (Mann 47-jährig, Frau 44-jährig), heutiges gemeinsames Einkommen Fr. 80 000.–.
[2] Bei Berücksichtigung einer Inflation von 2 %.
[3] Gemäss persönlichem Pensionskassenausweis.

* Berechnet mit einer internen Verzinsung von 4 % (jährlich, nachschüssig, gerundet)

16	17	18	19	20	21	22	23	24	25	26	27	28	29	30	31	32	33	34	35
21,8	23,7	25,6	27,7	29,8	32,0	34,6	36,6	39,1	41,7	44,3	47,1	50,0	53,0	56,1	59,3	62,7	66,2	69,9	73,7

Anlaufstellen und Adressen für

1. Anlaufstellen für Versicherte

Ombudsman der Privatversicherung und der Suva
Diese Institution vermittelt bei Streitigkeiten zwischen privaten Versicherungsgesellschaften und Versicherten.

Die Stiftung führt aber keine eigentliche Versicherungsberatung durch. Und: Für Fragen aus dem Bereich der Sozialversicherung (Ausnahme Unfallversicherung) ist sie nicht zuständig.

Die Anlaufstelle kann auch nicht intervenieren, wenn bereits ein ausgewiesener Rechtsbeistand (Anwalt, Notar, Treuhänder usw.) ein Mandat ausübt.

Im «Jahrbuch 1999 des Schweizerischen Konsumentenrechts» kritisiert der Zürcher Rechtsprofessor Isaak Meier die «grosse Nähe» der Ombudsstelle zur Versicherungsbranche. Erfolg und Effizienz seien «fast vollständig von der Kooperationsbereitschaft» der Versicherungen abhängig.

Damit bestehe die Gefahr, dass die Ombudsstelle «bei ihren Lösungsvorschlägen im Interesse einer schnellen Fallerledigung eher an die untere Grenze des rechtlich Möglichen» gehe.

Und: Eine allzu «konsumentenfreundliche» Ombudsstelle werde auf die Dauer wohl nicht überleben können.

Die Ombudsstelle selber schreibt in ihrem Jahresbericht 2001, in gut 55 Prozent der strittigen Fälle hätten die Gesellschaften den ursprünglich eingenommenen Standpunkt zugunsten der Konsumenten korrigiert.

Ombudsman der Privatversicherung und der Suva
Kappelergasse 15
Postfach 2646, 8022 Zürich
Tel. 01 211 30 90
Fax 01 212 52 20
www.versicherungsombudsman.ch

Bundesamt für Privatversicherungen
Das Bundesamt für Privatversicherungen (BPV) beaufsichtigt die privaten Lebens-, Schaden- und Rückversicherungseinrichtungen punkto Solvenz, ordnungsgemässer Geschäftsführung und Einhaltung der Gesetze.

Es schreitet gegen Missstände ein, welche die Interessen der Versicherten gefährden. Darunter fallen auch Interventionen, wenn Verdacht auf schleppende Schadenerledigung oder sonstige Sorgfaltspflichtverletzungen besteht.

Das BPV äussert sich aber nicht zu den privatrechtlichen Fragen, die sich aus der Abwicklung eines Versicherungsvertrages ergeben können, wie zum Beispiel zur Frage der Anspruchsberechtigung oder zur vorgeschlagenen Entschädigung im konkreten Schadenfall; solche Fragen fallen in die Kompetenz des Zivilrichters.

Bei Umwandlung oder Rückkauf einer Lebensversicherung überprüft das BPV indessen auf Ersuchen der Versicherten unentgeltlich, ob der Umwandlungs- bzw. Rückkaufswert von der Versicherungseinrichtung richtig berechnet worden ist.

Bundesamt für Privatversicherungen
Friedheimweg 14, 3003 Bern
Tel. 031 322 79 11
Fax 031 323 71 56
www.bpv.admin.ch

Schweizerischer Versicherungsverband
Der Schweizerische Versicherungsverband (SVV) ist die Branchenorganisation der Schweizer Privatversicherer und damit keine Anlaufstelle für Versicherte.

Auf der Homepage des SVV finden Internetbenutzer aber eine Fülle von Antworten auf häufig gestellte Versicherungsfragen. Die Texte widerspiegeln zwar grundsätzlich die Meinung der Versicherer, können aber im Einzelfall auch für die Versicherten nützlich sein.

Versicherte

Schweizerischer
Versicherungsverband
C. F. Meyer-Strasse 14
Postfach 4288
8022 Zürich
Tel. 01 208 28 28
Fax 01 208 28 00
www.svv.ch

**Nationales Versicherungs-
büro Schweiz / Nationaler
Garantiefonds Schweiz**
Postfach, 8085 Zürich
Tel. 01 628 65 19
Fax 01 628 60 69
www.nbingf.ch

*Bei Schadenfällen mit
unbekannten oder
ausländischen Fahrzeugen:*
Tel. 0800 831 831 (gratis)

*Für Anfragen aus dem
Ausland:*
Tel. ++41 1 628 89 30

**Rechtsberatungsstelle
für Unfallopfer
und Patienten U.P.**
Die Berater informieren Sie, welche Versicherungsleistungen Ihnen zustehen, sie prüfen, ob weitere medizinische Abklärungen nötig sind, und sie begutachten Entschädigungsangebote.

Rechtsberatungsstelle
für Unfallopfer
und Patienten U.P.
Werdstrasse 36, 8004 Zürich
Tel. 0800 707 277 (gratis)
www.rechtsberatung-up.ch

VZ VermögensZentrum
Beethovenstrasse 24
8002 Zürich
Tel. 01 207 27 27
www.vermoegenszentrum.ch

Basel:
Aeschengraben 20
4051 Basel
Tel. 061 279 89 89

Bern:
Spitalgasse 33
3011 Bern
Tel. 031 329 26 26

Zug:
Bahnhofstrasse 12
6300 Zug
Tel. 041 726 11 11

www-Adresse für Online-
Versicherungsvergleiche:
www.vzonline.ch

2. Vermittlung eines Anwaltes oder einer Anwältin

**Demokratische Juristinnen
und Juristen**
Neuengasse 8
3011 Bern
Tel. 031 312 83 34
www.djs-jds.ch

**Schweizerischer
Anwaltsverband**
Bollwerk 21
Postfach 8321, 3001 Bern
Tel. 031 328 35 36
www.swisslawyers.com

3. Verzeichnis der im Buch erwähnten Versicherungsgesellschaften

**ACS, Automobil Club
der Schweiz**
Wasserwerkgasse 39
3000 Bern 13
Tel. 031 328 31 11
www.acs.ch

Allianz
Bleicherweg 19
Postfach 2266, 8022 Zürich
Tel. 01 209 51 11
www.allianz-suisse.ch

Alpina
Seefeldstrasse 123
8034 Zürich
Tel. 01 628 33 33
www.alpina.ch

Assista TCS
Ch. de Blandonnet 4
Postfach 820
1214 Vernier/Genf
Tel. 022 417 27 27
www.tcs.ch

Axa
Avenue de Cour 26
Postfach 21
1000 Lausanne 3 Cour
Tel. 021 614 74 74
www.axa.com

Basler
Aeschengraben 21
4002 Basel
Tel. 0800 24 800 800 (gratis)
www.basler.ch

CAP Rechtsschutz
Poststrasse 30
Postfach 1248
6301 Zug
Tel. 041 726 84 84
www.cap.ch

Concordia
Bundesplatz 15
6002 Luzern
Tel. 0800 55 93 55 (gratis)
www.concordia.ch

Coop Rechtsschutz
Bleichemattstrasse 33
5001 Aarau
Tel. 062 836 00 00
www.rechtsschutz.ch

Coop Versicherung
Birgistrasse 4a
8304 Wallisellen
Tel. 0844 84 84 44
www.coopversicherung.ch

Credit Suisse Life
Paulstrasse 9
Postfach 300
8401 Winterthur
Tel. 052 261 84 10
www.cslife.ch

CSS
Rösslimattstrasse 40
Postfach 2568, 6002 Luzern
Tel. 041 369 11 11
www.css.ch

DAS Rechtsschutz
Postfach
1211 Genf 24
Tel. 022 827 44 27

Elvia Reiseversicherungen
Hagenholzstrasse 85b
8050 Zürich
Tel. 01 283 31 11
www.elviatravel.ch

Europäische
Steinengraben 3
Postfach
4003 Basel
Tel. 061 275 22 10
www.europaeische.ch

Fortuna Rechtsschutz
Bahnhofstrasse 20
8800 Thalwil
Tel. 01 722 97 97
www.generali-assurances.ch

Garanta
Lautengartenstrasse 23
Postfach, 4002 Basel
Tel. 061 277 68 68
www.garanta.ch

Generali
Soodmattenstrasse 10
8134 Adliswil
Tel. 01 712 44 44
www.generali-assurances.ch

Genfer
Avenue Eugène-Pittard 16
1211 Genf 25
Tel. 022 704 24 24
www.genevoise.ch

Groupe Mutuel
Rue du Nord 555
1920 Martigny
Tel. 0800 808 848 (gratis)
www.groupemutuel.ch

Helsana
Stadelhoferstrasse 25
Postfach, 8024 Zürich
Tel. 0844 80 81 82
www.helsana.ch

Helvetia-Patria
St. Alban-Anlage 26
4002 Basel
Tel. 0848 80 10 20
www.helvetiapatria.ch

Intras
Rue Blavignac 10
1227 Carouge
Tel. 022 827 92 92
www.intras.ch

Juridica
Avenue de Cour 26
1007 Lausanne
Tel. 021 614 72 72

KPT
Tellstrasse 18
3000 Bern 22
Tel. 031 330 91 11
www.kpt.ch

La Suisse
Avenue de Rumine 13
Postfach 1307
1001 Lausanne
Tel. 021 313 60 00
www.lasuisse.ch

Mobiliar
Bundesgasse 35
Postfach 8726
3001 Bern
Tel. 031 389 61 11
www.mobi.ch

National
Steinengraben 41
Postfach
4003 Basel
Tel. 061 275 21 11
www.national.ch

ÖKK
Postfach 3235, 4002 Basel
Tel. 0800 816 816 (gratis)
www.oekk.ch

Orion Rechtsschutz
Centralbahnstrasse 11
4002 Basel
Tel. 061 285 27 27
www.orion.ch

Pax
Aeschenplatz 13
4002 Basel
Tel. 061 277 66 66
www.pax.ch

Postfinance
Engehaldenstrasse 37
3030 Bern
Tel. 031 338 11 11
oder an jeder Poststelle
www.postfinance.ch

Profitline
Heimstrasse 46
8953 Dietikon
Tel. 0800 824 800 (gratis)
www.profitline.ch

Protekta Rechtsschutz
Seftigenstrasse 7, 3007 Bern
Tel. 031 370 82 00
www.protekta.ch

Providentia
Postfach 302, 1260 Nyon 1
Tel. 022 363 94 94
www.providentia.ch

Raiffeisen Gruppe
Wassergasse 24
Postfach, 9001 St. Gallen
Tel. 071 225 90 26
oder bei jeder Raiffeisenbank
www.raiffeisen.ch

Rentenanstalt/Swiss Life
General Guisan-Quai 40
Postfach, 8022 Zürich
Tel. 01 284 33 11
www.swisslife.ch

Sanitas
Lagerstrasse 107
Postfach
8021 Zürich
Tel. 01 298 63 00
www.sanitas.com

Skandia
Bellerivestrasse 30
8034 Zürich
Tel. 01 388 28 28
www.skandia.ch

Supra
Chemin de Primrose 35
1000 Lausanne 3 Cour
Tel. 021 614 53 53

Swica
Römerstrasse 38
8401 Winterthur
Tel. 0800 80 90 80 (gratis)
www.swica.ch

TCS Versicherungen
Ch. de Blandonnet 4
Postfach 820
1214 Vernier/Genf
Tel. 022 417 27 27
www.tcs.ch

Vaudoise
Place de Milan
1001 Lausanne
Tel. 0800 811 911 (gratis)
www.vaudoise.ch

VCS, Verkehrs-Club der Schweiz
Postfach
3360 Herzogenbuchsee
Tel. 062 956 56 56
www.vcs-ate.ch

Visana
Weltpoststrasse 21
3000 Bern 15
Tel. 031 357 91 11
www.visana.ch

Wincare
Konradstrasse 14
8401 Winterthur
Tel. 052 261 77 77
www.wincare.ch

Winterthur Leben
Postfach 300
8401 Winterthur
Tel. 052 261 41 41
www.winterthur-leben.ch

Winterthur Versicherungen
General Guisan-Strasse 40
Postfach 357
8401 Winterthur
Tel. 0800 809 809 (gratis)
www.winterthur.com/ch

Winterthur-Arag
Gartenhofstrasse 17
Postfach 9829
8036 Zürich
Tel. 01 295 95 11
www.winterthur-arag.ch

Zenith
Tour Haldimand 6
Postfach 492
1009 Pully
Tel. 021 721 70 00
www.zenith.ch

Zürich
Postfach
8085 Zürich
Tel. 0800 80 80 80 (gratis)
www.zurich.ch

Züritel
Vogelsangstrasse 15
8307 Effretikon
Tel. 0800 857 857 (gratis)
www.zuritel.ch